JN433204

Business Insight

회계 마인드

Business Insight **회계마인드** 정가 18,000원

지은이 김 종 선
발행인 서 동 혁
편 집 권 아 정

저자와의 협의하에 인지생략

발행처 ㈜영화조세통람

펴낸날 2016년 1월 19일 초판 인쇄
2016년 1월 26일 초판 발행

주 소 서울특별시 중구 동호로 14길 5-6(신당동)
등 록 1976. 11. 5. 제9-81호
전 화 대 표 02) 2231-7027 Fax 02) 2234-1754
출 판 팀 02) 2231-7141 Fax 02) 2231-7994

구입문의 (02) 2231-7027~9 ISBN 978-89-8036-389-6 13320

㈜영화조세통람은 좋은 책을 만들기 위해 독자 여러분의 의견을 기다립니다.
E-mail(josetop@inaus.co.kr)과 홈페이지(www.taxnet.co.kr)의 고객지원센터 단행본란

㈜영화조세통람 발행도서는 정확하고 권위있는 해설 및 정보의 제공을 목적으로 하고 있습니다. 그러나 항상 그 완전성이 보장되는 것은 아니기 때문에 적용결과에 대하여 당사가 책임지지 아니합니다. 따라서 실제 적용할 경우에는 충분히 검토하시고 저자 또는 전문가와 상의하시기 바랍니다.

Business Insight

회계 마인드

김종선 저

기업경영을 바라보는 인사이트를 키우자!

이론이 아닌 사례로 익히는 회계

(주)영화조세통람

김 종 선

지은이는 공인회계사와 세무사 자격을 가지고 많은 기업들의 컨설턴트로 활동하고 있다. 컨설팅을 수행하면서 재무제표나 원가 같은 회계정보에 대한 내용을 쉽게 설명해야 하는 경우가 많이 있었고, 회계정보를 지루하지 않고 쉽게 전달하는 방법을 항상 고민하게 되었다. 그렇게 쌓인 노하우를 가지고 회계를 접해보지 않은 사람들을 대상으로 회계와 재무제표, 원가마인드를 재미있게 전달하는 강의를 기업체나 각종 기관에서 진행하고 있는데, 꽤 좋은 반응을 얻고 있다. 이 책은 그 연장선에서 좀 더 많은 사람들에게 회계를 쉽게 전달하기 위해 만들어졌다.

〈경 력〉

- 성운회계법인 공인회계사(현)
- 37회 공인회계사 시험 합격
- 연세대학교 경영학과 졸업
- 삼일회계법인 근무

머리말

요즘 기업들은 직원들의 회계마인드에 신경을 많이 쓰고 있습니다. 또한, 회계가 기업의 언어로서 비즈니스 인사이트를 키우는데 필수적인 지식이기 때문일 것입니다. 회계마인드가 있는 기업인들이 좀 더 좋은 의사결정을 할 확률도 높습니다. 하지만 회계를 강의하는 강사로서 처음 만나는 대부분의 반응은 "회계는 어렵다"입니다. 강의를 들으시는 분들 뿐만 아니라 회계사 생활을 하고 있는 제가 주로 만나게 되는, 직접 사업을 하거나 기업에 몸을 담고 있는 분들 대부분이 회계가 어렵다고 말을 합니다. 심지어 회계업무를 하고 있는 분들까지도 회계가 어렵고 부담스럽다고 합니다. 우리 주변에 회계정보가 널려 있고 그것을 활용해야 하는데, 이런 회계가 어렵고 부담스러운 것이라니 너무 안타까운 일입니다.

사실 회계마인드를 키우는 것은 그리 어려운 일은 아닙니다. 회계가 어렵다고 생각하는 가장 큰 이유는 "회계"가 아니라 "회계학"을 먼저 하려고 하기 때문입니다. 경영학도로서 제가 대학에서 처음 만난 회계학 역시 어렵고 부담스러운 것이었습니다. 정보이용자가 어떻고, 차변과 대변을 나눠서 무언가 계산기로 복잡한 계산을 하고, 원리는 알지 못한 채 재무제표를 작성하는 방법을 시험 보는 회계학은 도무지 왜 배우는지조차 이해되지 않는 것이었습니다. 저는 회계부서에서 일하지 않는 분들에게는 "회계원리"교과서는 과감히 버리라고 이야기합니다. 또, 회계업무를 하시는 분들에게는 "회계학"교과서를 잠시 덮어 두라고 이야기합니다. 회계정보를 산출하는 방법을 익히는 것보다 회계정보를 어떻게 이용하는지부터 알아야 하기 때문입니다. 이것이 진짜 회계를 하는 것이고, 비즈니스 인사이트를 키울 수 있는 회계마인드입니다.

업무에 필요한 오피스 프로그램을 배우면서 그 오피스 프로그램의 어떻게 만들어지는지를 배우는 경우는 없습니다. 그 오피스 프로그램을 활용하는 방법만 알면 충분하기 때문입니다. 우리는 살아가면서 많은 정보들을 이용하고 있지만, 그 정보가 만들어지는 원리에 대해서 궁금해 하는 경우는 많지 않습니다. 회계정보를 이용하는 방법을 익히는 것이 먼저입니다. 그리고 이것이 회계마인드를 키우는 지름길입니다.

이 책을 쓰면서 가장 중점을 둔 부분은 회계를 아예 모르는 사람들도 쉽게 이해하고 이를 통해 회계마인드를 키울 수 있는 내용을 담는 것이었습니다. 마치 이 책을 읽는 분과 마주 앉아 일대일로 설명하듯이 풀어내려고 노력했습니다.

제가 회계에 대한 강의나 강연에서 가장 중점을 두는 것이 있습니다. 제 이야기를 듣는 분들이 회계가 꼭 필요하고 해볼만 하다는 생각이 들게 하는 것, 그리고 회계는 이용하는 방법을 먼저 익혀야 한다는 생각을 하게 되는 것. 이 두 가지입니다. 이 두 가지 생각을 가지고 있으면 회계정보를 이용하는 능력, 즉 회계마인드는 금방 늘어나게 됩니다. 그리고 이런 생각들이 바로 제가 생각하는 회계마인드입니다. 독자분들이 이 책을 읽고 난 후에 그런 생각들이 들었으면 하는 것이 제 바람입니다. 회계마인드는 정보를 이용하는 능력입니다. 그 회계마인드가 이 책을 읽는 분들의 비즈니스 인사이트를 넓혀서 경제활동을 좀 더 풍부하게 만들어 줄 수 있기를 바랍니다.

2016년 1월

김 종 선

목 차

Part 02 재무제표로 기업경영 읽기

Part 04 재무상태표 쉽게 읽는 법–부채와 자본

Part 05 손익계산서와 현금흐름표 쉽게 읽는 법

Part 06 회계정보를 보는 올바른 방법

Part 07 경영의 핵심, 원가마인드

Part 08 CEO처럼 원가정보 활용하기

PART 01.
회계정보를 읽기 위한 워밍업

Business Insight
회계마인드

01

의사결정을 위해 필요한 정보

올바른 정보가 필요하다

몇 년 전 방송사에서 팥빙수의 원가에 대한 뉴스를 내보낸 적이 있다. 그 뉴스보도에 따르면 뉴스 제작진이 방문한 한 호텔에서 팥빙수 한 그릇의 가격이 무려 3만 2천원이었다고 한다. 세금과 봉사료까지 더하면 실제 지급해야 하는 가격은 4만원에 이르렀다. 해당 호텔 직원은 “일반 물로 만든 얼음이 아니고, 우유와 연유로 만든 얼음이라서 비싸게 가격이 책정되었다”고 팥빙수가 고가인 이유를 설명했다.

뉴스 제작진은 팥빙수의 원가를 알기 위해 12,000원짜리 팥빙수를 들고 한 음식연구소에 찾아가 원가 분석을 의뢰했는데, 팥빙수에 들어간 팥의 단가는 420원이었고, 얼음의 단가는 435원, 체리와 블루베리는 합해서 약 500원이었다. 여기에 치즈 두 종류 값 580원과 시럽 값 250원을 더하면 전체 7가지 내용물의 원가는 2,200원 정도밖에 되지 않았다고 한다.

팥빙수의 원가 구성

재료원가
노무원가
임차료원가
감가상각비
기타원가

뉴스는 호텔에서 판매하는 팥빙수가 엄청난 폭리를 취하고 있다고 결론을 내렸다. 그렇다면 팥빙수의 원가는 과연 얼마일까? 앞서 나온 대로 2,200원이 팥빙수의 모든 원가일까? 하지만 앞의 기사에서 말하는 '원가'는 정확하게 표현하면 '재료원가'만을 이야기하고 있다. 원가는 과연 재료원가만 있는 것일까? 상식적으로도 그렇지 않다는 것은 우리 모두가 알고 있다.

그렇다면 호텔 팥빙수에 들어가는 원가는 재료원가 말고 또 어떤 것들이 있을까? 또 호텔에서 판매하는 팥빙수에서 가장 많은 비중을 차지하는 원가는 과연 무엇일까? 필자의 생각으로는 아마도 재료원가보다 매장을 운영 · 유지하는것과 관련된 원가가 더 클 것 같다. 임차료나 감가상각비, 인건비 등 다른 원가가 오히려 재료원가보다도 더 많은 비중을 차지할 것이다.

앞의 기사대로 팥빙수를 통해 호텔이 폭리를 취하는 것이라고 선불

리 결론을 내리기에는 주어진 정보가 너무나도 부족하다. 정보가 충분히 주어지지 않으면, 올바르지 않은 결론을 내릴 가능성이 높아질 것이다.

충분한 정보가 필요하다.

이번엔 다른 관점에서 정보를 바라보자.

유명한 인터넷 포탈 서비스를 제공하는 두 업체 G사와 N사가 있다고 하자. G사는 전 세계를 선도하는 인터넷 포탈기업이고, N사는 IT 선진국 중 하나인 우리 대한민국을 선도하는 인터넷 포탈기업이다.

당신은 어느 기업이 더 좋은 기업이라고 생각하는가?

이 질문은 대답하기 곤란할 질문일 수도 있고, 반대로 아주 간단한 질문일 수도 있다. 이 질문을 받으면 누구든지 본인이 기존에 알고 있는 정보를 최대한 활용하여, 이해관계에 따라 둘 중 어느 기업이 더 좋은 기업인지를 판단할 것이다. 당신은 어떤 기업을 선택하였는가? 또, 어떤 이유에서 그 기업을 선택하였는가? 당신이 결정한 이유에 대해서 천천히 생각해보자. 아마도 당신은 이미 본인이 알고 있는 정보를 최대한 활용하여 본인의 이해관계에 따라 한 기업을 선택했을 것이다.

하지만 쉽게 대답하기에는 질문의 내용이 너무 포괄적인 것도 사실이다. 그래서 필자는 G사와 N사 중 어느 기업이 더 좋은 기업인지 결정하는 독자들에게 도움을 주기 위해 몇 가지 정보를 더 제공하려고 한다. 이 정보는 모두 숫자로 이루어진 정보이다. 이 정보를 보고 다시 한 번 어느 기업이 더 좋은 기업인지 생각해 보자.

(환율 ₩1,000/USD 가정)

구 분	G사	N사
자산총액	93조원	3조원
매출액	50조원	2.4조원
영업이익	12조원	7천억원
순이익	10조원	5천억원
이익률(ROA)	10.75%	16.67%

새로운 정보를 추가로 고려하면 어느 기업이 더 좋은 기업이라고 생각되는가? 이 정보를 보고 당신은 생각이 바뀌었는가?

어떤 사람은 추가적인 정보는 아예 보지도 않고 본인의 선택을 바꾸지 않았을 것이고, 또 어떤 사람들은 추가적인 정보에 따라서 더 좋은 기업에 대한 선택을 바꾸었을 수도 있다. 또 다른 누군가는 추가적인 정보를 고려하고도 선택을 바꾸지 않았을 수도 있다. 하지만 좀 더 생각해 볼 수 있는 정보가 주어졌다는 사실은 모두가 동의할 수 있을 것이다.

앞의 정보를 가지고도 어느 기업이 더 좋은 기업인지 모두가 동의할 수 있는 결론을 내릴 수는 없을 것이다. 전 지구 70억명의 사람들이 살아간다면 70억개의 다른 생각들이 있듯이, 기업을 바라보는 모든 사람이 각자의 판단 기준을 가지고 있을 것이기 때문이다.

자산총액, 매출액 등 기업의 외형적인 규모를 더 중요하게 생각하는 사람들은 G사가 더 좋은 기업이라고 생각할 것이고, 외형적인 규모보다는 이익률처럼 내실을 더 중요하게 생각하는 사람들은 N사가 더 좋은 기업이라고 생각할 것이다. 또 위에 제공된 숫자로 된 정보와 관계없이 근무여건이나 글로벌 기업의 명성을 중요하게 보는 사람들, 그저 이미지가 더 좋은 쪽을 선택하는 사람들은 그에 따라 선택할 것이다.

하지만 여기서 분명한 사실 한 가지는 우리가 고려할 수 있는 정보가 많아질수록 선택의 폭이 넓어지고, 그 선택이 적절한 선택이 될 가능성이 높아진다는 사실이다.

정보를 잘 활용하는 사람이 성공 가능성이 높다는 것은 모든 사람이 인정하는 사실이다. 일찍이 앨빈 토플러는 '제3의 물결'을 통해 21세기에는 정보가 사회를 이끌 것이라고 이야기했다. 개인이나 기업에 수없이 많은 정보 속에서 그 정보를 익히고 선택하는 능력을 갖추는 것이 성공의 수단이 된 것이다. 특히나 이익을 추구하기 위해 존재하는 기업의 입장에서는 성공하기 위한 노력(이익을 극대화하기 위한 노력)을 하는데, 비즈니스를 직접 수행하고 있는 구성원들이 더 많은 정보를 가지고, 그 정보를 적절히 활용할 수 있는 능력을 갖추도록 많은 노력을 하고 있다.

이처럼 중요한 정보를 가장 보기 편하고 이해하기 쉽게, 그리고 직관적으로 파악할 수 있도록 하는 방법의 하나가 바로 이러한 정보를 숫자로 만들어 보는 것이다. 그리고 특히 비즈니스 환경에서 정보를 숫자로 만들어 놓은 것을 회계정보 또는 재무정보라고 부른다.

02
결코 어렵지 않은 회계

회계정보에 대한 이야기를 하기 전에 우선 회계에 관해 아주 중요한 비밀을 한 가지 말씀드리자면,

회계는 어렵지 않다.

무슨 소리냐? 라는 반응이 가장 많이 나올 것 같다.

경영학을 전공한 사람들조차도 회계는 어렵다는 선입견을 가지고 있는 경우가 많다. 회계정보가 점점 더 필요한 비즈니스 환경이 되어 가다 보니 많은 기업과 그 기업의 구성원들, 또 공부하는 학생들이 회계공부를 하기 시작했고, 재무제표를 분석하는 능력을 기르기 위해 많은 시간을 투자한다. 하지만 회계정보에 대해 공부를 하는 많은 사람은 아직도 회계는 어렵고 복잡하며 머리 아픈 것으로만 생각하는 경향이 있다.

필자가 회계정보를 읽는 법과 관련하여 강의나 강연을 다녀보면 많은 교육생이 아무리 회계와 관련된 도서를 읽고, 동영상강의를 들으면서 공부를 해도 재무제표에 대해 감이 잘 오지 않는다고 하소연을 하곤 한다. 회계공부를 처음 시작하면 웬만한 정신력이 아니고서는 책을 펼친 지 5분도 채 되지 않아 덮어버리곤 한다. 회계는 어려운 것이 아닌데 대체 왜 그럴까?

이런 현상은 경험적으로 볼 때 크게 두 가지 요인에서 비롯된다.

첫 번째는 회계가 어렵다고 마음속에 이미 선입견을 가지고 있기 때문이다. 주변에서는 회계가 어렵다고 하고, 전에 배울 때 회계를 어렵게 공부했다 보니 회계는 어렵다고 이미 스스로 결론을 내린 상태에서 회계에 대한 거부감을 가지고 공부를 시작하는 것이다. 이런 경우에는 어떤 식으로 공부하더라도 스트레스를 안고 회계를 배우게 된다. 아무리 재미있는 이야기와 이해하기 쉬운 사례가 실린 책을 읽어도 회계에 대한 선입견이 바뀌지 않는다.

회계는 결코 어렵지 않다. 생각만 바꾸면 누구나 할 수 있다. 사람들에게 보여주려고 만드는 것이 회계정보인데 사람들이 어려워서 보지 못한다면 그 회계정보가 정보로서 무슨 가치가 있겠는가? 독일의 사상가인 괴테는 회계를 기업의 언어라고 했다. 이렇게 한번 생각해 보자. 언어는 배우기 어려울 수 있지만, 우리말과 숫자로 되어 있는 기업의 언어는 알파벳부터 새로 익혀야 하는 외국어에 비하면 훨씬 쉽다고 할 수 있지 않을까?

많은 사람이 회계용어가 한자어로 되어 있는 경우가 많아 어렵다고 느끼는 경향이 있다. 하지만 대부분 회계 용어는 그대로 읽으면 뜻을 이해할 수 있다. 많은 사람이 어렵다고 느끼는 '재무제표'라는 용어도 그렇다. 재무제표는 말 그대로 재무(財務)정보를 보여주는 여러 가지(제, 諸) 표(表)라는 뜻이다. 앞으로 언급될 모든 회계용어가 이처럼 읽으면 뜻을 직관적으로 추측할 수 있는 경우가 대부분이다. 그러니 회계가 어렵다는 생각을 과감하게 마음 한구석에서 쫓아내 버리도록 하자.

▲ 요한 볼프강 폰 괴테
1749 ~ 1832
회계는 기업의 언어이다.
인류가 발명한 가장 위대한
작품 중 하나이다.

두 번째가 더 중요한 이유인데, 회계공부를 하는 방법이 잘못된 경우이다. 모든 회계정보는 이용하는 사람이 어떻게 하면 원하는 정보를 좀 더 쉽고, 빠르고, 정확하게 파악해서 올바른 결정을 하는 데 도움을 줄 수 있을지 고민해서 나온 결과물이다. 따라서 회계정보는 정보이용자의 이해 가능성에 가장 우선순위를 둔다.

만일 회계에 대해 공부를 하고서도 회계정보를 이해할 수 없다면 회계정보가 정보를 이용하는 사람을 위해서 만들어지지 않았거나 본인의 공부 방법이 잘못된 것이다.

회계정보는 인류역사와 함께 발전되어 왔다. 어느 시대이든지 회계정보는 그 시대의 상황에서 선택할 수 있는 가장 적절한 정보의 표현 방법을 갖추었을 것이므로 회계정보가 잘못 만들어져 있다고 보기는 어렵다. 그러므로 회계공부를 하고서도 회계정보를 해석할 수 없다면, 회계를 공부하는 방법이 잘못되었을 확률이 높다.

회계정보를 만드는 방법 vs 회계정보를 이용하는 방법

우리가 문서작성 프로그램을 이용한다고 해 보자. 문서작성프로그램을 이용하는 사람은 가장 먼저 이용설명서를 읽어 보지 프로그램이 어떻게 만들어졌는지를 알려고 하지는 않는다. 왜일까? 이용자 관점, 즉 이용자들에게 필요한 정보인 이용방법만 알면 문서작성프로그램을 활용할 수 있기 때문이다. 우리는 문서작성 프로그램이 만들어진 프로그램 언어를 모르고 그 프로그램이 어떻게 설계되어 있는지 몰라도 문서작성프로그램을 이용할 수 있다.

회계공부를 하는 방법은 바로 이런 관점에서 시작해야 한다. 회계정보를 이용자의 입장에서 바라보는 것이 우선이다. 재무제표를 만드는 회계팀의 실무자가 아니라면 회계정보가 만들어지는 복잡한 방법에 대한 지식이 그다지 필요하지 않다. 또 회계실무자이더라도 이용자의 관점에서 회계정보를 바라보는 시각이 필요하다. 회계실무를 오래 담당한 회계업무 담당자들도 막상 다른 기업의 재무제표를 받으면 의외로 그 기업에 대해 기본적인 분석조차 하지 못하는 경우가 많다. 회계정보를 직접 만드는 업무를 하고 있음에도 말이다. 그것은 아마도 회계정보를 어떻게 바라볼지 고민해 본 적이 없기 때문일 것이다. 마치 나무만 보고 숲은 보지 못하는 것과 같다. 또 굳이 세세한 회계지식이 필요 없는 사람들까지도 회계책 첫 페이지부터 나와 있는 회계공준과 정보의 질적 특성, 거래의 8요소 같은 설명부터 보고 있으니 회계는 어렵고 재미없는 것으로 생각하게 되는 것이다.

물론 회계정보를 만드는 방법에 대한 세부적인 지식이 높아진다면, 그에 따라 당연히 회계정보를 읽는 능력도 같이 높아지지만, 처음부터 자세한 회계이론이나 회계기준을 공부할 필요는 없다. 재무제표를 읽는 시각을 기르는 것이 우선이다. 우리는 회계정보가 기업의 정보를 어떻게 보여주고 있으며, 어떻게 활용할 것인지에 대해서만 초점을 맞추도록 하자.

03
다양한 목적의 다양한 정보

휴대폰에 가입하기 위해 통신사의 홈페이지에 들어가면 다양한 요금제가 존재하고, 그 가운데에서 어떤 요금제를 선택해야 할지 고민하고 있는 필자를 발견하게 된다. 수많은 정보 속에서 과연 어떤 정보를 선택해야 할지 고민하게 된다.

그래서 통신사에서 필자 같은 사람들을 위해 마련해 준 코너가 있다. 바로 '내게 맞는 요금제 찾기' 코너이다. 너무나도 다양한 요금제에 대한 정보가 있는데, 내가 필요로 하는 정보를 어떻게 찾을지도 모를 때, 이용자의 관점에서 그 이용자에게 맞게 정보를 나누어서 안내를 해주면 정보이용자가 좀 더 편하게 자기에게 필요한 정보를 이용할 수 있을 것이다. 게다가 차라리 모든 요금의 규정을 정부에서 정해주면 어떨까 싶기도 하다. 그렇다면 그 요금제 규정만 알면 스스로 요금제를 선택하기가 쉬워지기 때문이다.

(출처 : www.olleh.co.kr)

회계정보는 이용하는 사람들을 위해 만들어진다. 회계정보를 이용하는 사람들은 다양하고, 그에 따라 이용자들이 원하는 회계정보도 다양해 질수 밖에 없다. 그러나 모든 이용자를 만족하게 해주는 절대적인 회계정보는 존재하지 않는다. 그래서 회계정보 이용자가 이해하기 쉽게 회계정보를 체계적으로 다시 만드는데, 이렇게 만들어지는 회계정보는 크게 두 가지로 구분된다.

첫 번째는 기업이 만들고 모든 사람과 공유하는 회계정보이고, 두 번째는 기업이 만들어서 그 기업 내에서만 활용하는 정보이다. 전자는 재무회계 정보라고 하고, 후자는 관리회계 정보라고 한다.

금융당국에서는 이 두 가지 회계정보 중 하나에 직접 개입해서 규제하고 있다. 정보를 만들어 내는 방법이나 기업 바깥쪽의 다른 사람들과 정보를 공유하는 방법을 금융당국에서 만들어 주고 그에 따라서 정보를 제공하도록 하는 것이다. 어떤 정보가 그런 대상이 되어야 할까? 기업이 만들어서 모든 사람과 공유하는 정보일까? 아니면 기업이 만들어서 그 내부에서만 이용하는 정보일까?

경영의 결과를 보여주는 재무회계 정보

당연히 기업이 만들어서 모든 사람이 공유하는 정보를 금융당국이 규제해야 할 것이다. 이는 기업이 기업 외부 사람들과 이해관계가 상충할 경우 그들과 공유하는 정보를 기업에 유리하도록 조작할 가능성이 있기 때문이다. 따라서 금융당국에서는 재무회계 정보를 규제하고 있다.

이러한 재무회계 정보는 만드는 방법을 정해 놓고 있는데, 기업이 만드는 정보를 기업 외부의 사람들과 공유하기 때문에 누구나 이해하기 쉬운 공통된 기준이 필요하기 때문이다. 만약 통신사의 요금제를 구성하는 방법을 정부에서 정해 준다면, 그 구성방법만 알면 필자처럼 요금제에 관해 관심이 없는 사람조차도 쉽게 요금제를 선택할 수 있게 되는 것처럼 말이다. 이처럼 기업 외부의 정보이용자들을 위해 회계정보를 만드는 공통된 기준을 회계기준이라고 하며, 특히 기업들에게 적용되는 회계기준을 기업회계기준이라고 한다.

공통된 기준인 기업회계기준에 따라 만들어지는 재무회계 정보는 기본적으로 기업의 현재 상태를 나타내는 자산이나 부채금액, 그리고 경영성과를 나타내는 매출액이나 이익 등의 정보를 기업 외부의 모든 사람과 공유하도록 하는데 초점을 맞추고 있으며, 상장기업은 분기별로, 비상장기업은 연단위로 외부에 공개하도록 하고 있다.

경영관리를 위한 관리회계 정보

관리회계 정보는 재무회계 정보와는 달리 기업 내부의 의사 결정을 위해 기업이 필요에 따라 수시로 만드는 정보이다. 따라서 이러한 관리회계 정보는 미래 경영활동을 예측하거나 경영과 관련된 의사 결정을 할 때, 또는 가격 결정을 할 때 활용한다. 기업 내부에서 수시로 보고하는 보고 자료들이 바로 관리회계 정보의 하나이다. 따라서 공통된 기준과 공통된 형태로 산출되는 재무회계 정보와 달리 관리회계 정보는 그때그때 다른 형식과 다른 방법으로 만들어진다.

〈회계정보의 구분〉

<table>
<tr><td>회계의 정의</td><td colspan="3">정보이용자가 자원배분에 관한 의사결정을 합리적으로 할 수 있도록 목적에 적합한 정보를 적시에 제공하는 것</td></tr>
<tr><td>목적</td><td>외부공표 목적</td><td>세무신고목적</td><td>내부관리목적</td></tr>
<tr><td>정보 이용자</td><td>주주, 채권자,
정부기관, 협력업체,
고객, 소비자단체 등</td><td>세무서 등</td><td>경영자, 관리자 /
실무자, 노동조합 등</td></tr>
<tr><td>제공되는 정보내용</td><td colspan="2">• 재무상태표
• 포괄손익계산서
• 현금흐름표
• 자본변동표
• 주석</td><td>• 가격 결정 정보
• 사업부문별 손익정보
• 원가절감 정보
• 직접생산 · 외주구매 의사결정
• 전략수립 및 평가
• 사업타당성 분석
• 성과평가를 위한 정보</td></tr>
<tr><td>정보유형</td><td colspan="2">법규나 규정에 따름 → 안 지키면 제재(불이익)를 당함.</td><td>정보이용자의 요구에 따라 다양</td></tr>
</table>

정보속성	과거 경영활동의 결과	과거, 현재 및 미래 경영활동의 결과 및 예측
산정주기	연간, 반기, 분기(월) → 과거 기업가치 증가여부 판단	필요시 또는 요구시 → 현재 또는 미래의 기업가치 제고를 위한 의사결정

하지만 재무회계 정보와 관리회계 정보가 따로 운영되는 것은 아니다. 기업은 경영활동을 수행할 때 두 회계정보를 적절히 이용하여 의사결정을 한다. 때로는 관리회계 정보가 재무회계 정보를 산출하는데 이용되기도 하고, 재무회계 정보가 관리회계 정보를 산출하는데 이용되기도 한다.

04
회계정보를 읽기 위한 워밍업

늘 반에서 10등을 하는 학생이 있다. 주변에서는 공부를 잘한다고 칭찬이 자자하다. 누가 봐도 공부를 잘하는 것 아닐까? 하지만 부모님은 그 학생이 공부를 못한다고 이야기한다. 반 구성원이 10명이기 때문이다. 우스갯소리지만 우리가 숫자에 대한 판단을 내릴 때는 비교되는 다른 무언가가 있어야만 그 숫자에 대해 더 올바른 판단을 할 수 있다는 의미이다.

다른 학생은 반 30명 중에서 1등, 전교 5등을 하고 있다. 이젠 공부를 정말 잘하는 학생으로 보인다. 하지만 아버지는 그런 아이의 성적이 전혀 마음에 들지 않았다. 본인은 학창시절에 전교 1등을 놓쳐본 적이 없는 학생이었기 때문에, 딸에 대한 기대치가 훨씬 더 높아 그 좋은 성적이 마음에 들지 않았다.

재무제표에 나타나는 각각의 항목에 대한 판단을 내릴 때도 마찬가지인데, 보는 사람마다 같은 항목이 아주 좋은 상태라고 판단할 수도 있고, 부족하다고 판단할 수도 있다.

우리가 주로 접하는 회계정보는 재무상태표와 손익계산서, 그리고 현금흐름표이다. 이 세 가지 재무제표를 본격적으로 살펴보기 전에 미리 알아야 할 중요한 사항이 하나 있다. 재무제표를 읽기 위한 워밍업 정도로 생각하면 좋을 듯하다.

좋은 기업? 안 좋은 기업?

좋은 기업이냐 아니냐를 판단하는 기준은 너무나도 다양하다. 하지만 기업이 생긴 최초의 이유가 투자자들의 이윤추구라는 점을 고려해 보면, 가장 중요한 기준은 역시 이익의 크기일 것이다.

우리는 다음과 같은 정보를 가지고 있다.

첫 번째 정보 : 순이익 50억원

이익의 관점에서만 볼 때 이 기업은 좋은 기업인가? 안 좋은 기업인가? 아마 쉽게 대답할 수 있는 사람이 거의 없을 것이다. 왜냐하면, 우리에게는 당기순이익에 대한 정보 외에는 다른 정보가 아무것도 없기 때문이다. 순이익이 잘 나온 것인지 아닌지 판단할 수 없다. 하다못해 매출이 얼마인지조차 모르기 때문이다.

그렇다면 매출 정보를 추가해 보자.

두 번째 정보 : 매출액 100억원

다시 한 번 이 기업이 좋은 기업인지 아닌지 기업인지 생각해 보자

이제는 좋은 기업이라고 생각하는 사람들이 꽤 생겼을 것이다.

회계정보를 자주 접해보지 못한 대다수의 사람은 좋은 기업이라고 생각할 것이다. 매출액에 비교해 보았을 때 당기순이익이 무려 50%이나 되기 때문이다. 무려 50%! 엄청난 수익률이다. 하지만 회계정보를 접해 본 사람들은 다른 의문사항이 생겨야만 한다. 그래야 회계마인드가 있는 것이다.

과연 이 기업의 규모는 얼마일까? 매출 대비 이익률이 높아도 기업의 규모에 따라 이 당기순이익은 좋은 성과일 수도 있고, 좋지 않은 성과일 수도 있기 때문이다.

당기순이익과 매출액, 이 두 가지를 가지고도 기업을 판단하기에는 정보가 너무 부족하다. 단적인 예로 업종의 특성상 매출액 대비 당기순이익의 비율이 다른 업종보다 현저히 높은 업종일 수도 있기 때문이다. 하지만 첫 번째 정보만 있을 때보다는 좋은 기업일 확률이 높아진 것은 사실이다.

- 매출액 대비 수익률 $\frac{50억원}{100억원} \rightarrow 50\%$
- 매출 100원당 50원의 이익이 나는 기업이다.

자, 그럼 이번엔 투자금액에 대한 정보를 추가해 보자.

세 번째 정보 : 투자액 250억원

다시 한 번 같은 질문이다. 이 기업은 좋은 기업인가? 안 좋은 기업인가?

이제 이 기업이 좋은 기업이라고 사람들이 아주 많아졌을 것이다.

예외적인 상황을 가정하지 않는다면, 대부분의 기업에 비추어 봤을 때 이 기업은 투자액 대비 순이익이 매우 크기 때문이다. 투자액 대비 연간 순이익의 비율이 무려 20%에 달한다.

- 투자금액 대비 수익률 $\frac{50억원}{250억원} \rightarrow 20\%$
- 투자금액 100원당 20원의 이익이 나는 기업이다.

우리가 이 사례에서 생각해 봐야 할 것은 무엇일까? 재무제표를 읽는다는 것은 재무제표의 의미를 찾아내는 것이다. 재무제표에는 무수히 많은 숫자가 존재하는데, 그 숫자들의 의미를 찾아낸다는 뜻이다.

재무제표에 있는 모든 숫자는 하나하나가 의미를 지닌다. 이 숫자들의 의미는 한 가지 숫자의 절대값으로는 찾아내기 쉽지 않다. 앞의 예에서 순이익 50억원이라고 하는 한 가지 정보만 가지고는 그 순이익이 좋은 수치인지조차도 판단하기 힘든 것과 같다. 그렇다면 어떤 방법을 활용해야 할까? 매출액 정보와 투자금액 정보까지 활용하면 기업을 평가하기 조금 더 쉬워진다는 것에 대해 이해한다면 이미 그 답을 알고 있는 것이다.

나누기만 할 줄 알면 읽을 수 있는 재무제표

매출액 정보까지 활용할 때 좋은 기업일 확률이 올라간 이유는 바로 순이익을 매출액과 비교할 수 있다는 것 때문이었다. 투자금액에 대한 정보를 추가로 활용했을 때도 마찬가지이다. 순이익을 투자금액과 비교해 볼 수 있었다. 이처럼 숫자의 의미를 찾아내는 첫 번째 방법은 재무제표에 있는 두 개의 숫자를 비교해 보는 것이다. 매출액보다 이익이 충분히 큰지, 투자금액과 비교해 보았을 때 이익이 충분히 많은지, 또 자산대비 부채가 많은지 자산 대비 자본이 많은지 등 재무제표에 있는 두 개의 숫자를 비교해 보면 그 숫자들의 의미를 찾아볼 수 있다.

또는 전년도의 매출액과 올해의 매출액을 비교해서 전년도보다 매출이 늘었는지, 전년도의 순이익과 올해의 순이익을 비교해서 전년도보다 순이익이 늘었는지 알아보는 방법으로 순이익이 좋아지고 있는지를 알아내는 방법도 있다. 이처럼 재무제표를 읽는 가장 쉬운 방법은 재무제표에 있는 항목을 다른 항목과 비교해 보는 것이다.

- 매출액과 순이익을 비교 : 좋은 기업일 가능성 상승
- 투자금액과 순이익을 비교 : 좋은 기업일 가능성 더욱 상승

재무비율

재무제표를 읽을 때 두 개의 항목을 계속 비교하다 보니, 사람들이 재무제표의 한 항목의 의미를 찾을 때 주로 비교해 보는 다른 항목들이 일치하는 것을 발견했다. 이 항목들이 기업의 재무상태와 경영성과를 잘 나타내기 때문에 이처럼 비교하기 시작했을 것이다. 그리고 두 개의 항목을 단순히 비교하는 것보다는 비율로 나타내서 활용하면 더 좋을 것 같다고 생각하기 시작했다.

숫자에 익숙하지 않은 사람들은 비율이라는 단어만 봐도 머리가 아프겠지만, 비율이라는 것은 앞서 설명했듯이 결코 어려운 것은 아니다. 재무제표 항목들의 의미를 찾으려다 보니까 항목들끼리 비교하는 것이 재무제표 항목들의 의미를 파악하는데 도움이 되었고, 이렇게 비교하던 두 개의 항목을 조금 더 이해하기 쉽게 만들기 위해 하나의 항목은 분자로 하나의 항목은 분모로 보내 나눗셈을 한 것뿐이다. 나눗셈을 할 줄 알면 비율을 구할 수 있고, 비율을 구하면, 재무제표를 좀 더 쉽게 읽어 내려갈 수 있다. 재무비율은 재무제표 항목들 간의 비교, 그 이상도 그 이하도 아니다. 복잡한 공식은 절대 아니라는 것이다.

재무비율도 비교해야 한다.

그렇다면 앞서 나온 사례에서 매출액 대비 순이익이 높다고 한 근거는 무엇일까? 우리가 알고 있는 일반적인 기업과 비교해 상대적으로 그렇다는 것이다. 만약 이 기업이 속해 있는 업종의 다른 기업들의 매출액 대비 순이익의 비율이 70%라면 이 기업의 매출액 대비 순이익금액은 높다고 할 수 없을 것이다.

또 투자금액 대비 순이익이 높다고 한 것도 다른 기업과 비교해 볼 때 상대적으로 높다고 판단한 것인데, 만약 경쟁기업들이 투자금액 대비 순이익의 비율이 더 높다면, 이 기업은 경영활동을 잘 수행했다고 보기 힘들다. 따라서 재무비율도 그 값만 가지고는 의미를 찾기가 쉽지 않다. 또 다른 비교 대상이 필요하다.

그렇다면 재무비율이 산출되었을 때 비교 대상이 되는 재무비율은 어떤 것들이 있을까? 우리가 일반적으로 활용하는 비교 대상으로는 기업이 속해있는 산업의 평균치나 경쟁사의 자료 등이 있다. 산업의 평균치나 경쟁사의 자료는 그 기업이 산업 내에서, 또 경쟁사보다 상대적으로 어떤 위치에 있는지를 알아볼 수 있다. 두 번째는 기업의 과거 자료이다. 수치가 좋아지고 있는지 추세를 분석하는 데 사용할 수 있을 것이다. 세 번째로는 목표치와의 비교이다. 결산이나 성과평가를 할 때 사전에 설정한 목표치와 실적을 가지고 목표를 달성했는지 판단해 볼 수 있을 것이다.

〈재무비율의 종류〉

안정성 분석

장단기 지급능력 분석

- 유동비율, 당좌비율
- 자기자본비율, 부채비율

수익성 분석

기업의 이익창출능력 분석

- 이익구조분석,
- 매출총이익률, 총자산순이익률, 당기순이익률

활동성 분석

기업 자산이용의 효율성 분석

- 총자산회전율, 자기자본회전율
- 매출채권회전율, 재고자산회전율

성장성 분석

기업규모 및 수익창출력의 변동내역 분석

- 매출액증가율, 순이익증가율
- 총자산증가율, 자기자본증가율

앞으로 재무제표를 읽어 가면서 많은 재무비율을 만나게 될 것이다. 하지만 이 책에서 소개하고 있는 재무비율을 결코 외울 필요는 없다. 굳이 외우려고 애쓰지 말자. 그저 재무제표에 있는 항목들의 의미를 어떤 원리로 찾아내는지에 초점을 맞추면 된다. 재무제표 항목의 의미를 찾아내기 위해서는 비교 대상이 필요하고, 그러다 보면 자연스럽게 익혀지는 것이 재무비율이다. 몇 번 활용하다 보면, 외우려고 하지 않아도 자연스럽게 머릿속에 자리 잡을 것이다. 또 필요한 재무비율이 잘 생각나지 않으면 책이나 인터넷을 뒤져보면 된다. 중요한 것은 재무제표 항목의 의미를 찾는 방법을 익히는 것이다. 그것이 곧 재무제표를 쉽게 읽는 지름길이다.

지식백과 *Beta*

재무비율 [financial ratio, 財務比率] NEW 경제용어사전 | 경영 > 회계/재무관리

대차대조표나 손익계산서의 항목을 비교하여 산출한 **비율**로서 대체로 유동성, 레버리지, 활동성, 수익성의 네 가지 포인트를 중심으로 구해지며 이런 **재무비율**은 과거나 현재의 **비율**과 산업평균치나... 더보기

재무비율 [financial ratio, 財務比率] 매일경제 | 경영 > 회계/재무관리

대차대조표나 손익계산서의 수치를 이용해 계산한 **비율**로 회사경영 분석의 도구가 된다. 이것은 정태**비율**(靜態比率)과 동태**비율**(動態比率)로 나뉜다. 정태**비율**은 정태적인 재정상태를 나타내는 대차대조표의... 더보기

재무 비율 [Financial Ratio, 財務比率] 용어해설 | 사회과학 > 경영

[출처|증권용어사전] 대차대조표나 손익계산서상의 주요 계정별 상관관계를 나타내는 것을 **재무비율**이라고 한다. **재무**제표간의 상관관계를 나타내는 **재무비율**은 수많은 **비율**이 계산될 수 있는데, 그 중... 더보기

지식백과 더보기 >

(출처 : www.naver.com)

※ 검색하면 다 나온다. 외우지 말자.

아는 만큼 읽힌다

가끔 뉴스를 보면 어떤 사람이 한 이야기에 대해서 앞뒤 내용을 다 생략하고, 오해의 소지가 있는 부분만을 편집해서 이슈화시키는 경우가 있다. 뉴스를 듣는 사람들은 그 부분만을 접하고는 단편적으로 판단해서 부정적인 의견들을 피력하게 되는데, 당하는 사람 입장에서는 참으로 어처구니가 없는 일이다. 그 사람이 어떤 사람인지, 어떤 상황에서 이야기한 것인지, 그 이야기를 한 이유는 무엇인지, 그 이야기의

앞뒤 문맥은 어떤 내용이었는지를 모두 살펴본 후에 그 이야기가 옳은지 그른지 판단해야 하지 않을까?

재무제표를 볼 때도 마찬가지이다. 그저 기업의 재무제표만 가져다 놓고 수치를 분석하는 것보다는 기업이 속한 산업의 현황이나 전망, 그 기업의 최근 이슈, 재무와 관련된 질적인 사항 등을 알고 있다면, 재무제표를 분석하는 데 훨씬 도움이 될 것이다. 앞의 사례에서도 재무비율이 산출되면, 과연 현재 기업이 속해 있는 산업의 평균치는 얼마인지, 추이는 어떤지를 알고 있어야만 재무제표 항목의 제대로 된 의미를 찾아낼 수 있다.

필자 역시 재무제표를 읽기 전에 항상 그 기업이 속한 산업 및 기업의 현황과 추이 등을 습득할 때 사업보고서와 감사보고서를 꼭 확인한다. 특히 감사보고서에 특기사항이 있다면, 빼놓지 않고 확인한다.

배경지식 없이 재무제표에 몰두하는 것은 마치 적진의 구조조차도 확인하지 않고 용기만 가지고 무모하게 뛰어드는 군인과 같다. 최소한 앞서 나왔던 사업보고서 정도는 주기적으로 확인하는 습관을 갖자.

PART 02.

재무제표로 기업경영 읽기

Business Insight
회계마인드

01
재무제표에 나타난 기업의 정보

모든 공부는 재미있게

필자의 동료 중에 일본어를 아주 유창하게 구사하는 선배 회계사가 있다. 이 회계사가 일본어를 시작하게 된 계기가 재미있는데, 어릴 적부터 일본의 유명 배우 금성무씨의 팬이었다고 한다. 때마침 금성무씨가 한국에 방문한다는 소식을 들었고, 한국에 방문한 금성무씨와 한마디라도 이야기하고 싶어서 일본어 공부를 시작했는데, 그렇게 시작한 일본어 공부가 지금은 아주 유창하게 구사할 수 있을 정도로 발전하였다는 것이다. 최근 한류열풍에 따라 다른 나라에서 한글을 배우는 사람들이 많아졌다는 기사가 연관되어 생각이 났다.

최근 기업들이 회계의 중요성을 강조하여 신입사원 및 직급별로 회계공부를 한다. 또 영리 기업들만 회계공부를 하는 것은 아니다. 필자가 강의나 강연을 다녀보면 비영리 기관, 종교단체, 사회복지시설, 심지어는 학생들도 회계에 대해 이야기를 한다. 바야흐로 회계정보가 모든 사람에게 중요하게 되어가고 있다.

이러한 회계정보의 기본이 바로 재무제표인데, 재무제표는 회계기준에서 정해 놓은 정보의 전달수단이다. 그러므로 회계정보를 읽는다는 것은 바로 재무제표를 읽는 것에서 시작한다. 그 이유는 앞서 이야기한 것처럼 재무회계 정보가 기업의 현재 자산이나 부채, 그리고 매출이나 이익에 대한 정보를 보여주는데, 이러한 정보들이 재무제표라는 수단을 통해서 나타나기 때문이다.

필자가 강의나 강연을 할 때는 듣는 사람들이 가장 재미있어 할 것 같은 기업의 재무제표를 꼭 들고 나간다. 이는 아무래도 관심 있는 기업의 이야기를 하면 더 집중도가 높아지기 때문이다. 실제 대학생들을 대상으로 할 때, 어떤 기업의 재무제표를 가지고 수업을 진행할지 아주 고민하다가 학생들이 취업하기를 원하는 기업을 사전에 물어보고, 그 기업들의 재무제표로 수업을 진행하니 학생들의 관심이 매우 높아 수업분위기가 좋았던 기억이 있다.

모든 공부가 그렇지만 회계에 대해 공부를 할 때에는 내가 가장 관심 있는 기업의 회계정보로 공부를 하면 효율이 더 높아진다. 각자 관심 있는 회계정보가 모두 다르므로 그 분야를 중심으로 시작하는 것이 좋을 수 있다. 주식투자를 하는 사람들은 주식투자와 관련된 정보부터, 기업을 운영하는 사람들은 기업 운영과 관련된 정보부터 읽는 방법을 익힌다면, 회계지식이 좀 더 빠르게 올라갈 수 있다. 놀면서 공부한다는 말이 어쩌면 회계공부를 할 때 더 와 닿는 말이 될 수도 있을 것이다.

재무제표의 종류는 다섯 가지

회계기준에 따라 기업들이 반드시 만들어야 하는 재무제표는 재무상태표, 손익계산서, 자본변동표, 현금흐름표, 주석의 총 다섯 가지이다. 이름만 봐도 어려울 것 같은 이들 재무제표는 각각 어떠한 의미가 있을까?

우선 첫 번째 재무제표는 재무상태표이다. 재무상태표는 말 그대로 기업의 재무상태를 보여주는 표이다. 재무상태라고 하는 것은 기업의 현재 자산과 부채가 얼마나 있는가를 의미한다. 기업의 자산과 부채가 얼마나 있는가를 보여주는 표가 재무상태표이다.

두 번째 재무제표인 손익계산서는 손익을 계산해서 보여주는 흐름도이다. 손익을 계산한다는 것은 얼마나 벌고(수익) 얼마나 써서(비용) 얼마가 남았는가(이익)를 계산하는 것이다. 즉 과거의 특정 기간 기업이 벌어들인 경영성과를 나타내는 재무제표이다. 국제회계기준에서는 손익계산서에 덧붙여 더 포괄적인 이익을 나타내는 포괄손익계산서로 그 의미가 확대되었다.

그럼 세 번째 재무제표인 자본변동표는 무엇일까? 말 그대로 자본이라는 항목의 변동을 보여주는 표다. 자본은 기업의 자산에서 부채를 차감한 순자산으로 소유주(출자자)들의 순자산을 의미한다. 이 소유주들의 순자산의 변동을 나타내는 재무제표가 바로 자본변동표이다.

네 번째 재무제표인 현금흐름표는 어떤 정보를 담고 있을까? 이제는 굳이 설명하지 않아도 그 의미를 다들 예상해 볼 수 있을 것이다. 바로 현금의 흐름을 보여주는 표이다. 현금흐름표는 기업의 현금흐름을 영업활동, 투자활동, 재무활동으로 구분하여 보여준다.

주석은 추가적인 설명을 기록하는 재무제표다. 앞의 네 개의 재무제표(재무상태표, 손익계산서, 자본변동표, 현금흐름표)가 모두 무엇은 얼마, 무엇은 얼마 이런 식으로 구성되어 있기 때문에 주석은 위 네 개의 재무제표 항목 중에 추가적인 설명이 필요한 정보를 따로 정리해서 보여준다. 실제로 위 네 개의 재무제표만 가지고는 기업에 대한 파악이 어려운 경우가 많다. 주석은 기업의 재무제표를 볼 때 반드시 같이 보아야 하는 재무제표이다.

〈5대 기본 재무제표〉

재무상태표	• 특정 시점의 재무상태를 나타내는 재무제표 • 기업이 소유하고 있는 자원(자산), 그 경제적 자원에 대한 의무(부채) 및 소유주자본(자본)에 관한 정보를 제공
(포괄) 손익계산서	• 일정 기간 동안 기업의 재무성과에 대한 정보를 보고하는 재무제표 • 기업의 재무성과는 수익에서 비용을 빼 산출된 이익의 크기로 측정
자본변동표	• 일정 시점 현재 기업의 자본의 크기와 일정 기간 동안 기업실체의 자본의 변동에 관한 정보를 제공하는 재무제표 • 자본의 항목별로 기초잔액, 당기 변동사항, 기말잔액을 표시
현금흐름표	• 일정 기간 동안 기업의 현금유입과 현금유출에 대한 정보를 제공하는 재무제표 • 현금흐름표에는 일정 기간 동안 영업활동, 투자활동, 재무활동을 통한 현금흐름의 정보 표시

주석	• 재무상태표, 손익계산서, 자본변동표 및 현금흐름표에 표시하는 정보에 추가하여 제공되는 정보 • 재무제표에 표시된 항목을 구체적으로 설명하거나 세분화한 정보를 제공

이 중 우리가 주로 읽는 방법을 고민하는 재무제표는 재무상태표와 손익계산서, 그리고 현금흐름표이다. 그 이유는 이 세 재무제표를 통해 기업의 많은 부분을 볼 수 있기 때문이다. 즉 이들을 통해 기업의 현재 상태와 경영성과, 현금흐름의 내용을 파악해 볼 수 있기 때문에 주로 이 재무제표들을 읽을 줄 아는가가 중요하다.

기업의 활동은 세 가지

앞에서 설명한 것처럼 재무제표는 정보를 이용하는 사람들을 위해서 만들어진다. 따라서 다양한 정보이용자들이 기업에 대해 최대한 많은 정보를 얻을 수 있게 하려고 기업의 경영활동을 그대로 재무제표에 투영하는 것이 회계기준의 목적이고 재무제표의 작성원칙이 되는 것이다.

필자는 치킨을 매우 좋아한다. 언젠가는 치킨집을 직접 운영해보고 싶은 생각이 있다. 그렇다면 치킨집 운영은 어디서부터 시작할까? 치킨집을 운영하기 위한 자금을 모으는 것부터 시작할 것이다. 즉 자금을 어떻게 조달할 것인가가 첫 번째이다. 내가 직접 여유자금을 투자할 것인지, 아니면 은행에서 빌릴 것인지에 고민할 것이다. 그 다음

단계는 그렇게 조달한 자금으로 어디에 얼마나 투자할 것인가를 고민할 것이다. 위치는 어디로 할 것인지, 테이블은 몇 개나 놓을 것인지, 아르바이트생은 몇 명이나 고용할 것인지 등등, 그리고 이렇게 투자가 이루어지고 나면 치킨집을 운영하여 매출이 발생할 것이고 이에 따라 치킨집의 이익이 얼마인지 산출될 것이다.

이처럼 한 기업의 경영활동을 경영 관리적인 관점에서 간결하게 요약하면 아래와 같이 세 단계로 구분해 볼 수 있다.

〈기업 경영활동의 3단계〉

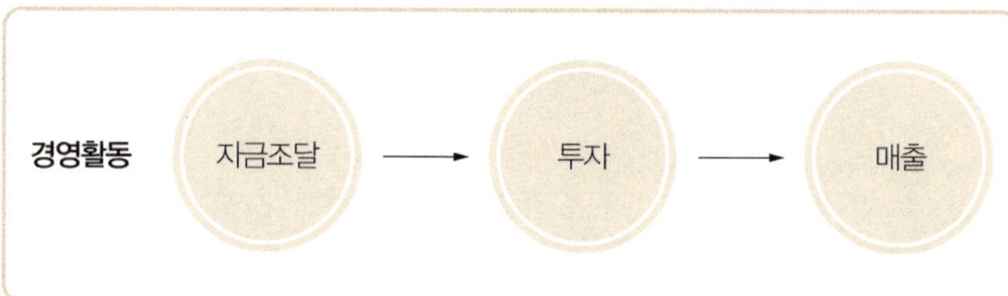

급여생활자는 자금조달에 대해 고민을 하는 경우가 많지 않지만, 사업을 할 경우에는 이야기가 달라진다. 우선 사업을 시작할 자금과 사업을 하는 중에 필요한 자금을 모아야만 투자해서 사업 활동을 할 수 있기 때문이다. 즉, 기업의 경영활동은 자금조달에서 시작한다. 기업은 우선 투자에 필요한 자금을 조달한다. 자금 조달방법을 세부적으로 나누면 수도 없이 많지만, 크게 보면 채권자들이 제공하는 자금과 출자자들이 내는 자금의 두 가지로 구분할 수 있다. 달리 말하면 채권자들에게 조달하느냐 출자자들에게 조달하느냐다. 어떤 방법이든지 모든 자금조달 방법은 궁극적으로 이 두 가지 중 하나에 포함된다.

〈기업의 자금조달 방법〉

- 채권자들에게 조달
- 출자자들에게 조달

기업은 이렇게 조달한 자금을 투자하는데 투자는 크게 세 가지로 구분할 수 있다. 첫 번째는 영업을 위한 자산에 투자하는 경우이다. 이는 생산을 위한 설비자산이 될 수도 있고, 판매를 위한 재고자산이 될 수도 있다. 기업이 자기의 업종을 영위하기 위해서 보유하는 자산을 구매한다면 모두 영업을 위한 자산에 투자하는 것이 된다. 두 번째는 영업 외적인 목적으로 보유하는 자산에 투자하는 경우이다. 관계기업을 지배하기 위해서 사들인 주식이나 일시적인 자금운용 목적으로 사들인 금융자산 등이 이에 해당한다. 이러한 자산은 기업이 영업과는 직접적인 관계없이 보유하고 있는 비영업자산이다. 세 번째는 실제로 매출을 올리기 위해 자금을 사용하는 경우이다. 이는 비용 투자라고도 하는데, 판매를 위해 운송비, 판매수수료를 지급하는 경우나 영업사원들에게 인건비를 지급하는 것이 대표적인 예이다.

〈기업 투자방법의 구분〉

- 영업자산 투자
- 비영업자산 투자
- 비용 투자

이러한 투자의 결과물로 기업은 매출을 일으키게 되고, 투자금액을 웃도는 매출을 올릴 경우에는 이익을 내면서 성장하고, 그 반대의 경우에는 손실을 내면서 쇠퇴할 것이다.

따라서 기업의 경영활동을 최대한 보여주게 되어있는 재무제표에 이 세 가지 활동을 정보이용자들이 쉽게 이해할 수 있도록 보여주어야 한다. 과연 앞서 나온 재무상태표, 손익계산서, 현금흐름표에 어떠한 형태로 보이게 될까? 그것을 이해하면 재무제표 읽는 법에 대한 첫걸음을 내디뎠다고 할 수 있다.

02

재무상태를 보여주는 재무상태표

가장 먼저 만나는 재무제표

우리가 가장 먼저 만나는 재무제표는 재무상태표이다. 재무상태표는 일정시점의 재무상태, 즉 자산과 부채의 내용을 보여주는 재무제표인데, 자산은 우리가 익히 알고 있는 현금이나 재고, 기계 등이 해당하고, 부채는 갚아야 할 빚이다.

그러나 이 재무상태표를 단순히 자산과 부채의 내용을 보여준다고만 생각해서는 곤란하다. 재무상태표는 앞에서 설명한 기업의 경영활동 중 자금의 조달과 투자내용을 보여주는 아주 중요한 재무제표이기 때문이다.

개인의 경제적인 능력을 평가할 때도 우선 이 사람이 자산이 얼마인지 부채가 얼마인지를 보아야 할 것이다. 자산이 많다고 해도 부채가 많은 사람은 본인의 순수한 자산이 적을 것이고, 상대적으로 자산이 적다고 하더라도 부채가 적으면 본인의 순수한 자산은 많을 수 있기 때문이다.

이영화	김통람
자산 10억원	자산 5억원
부채 9억원	부채 1억원
순자산 1억원	순자산 4억원

위 두 사람의 예를 들어보면 쉽게 알 수 있다. 이영화는 자산이 김통람보다 5억원이나 많지만, 부채는 8억원이 더 많다. 이 경우 겉보기에는 이영화가 더 부자처럼 보이지만, 김통람이 더 실속 있는 것 아닐까?

재무상태표는 왼쪽과 오른쪽이 같은 금액

재무상태표는 원칙적으로 왼쪽(차변, Debit)과 오른쪽(대변, Credit)으로 나누어서 기록한다(실제 재무제표를 입수해서 살펴보면 위아래로 기록되어 있기는 하다). 이러한 이유로 과거에는 재무상태표를 대차대조표라고 했다. 재무상태표의 왼쪽에는 기업의 자산을 기록하고, 오른쪽에 부채와 자본을 기록하는 구조이다. 우리나라 대표 기업인 삼성전자의 재무제표를 이용하여 재무상태표에 대해 이해해 보자.

〈삼성전자 재무상태표〉

12월 31일 현재

자산		부채	
현금및현금성자산	17조원	유동부채(단기성부채)	52조원
재고자산(상품, 제품 등)	17조원	비유동부채(장기성부채)	10조원
유형자산(토지, 건물 등)	85조원	부채총계	62조원
기타	111조원		
		자본	
		납입자본	5조원
		이익잉여금 및 기타	163조원
		자본총계	168조원
자산총계	230조원	부채와 자본총계	230조원

수익창출의 원천인 자산

먼저 재무상태표의 왼쪽, 즉 자산항목을 살펴보자. 삼성전자는 총 181조원의 자산을 가지고 있다. 자산의 내용을 살펴보면 현금및현금성자산, 상품이나 제품 같은 재고자산, 토지나 건물 같은 유형자산 등으로 이루어져 있다. 다시 말해 삼성전자는 위와 같은 자산에 총 181조원을 투자한 것이다. 그러면 삼성전자가 이러한 자산을 보유하고 있는 이유는 무엇일까? 바로 이 자산을 활용해서 경영활동을 수행하고, 이 과정을 통해 매출을 일으켜서 이익을 창출하기 위함이다.

또한, 삼성전자가 자산을 보유하고 있는 이유에서 자산의 정의를 찾아볼 수 있다. 자산은 앞으로 기업에 경제적인 가치가 있는 무언가를 가져다주는 것이다. 회계용어로는 경제적 효익이라고 하는데 쉽게 설명하면, 앞으로 돈을 벌 수 있게끔 해주는 것을 자산이라고 한다.

재고자산의 경우에는 판매를 통해 직접 현금을 유입시켜 주기 때문에 자산이며, 기계장치는 기계장치를 활용해서 앞으로 판매를 통해 간접적으로 현금을 유입시켜 주기 때문에 자산이다. 이때 유의할 점은 물리적인 형태에 연연해서는 안 된다는 것이다. 토지나 건물처럼 형태가 있는 것만 자산이 아니라 형태가 없더라도 앞으로 기업에 경제적인 가치가 있는 무언가를 가져다주는 것은 재무상태표에 자산으로 기록한다는 점이다.

예를 들어, 상품을 외상으로 판매하고 생긴 매출채권을 보자. 채권은 그 자체로는 형태가 없지만 '돈 받을 권리'로써 이 권리를 보유하고 있으면 앞으로 기업은 채무자로부터 현금을 받을 수 있다. 즉 이 권리의 보유를 통해 경제적 가치가 있는 현금이 기업에 들어오기 때문에, 재무상태표에 자산으로 표시된다.

또 꼭 현금이 아니더라도 경제적 가치가 있는 무언가를 받을 수 있는 권리는 자산이 되는데 예를 들어, 기계장치를 구매하기 위해 선금을 주면, 그 순간 기업은 기계장치를 받을 권리가 생긴다. 이와 같은 권리도 자산으로 볼 수 있다. 재무상태표에는 선급금이라는 이름으로 기록되는데 용어를 그대로 풀어쓰면 미리 지급한 돈이지만, 경제적 실질 측면에서는 앞서 설명했듯이 기업이 돈을 미리 지급하면 물건을 받을 권리가 생기고, 이 권리를 선급금이라는 항목으로 자산에 표시하는 것이다. 대표적으로 물건을 사기전에 계약하고 먼저 지급하는 계약금을 예로 들 수 있다.

부채와 자본

부채는 무언가를 제공할 의무, 예를 들면 현금이나 용역, 재화를 넘겨줄 의무이다. 만약 기업이 물건을 팔기로 하고 선금을 받으면 그 순간 물건을 넘겨주어야 하는 의무가 생기는데 이것이 부채가 되는 것이다.

결국, 부채를 자산과 비교해 보면 현금을 지급할 의무뿐만 아니라 다른 경제적인 가치가 있는 유형의 자산이나 용역을 제공할 의무 역시 부채에 포함된다.

자본은 자산으로 부채를 상환한 후에 남는 순자산이다. 기업의 주인인 출자자들이 기업의 자산으로 부채를 상환하고 가져갈 순수한 몫을 의미한다. 따라서 자본은 자산에서 부채를 빼서 계산하게 되고, 자산은 부채와 자본의 합계와 당연히 일치한다.

자산이지만 자산이 아니다?

그렇다면 여기서 한 가지를 같이 생각해보자.

이 글을 읽고 있는 독자가 기업의 구성원이라면 본인은 기업의 자산일지 자산과 부채의 정의인 경제적 효익의 관점에서 한번 생각해 보자.

각 개인에 따라 자산이라고 생각할 수도 있고, 부채라고 생각할 수도 있지만, 대부분 자산이라고 답을 할 것이다. 본인이 기업으로부터 받아가는 돈 또는 받아갈 돈보다 많은 경제적 효익을 기업을 위해 올려줄 것이기 때문이다.

하지만 당신이 몸담은 기업의 재무상태표에는 당신이 자산으로 기록되지 않는다. 그 이유는 무엇일까? 이것은 회계정보의 한계점이기도 한데, 재무상태표에는 그 금액이 얼마인지 알 수 있는 자산과 부채만을 기록하기 때문이다. 기업 구성원들의 금전적인 가치를 알 수 있다면 자산이나 부채로 기록하겠지만, 그 가치를 알 방법이 없다. 따라서 재무상태표에 자산이나 부채로 기록할 수 없다. 여기서 얼마인지 알 수 있다는 것은 확정된 금액을 알아야만 하는 것은 아니다. 합리적인 방법으로 가치를 추정할 수 있으면 금액을 알 수 있다고 한다. 인적 자산은 가치를 합리적으로 추정하는 것이 불가능하므로 재무상태표에 기록할 수 없다. 직원이 1억원의 가치가 있는지, 10억원의 가치가 있는지 앞으로 CEO가 되어서 조 단위의 매출을 일으킬 수 있는지, 아니면 기업자금을 횡령해서 도망갈 부채인지는 합리적으로 추정할 수 없기 때문이다.

이처럼 얼마인지 몰라서 재무상태표에 자산으로 기록하지 못하는 다른 예로 기업의 브랜드가치를 들 수 있다. 기업이 창출한 브랜드가치가 어떤 기업은 실제 보유하고 있는 다른 자산보다도 브랜드가치가 더 클 수 있다. 하지만 브랜드가치는 금액을 합리적으로 추정하는 것이 매우 어렵다. 그래서 브랜드가치도 인적 자산처럼 재무상태표에 자산으로 기록할 수 없다.

이처럼 자산이나 부채이지만 재무상태표에 기록할 수 없는 자산이나 부채가 있다는 회계정보의 한계점은 회계정보를 이용하는 사람들이 반드시 고려하여야 할 점이다.

03
경영성과를 보여주는 손익계산서

두 번째 재무제표, 손익계산서

손익계산서는 일정 기간 동안의 경영성과를 보여 주는 재무제표이다. 일반적으로 1년 동안 벌어들인 돈(수익)과 1년 동안 지출한 돈(비용)을 보여 주고, 남은 돈(이익)을 보여 주는 재무제표이다. 이는 경영활동의 결과로 얼마만큼의 매출을 올렸는가를 보여 주면서, 자산이 아닌 비용으로 지출한 금액이 얼마인지를 보여 준다는 의미이다. 즉 매출액에서 비용으로 지출한 금액을 빼서 얼마나 남았는지(순이익)를 보여주는 재무제표가 바로 손익계산서이다.

삼성전자의 손익계산서를 통해 손익계산서에 대해 이해해 보자.

〈삼성전자 손익계산서〉

1월 1일부터 12월 31일까지

수익	206조원
비용	183조원
이익	23조원

실제 손익계산서는 더 복잡한 구조를 가지지만, 설명의 편의상 간단하게 요약해서 실어 보았다. 삼성전자는 경영활동을 통해 한 해 동안 206조원을 벌어들이고, 183조원을 사용해서 23조원이 남았다는 것을 손익계산서에서 확인할 수 있다.

수익과 비용은 현금흐름과 다르다.

앞서 설명한 대로 손익계산서는 수익과 비용, 그리고 이익으로 이루어져 있다. 수익은 돈을 버는 것이고, 비용은 돈을 쓰는 것이며, 이익은 벌어 온 돈에서 쓴 돈을 제하고 남은 돈인데, 수익이 비용보다 크면 이익이 발생하고, 수익보다 비용이 더 크면 손실이 발생한다.

수익은 돈을 벌어 오는 것이므로 자산이 증가하거나 부채가 감소하게 되는데, 이는 궁극적으로 자본(순자산)의 증가를 가져오게 되며, 반대로 비용이 발생하면 자산이 감소하거나 부채가 증가하여 자본(순자산)의 감소를 가져오게 된다.

	자산	−	부채	=	자본
• 수익이 발생하면	+		−	=	+가 되고,
• 비용이 발생하면	−		+	=	−가 된다.

결국, 순자산이 증가하거나 감소하는 시점이 손익계산서에 수익과 비용이 기록되는 시점이 된다. 다음 가상의 기업을 통해 수익과 비용을 언제 기록하는지 살펴보자.

㈜부천은 해외에서 원목을 수입해 판매하는 기업이다. ㈜부천은 4월 1일에 현금 10억원을 지급하고 인도네시아에 있는 거래처에서 원목을 수입해서 보관하다가, 6월 1일에 한 악기제조업체에 판매가격 15억원에 외상으로 판매하였다. 이 악기제조업체는 8월 31일에 원목 대금 15억원을 ㈜부천에 지급했다.

위 사례에서 중요한 것은 수익과 비용을 언제 인식할 것인가이다.

1) ㈜부천이 비용을 인식하는 시점은 현금을 지급한 4월 1일일까?
2) ㈜부천은 현금을 받은 8월 31일에 수익을 인식할까?

앞에서 언급한 수익과 비용의 인식 시점을 고려해서 판단해보자.

먼저 1) ㈜부천이 비용을 인식하는 시점은 현금을 지급한 4월 1일인지부터 살펴보자. 비용은 순자산이 감소할 때 발생한다. 4월 1일의 거래를 한번 살펴보자. 원목을 구매하면서 현금 10억원을 지출했다.

과연 순자산은 감소했을까? 그렇지 않다. 왜냐하면, 현금이 10억원이 줄긴 했지만 다른 자산, 즉 10억원의 가치를 가지고 있는 원목이 기업의 자산이 되었다. 자산총액이 같고, 순자산에도 변화가 없다. 따라서 원목을 구매한 4월 1일에는 비용이 인식되지 않는다.

두 번째로 2) ㈜부천이 현금을 받은 8월 31일에 수익을 인식하는지 살펴보자. 이날 기업은 현금자산이 증가하게 된다. 과연 현금증가가 순자산 증가로 이어질까? 그렇지 않다. 다시 원목을 납품하는 시점인 6월 1일로 돌아가 보자. ㈜부천은 원목을 납품함과 동시에 채권이 발생한다. 채권이 무엇인가? 바로 돈 받을 권리이다. 물건을 넘겨줌과 동시에 돈 받을 권리가 생기는 것이다.

앞서 재무상태표에서 언급했듯이 자산은 형태와 관계없이 앞으로 기업에 경제적인 가치를 가져다주는 것이다. 채권을 가지고 있으면 앞으로 기업에 현금이 유입되므로 기업의 자산에 포함할 수 있다. 그런데 이때 발생한 채권은 8월 31일에 현금을 회수함과 동시에 상계되어 소멸한다. 즉 8월 31일에 ㈜부천에 현금이 15억원 유입되지만 같은 금액의 채권이 소멸하여 전체 자산금액에는 변동이 일어나지 않고, 따라서 순자산에도 변동이 없다. 수익이 발생하면 순자산이 증가하는데 8월 31일에는 순자산에 변동이 없으므로 수익을 인식할 수 없다.

그렇다면 수익과 비용은 언제 인식되는 것일까? 바로 원목을 납품한 시점인 6월 1일이 수익과 비용의 인식 시점이다. 이 시점에 기업은 10억원의 원목을 악기제조업체에 지급하는데, 이 과정에서 기업의 자산(원목)이 10억원 감소하게 된다. 또 원목을 납품함과 동시에 기업은 돈 받을 권리, 즉 채권이 15억원 생기게 되어 자산이 15억원 증가하게 된다. 이처럼 실제 순자산이 변동하는 시점에 수익과 비용이 인식된다.

재무제표가 만들어지는 기본원리, 발생주의

앞의 사례에서 우리는 중요한 사실을 하나 알 수 있다. 바로 손익계산서에 있는 모든 수익과 비용은 현금이 직접 유입되거나 유출되는 것과 직접적인 관계가 없이 기록된다는 것이다. 이는 현금이 유입되거나 유출되는 것보다는 실제 기업의 가치가 증가하느냐 감소하느냐를 가지고 수익과 비용을 인식한다는 것이며, 현금의 증감을 통해서만 기업의 가치가 증감하는 것은 아니므로 기업의 실질적인 가치를 잘 나타내는 방법이라고 할 수 있다. 다만, 현금의 증감과 직접 대응되지 않는 상태에서 수익과 비용을 인식하기 때문에 아주 큰 단점을 가지고 있는데, 이러한 단점을 보완하기 위해서 작성하는 재무제표가 바로 현금흐름표이다.

이렇게 현금의 유입, 유출과 관계없이 실제 순자산의 증감에 따라 수익과 비용을 인식하는 방법을 발생주의라고 부르는데, 현행 회계제도에서 재무상태표와 손익계산서를 작성하는 가장 기본적인 방법이다. 단, 발생주의에서 순자산이 증감하더라도 수익이나 비용으로 인식하지 않는 경우가 있는데, 출자자들이 직접 기업에 투자하는 금액인 납입자본이나 투자에 대한 이익을 회수해가는 경우(배당)에는 순자산이 변동하더라도 수익과 비용을 인식하지 않는다. 수익과 비용은 출자자들의 재산이 변화함을 의미하는데, 출자자들이 투자하거나 투자금을 회수할 때는 출자자들의 재산 가치는 변화하지 않기 때문이다.

04

손익계산서는 재무상태표의 연결고리

재무상태표의 오른쪽은 자금의 조달방법

재무상태표와 손익계산서는 떼려야 뗄 수 없는 관계로 두 재무제표가 유기적으로 맞물려서 움직인다. 그럼 재무상태표와 손익계산서가 어떻게 맞물려서 돌아가는지 한번 살펴보자. 재무상태표는 기업의 현재 자산과 부채의 수준, 그리고 자본(순자산)의 현재 상태를 보여주는 재무제표이고 손익계산서는 기업의 경영성과(수익과 비용, 그리고 그 결과물인 이익)를 보여주는 재무제표이다. 다시 말해 재무상태표는 일정 시점의 재무상태, 손익계산서는 일정 기간의 경영성과를 보여준다.

당신이 사업을 시작하면서 그동안 모은 자금 2억원을 투자하고, 은행에서 1억원을 빌렸다고 하자. 창업 당시의 재무상태표를 다음과 같이 만들 수 있다.

〈창업 당시의 재무제표〉

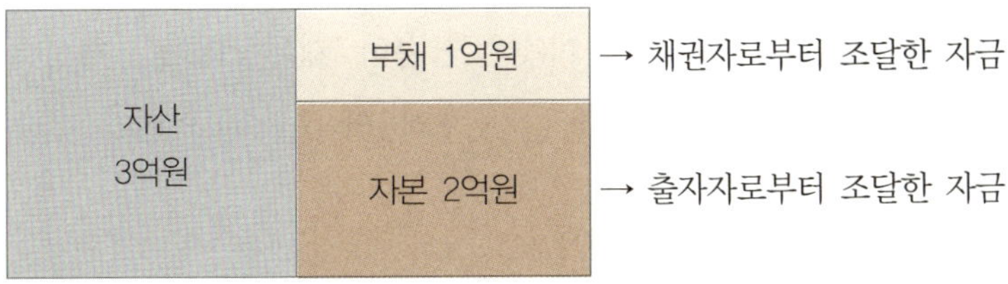

만약 지금 당장 사업을 접는다면, 현재 가지고 있는 자금 3억원으로 부채 1억원을 갚고, 나머지 2억원을 다시 가져갈 것이다. 재무상태표는 자산에서 부채를 빼서 자본을 보여 주는 재무제표인데, 기업의 자산으로 부채를 먼저 갚고 남은 자산을 출자자들이 반환해 가는 것을 보여 주는 재무제표이다.

이제 다른 측면에서 생각해보자. 어쩌면 재무상태표가 자산과 부채를 보여 주는 재무제표라는 기본적인 사실보다 더 중요한 측면이다. 기업의 입장에서 현재의 재무상태는 출자자로부터 2억원을 투자받고, 은행으로부터 1억원을 투자받은 상태이다. 바꾸어 이야기하면 출자자로부터 2억원의 자금을 조달하고, 채권자로부터 1억원의 자금을 조달한 것이다.

즉 출자자들에게서 조달한 자금 2억원과 채권자들로부터 조달한 자금 1억원, 총 3억원을 가지고 영업을 시작했다는 사실을 보여 준다. 이렇게 조달한 자금 3억원은 어떻게 사용될까? 여러 가지 자산을 구매하는데 사용될 것이다. 구매한 자산들은 재무상태표의 왼쪽, 즉,

자산항목에 나타나게 된다. 재무상태표는 오른쪽에서 기업이 자금을 누구에게 조달했는지를 보여주고, 왼쪽에서 자금을 어떻게 사용했는지를 보여주는 재무제표이며, 이것은 단순히 '재무상태표는 자산에서 부채를 빼서 자본을 보여 준다'는 것보다 더 중요한 의미가 있다.

경영성과에 따른 재무상태표 변화

영업활동을 하여 연간 수익이 5억원, 비용이 3억원 발생했다면, 손익계산서는 다음과 같이 작성되고, 이익은 2억원이 된다.

이익이 2억원이라는 것은 자산이 2억원 증가하거나 부채가 2억원 감소한 것을 의미하므로 만약 부채가 변하지 않았다면, 자산이 2억원 증가하게 된다.

〈연간이익이 2억원 발생한 경우〉

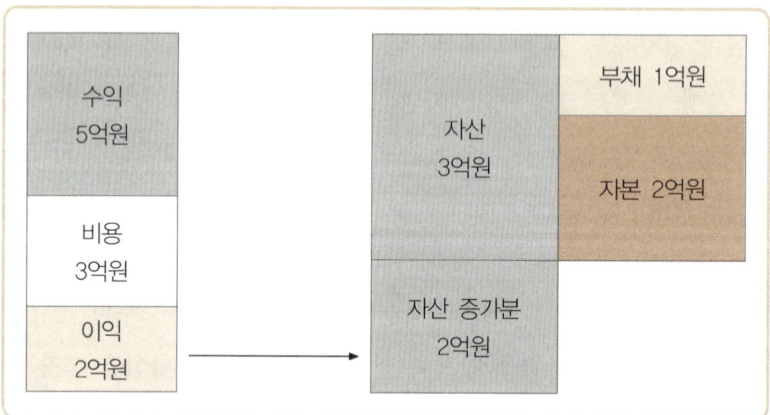

부채가 1억원으로 변화가 없는 상태에서 자산이 2억원 증가했기

때문에, 자본(순자산) 역시 2억원 증가하며, 재무상태표는 최종적으로 다음과 같이 완성된다.

〈재무상태표의 변화〉

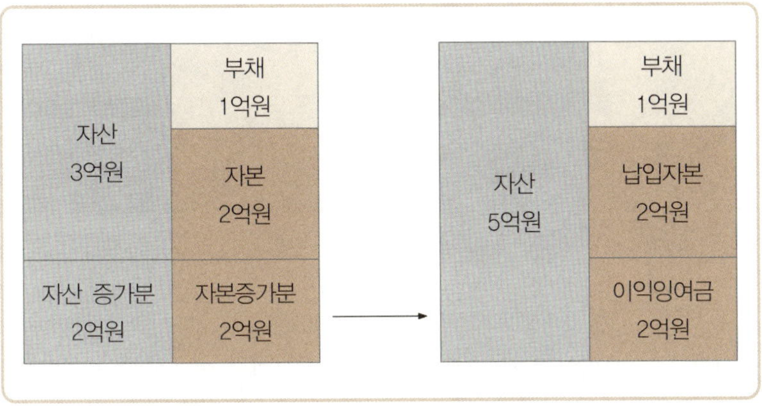

이때 4억원이 된 자본을 성격에 따라 두 가지로 구분해 볼 수 있는데, 출자자들이 직접 자기 돈을 투자한 납입자본과 유보이익(이익잉여금)이다. 이 재무상태표를 보면 현재 자본 4억원은 각각 기업이 창업할 때 출자자들에게서 출자받은 금액 2억원과 영업활동을 통해 손익계산서에서 계상되어 늘어난 유보이익 2억원으로 이루어져 있음을 알 수 있다.

이익잉여금 역시 출자자들의 투자금액이다

기업은 이익이 발생하면 투자를 한 출자자들에게 이익을 분배하게 되는데, 이를 배당이라고 한다. 배당하는 경우에는 재무상태표가 어떻게 변화하는지 살펴보자.

〈현금으로 1억원 배당한 경우 재무상태표의 변화〉

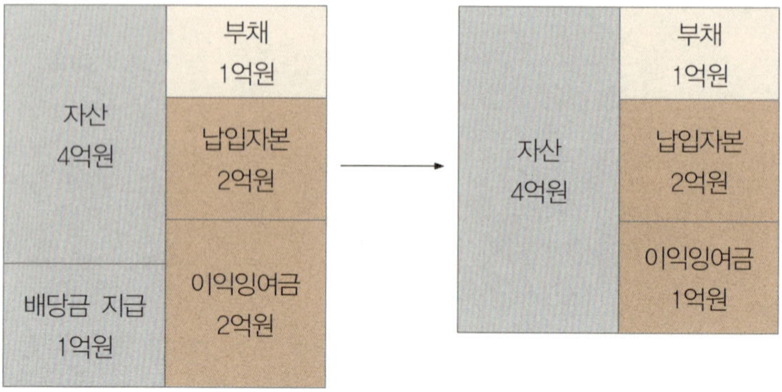

배당금을 1억원 지급할 경우 기업의 자산(현금)이 1억원 감소하고, 유보이익(이익잉여금)이 1억원 감소하여 위와 같은 재무상태가 만들어진다.

배당은 투자자의 입장에서 위험을 부담하고 투자를 한 부분에 대한 투자수익이다. 그렇다면 배당을 얼마 받을지에 대한 결정은 누가 하는 것일까? 기업의 최종적인 책임을 지는 이는 직접 투자한 출자자들이므로 당연히 출자자들이 직접 배당 의사결정을 하게 된다. 그런데 재미있는 사실은 일반적으로 기업은 이익을 모두 배당하지는 않는다는 것이다. 그 이유는 지분을 가지고 있는 투자자들이 이익금 전액을 배당해 가는 것보다는 기업에 유보해서 경영활동에 재투자하는 목적으로 활용하는 것이 유리하다고 판단하는 경우가 더 많기 때문이다. 즉 유보이익(이익잉여금)은 출자자들이 받아야 할 돈을 받지 않고 기업에 재투자한 금액이라고 볼 수 있다.

결국, 자본은 출자자들이 자신의 돈을 직접 투자한 것이거나, 받아갈 돈을 받아가지 않고 재투자한 것이다. 따라서 자본총액을 출자자들의 투자금액이라고 봐도 무방하다.

주식배당은 현금배당과 성격이 조금 다른데, 주식배당은 출자자들이 유보이익을 마치 현금처럼 기업에 출자하는 것이다. 배당으로 받아가야 할 현금을 받지 않고, 출자금으로 투자한다는 의미이다. 현금배당은 기업의 자산(현금)이 실질적으로 감소하지만, 주식배당은 기업의 자산이 감소하지 않는다. 따라서 재무상태표는 다음과 같이 변화한다.

〈주식으로 1억원 배당한 경우 재무상태표의 변화〉

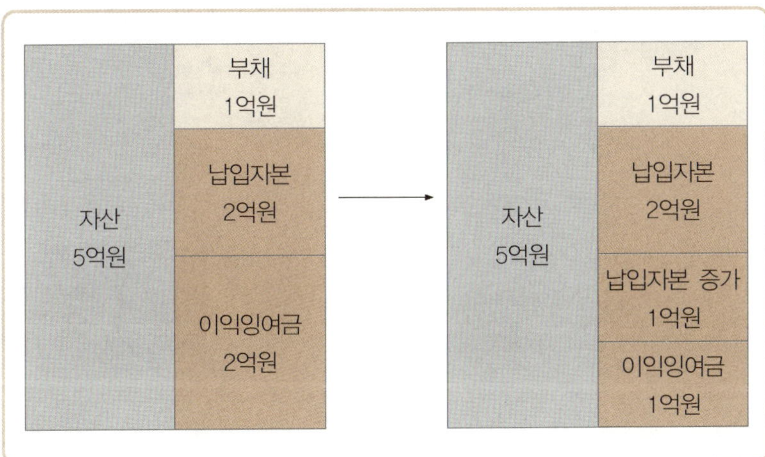

재무제표에 나타나는 경영활동

지금까지 재무상태표와 손익계산서가 어떻게 맞물려서 돌아가는지를 살펴보았는데, 이 두 가지 재무제표를 통해 우리는 기업의 경영활동이 어떻게 재무제표에 정리되어 나타나는지를 알 수 있다. 앞서 기업의 활동을 자금조달 → 투자 → 이익창출의 관점으로 설명했는데, 재무상태표와 손익계산서가 바로 이 세 가지 활동을 그대로 보여 주기 때문이다.

〈기업의 경영활동과 재무제표〉

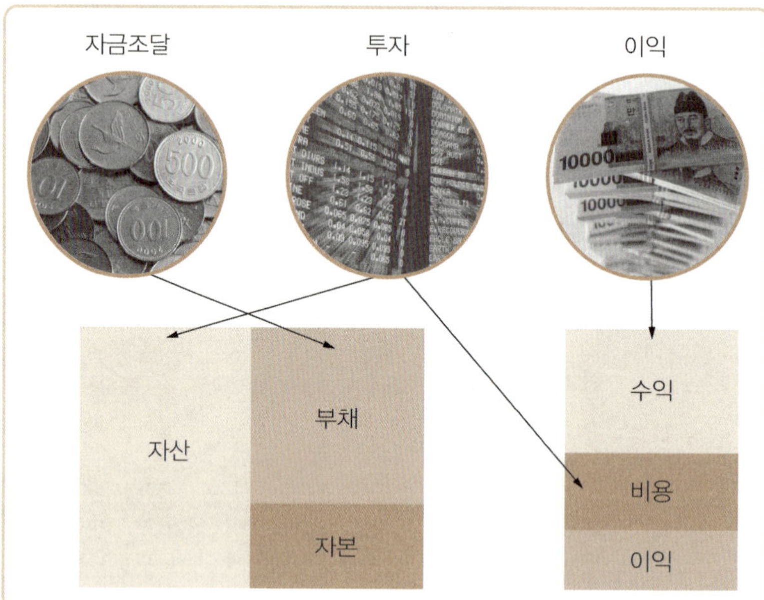

기업의 첫 번째 활동인 자금조달 내용은 재무상태표의 오른쪽에 보이게 된다. 재무상태표의 오른쪽에 있는 부채와 자본을 살펴보면 채권자 그리고 출자자들로부터 자금을 얼마나 조달했는지 한눈에 볼 수 있다. 두 번째 활동인 투자내용은 재무상태표의 왼쪽 자산항목에 그리고 손익계산서의 비용으로 나타난다. 마지막으로 최종 결과물인 수익을 통한 이익은 손익계산서의 맨 아래쪽에 자리 잡게 된다.

이처럼 재무상태표와 손익계산서에는 기업의 경영활동 세 가지가 종합적으로 정리되어 나타나는데, 이는 우리가 회계정보를 볼 때 재무상태표와 손익계산서를 가장 먼저 보는 이유이기도 하다.

〈차변과 대변〉

자금조달 측면을 나타내는 차변, 자금활용 측면을 나타내는 대변

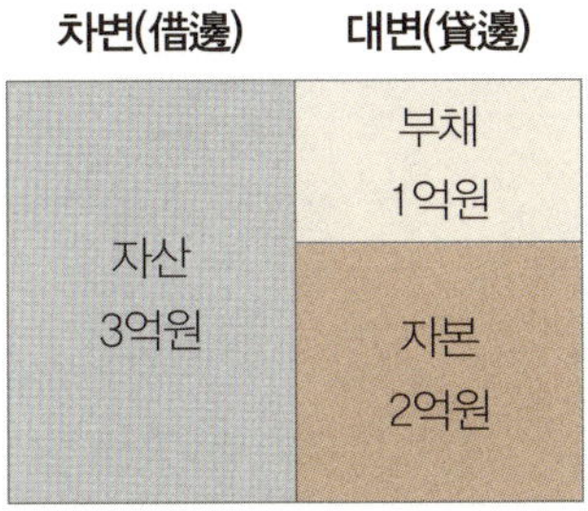

회계용어로 많이 사용하는 것 중에 차변과 대변이 있다. 필자는 누구나 다 알 수 있는 왼쪽, 오른쪽이라는 용어를 더 좋아하지만, 많은 사람이 같이 사용하고 있는 용어이므로 알아 두면 도움이 될 것 같다.

우리는 보통 돈이나 부동산을 빌리는 사람을 임차인, 빌려 주는 사람을 임대인이라고 한다. 재무상태표에서도 같은 맥락으로 이해하면 되는데, 자금을 제공하는 사람들의 측면을 대변, 자금을 활용하는 사람들의 측면을 차변이라고 한다. 즉 채권자와 출자자들의 정보가 나타나는 자금제공자들의 측면을 대변이라고 하고, 자금을 활용하는 기업의 투자정보가 나타나는 측면을 차변이라고 하는 것이다.

재무상태표에서 보면 자산항목이 나타나는 왼쪽을 차변, 부채와 자본항목이 나타나는 오른쪽을 대변이라고 하며, 이에 따라 자산을 차변항목, 부채와 자본을 대변항목이라고 한다.

05

무시할 수 없는 다른 재무제표

기업부도는 손실보다는 현금

앞서 우리는 손익계산서의 수익이나 비용이 기록되는 시기가 현금이 들어오고 나가는 시기와 꼭 일치하는 것은 아니라는 사실을 확인했다. 이것은 정보이용자들에게 어떤 영향을 미칠까?

기업의 부도 이유는 여러 가지가 있지만, 가장 직접적인 이유는 부채를 갚아야 할 시기에 현금이 부족해서 그 부채를 갚을 수 없기 때문이다. 기업의 부도는 경영활동을 잘하고 못하고가 근본적인 원인이겠지만 그것은 간접적인 원인이고, 직접적인 원인은 아니라는 것이다. 단적인 예로 계속 적자를 내고 있는 기업이더라도 현금이 충분해 부채를 계속 갚아 나갈 수 있으면 부도 없이 버틸 수 있을 것이고, 아무리 흑자를 내고 있는 기업이라도 현금이 부족해서 부채를 제날짜에 갚지 못하게 된다면 부도상황이 될 수도 있다. 흑자부도의 안타까운 상황이 되는 것이다.

이런 관점에서 손익계산서가 경영성과를 아주 잘 나타내는 재무제표이긴 하지만 그 장점을 극대화 시켜주는 발생주의 때문에 아주 큰 단점이 있다. 예를 들어 외상으로 물건을 판매하는 경우 손익계산서에는 수익으로 기록되지만, 기업에 바로 현금이 들어오지 않는다. 반대로 현금을 지출하고 재고를 구매한 경우에는 현금이 바로 지출되지만, 손익계산서에 비용으로 기록되지는 않는다. 이것이 무엇을 뜻하는 것일까? 바로 이익이 나더라도 기업에 현금이 부족할 수 있다는 것이고, 또 지급불능 상태가 되어서 부도가 날 수도 있다는 것을 뜻한다.

필자가 경영컨설팅을 하다 보면 벤처기업이나 막 창업한 CEO들이 가장 많이 하소연하는 것 중의 하나가 이익이 났다고 세금은 자꾸 내라고 하는데, 왜 기업에는 돈이 없는지 모르겠다는 것이다. 이익은 나고 있는데, 기업이 돈이 없어서 세금도 빌려서 내야하고, 자금이 부족해 세금을 내고 나면 부도가 날지도 모른다고 이야기를 한다. 이익은 발생주의에 따라 손익계산서에 계상되는 순자산의 증감을 나타내고, 현금의 증감과 일치하지 않는다는 것을 알지 못해 나타나는 현상이다.

현금의 흐름을 보여주는 현금흐름표

손익계산서는 현금의 흐름을 보여 주지 못한다는 큰 단점을 가지고 있다. 이런 손익계산서의 단점을 보완해 주는 중요한 재무제표가 바로 현금흐름표이다. 재무상태표와 손익계산서가 기업의 경영활동을 자금의 조달 → 투자 → 매출을 통한 이익으로 구분해서 보여 준다면, 현금흐름표는 현금 측면에서 이 세 가지 경영활동을 보여 주는 구조로 되어 있다.

현금흐름표는 기업의 현금흐름을 영업활동으로 인한 현금흐름, 투자활동으로 인한 현금흐름, 재무활동을 인한 현금흐름으로 구분해서 보여준다. 이를 재무상태표와 손익계산서에 비교해 보면, 영업활동–매출을 통한 이익창출, 투자활동–투자, 재무활동–자금의 조달로 연결해 볼 수 있다. 단, 현금의 측면이라는 점을 잊어서는 안 된다.

현금흐름표

현금흐름표
영업활동으로 인한 현금흐름
투자활동으로 인한 현금흐름
재무활동으로 인한 현금흐름
현금및현금성자산의 순증가
기초 현금및현금성자산
기말 현금및현금성자산

현금흐름표의 세 가지 항목을 아래에서부터 살펴보면, 재무활동으로 인한 현금흐름은 은행에서 자금을 빌리거나(차입) 갚는(상환) 활동, 출자자들로부터 자금을 투자(증자)받거나 배당금을 지급하는 활동 등과 같이 자금을 조달하고 상환하고, 이익을 나누는 것과 관계되어 발생하는 현금흐름을 말한다.

투자활동으로 인한 현금흐름은 영업에 활용할 영업자산의 취득이나 처분활동, 또 주된 영업활동 이외에 부수적인 목적으로 이루어지는 현금의 대여와 회수활동, 여유자금의 투자와 관련된 자산의 취득과 처분활동 등과 관계되어 발생하는 현금흐름을 말한다. 영업활동으로 인한 현금흐름은 기업의 이익에 직접적인 영향을 주는 생산, 구매,

판매, 관리활동으로 인해서 발생하는 현금흐름을 말한다.

현금흐름표는 기업의 경영활동을 현금흐름의 측면에서 보여주는 재무제표라고 할 수 있다. 세 가지 현금흐름이 각각 자금의 조달 → 투자 → 매출의 내용을 보여 주고 있기 때문이다. 재무활동으로 인한 현금흐름은 현금을 어떻게 조달 또는 상환했는지를 보여 주고, 투자활동으로 인한 현금흐름은 투자 및 회수된 현금의 규모를 나타내며 영업활동으로 인한 현금흐름은 그로 인해 발생한 매출에 의한 현금유입과 현금운영비용, 현금유입액의 내용을 보여 준다.

〈기업의 활동과 현금흐름〉

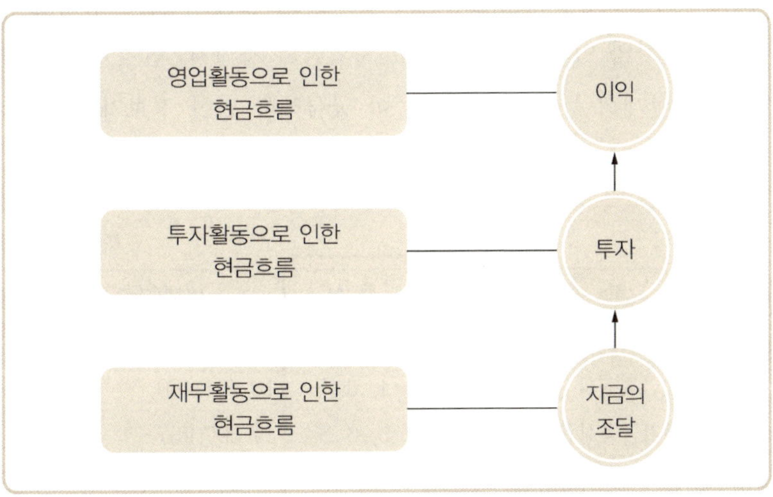

주석은 반드시 필요한 정보

어떤 사람에 대해 연봉이 얼마고 재산이 얼마인지 안다면 그 사람에 대해 모두 다 아는 걸까? 그렇지 않다 어떤 직장인지, 연봉이 일시적인지 아니면 계속적인지 또 재산의 구성내용은 어떤지, 빚이 많지는 않은지 추가로 고려해 봐야 한다. 또 숫자로 나타내지 못하는 잠재적인 자산이나 부채가 있는지도 고려해야 한다. 이는 기업도 마찬가지이다.

주석은 앞서 나온 재무상태표와 손익계산서, 그리고 현금흐름표의 항목을 이해하는 데 필요한 추가적인 내용을 설명해 주는 재무제표이다. 주석으로 추가적인 설명이 필요한 경우에는 해당 항목 옆에 '주석 ㅇ번'이라고 기록하여 해당 주석의 번호를 찾아 그 항목에 대한 추가적인 설명을 볼 수 있게 해 준다. 예를 들어 한 기업의 차입금이 1억원이라고 한다면, 재무상태표에는 '차입금 1억원'의 정보만이 나와 있지만, 주석에 그 차입금의 차입처, 만기, 원금, 이자율, 상환계획 등 정보이용자들이 궁금해할 만한 정보가 가득 실려 있다.

(단위 : 천원)

과 목	주 석	제 44(당) 기	
Ⅰ. 유동자산			87,269,017
1. 현금및현금성자산	4, 6, 7	18,791,460	
2. 단기금융상품	5, 6, 7	17,397,937	
3. 단기매도가능금융자산	6, 9	1,258,874	
4. 매출채권	6, 7, 10	23,861,235	
5. 미수금	6, 10	2,813,361	
6. 선급금		1,674,428	
7. 선급비용		2,262,234	
8. 재고자산	11	17,747,413	

9. 기타유동자산	6	1,462,075	
Ⅱ. 비유동자산			93,802,553
1. 장기매도가능금융자산	6, 9	5,229,175	
2. 관계기업 및 조인트벤처 투자	12	8,785,489	
3. 유형자산	13	68,484,743	
4. 무형자산	14	3,729,705	
5. 보증금	6	814,693	
6. ……	⋮	⋮	

※ 주석번호는 이렇게 표시한다.

하지만 이처럼 많은 정보를 담고 있는 주석을 아예 들여다보지도 않는 회계정보 이용자들이 너무 많다. 오직 재무상태표나 손익계산서에 있는 숫자만 보고, 그 금액이 적정한지 아닌지에만 초점을 맞추어서 재무제표를 보는 것이다. 주석과 연결해서 재무제표를 보지 않으면 그 판단이 올바르게 내려지지 않을 수 있기 때문에 주석의 내용을 반드시 같이 확인하는 습관을 들이는 것이 아주 중요하다.

PART 03.

재무상태표 쉽게 읽는 법 – 자산

01

기업의 규모부터 확인

숲을 보자

흔히 사람들은 나무만 보고 숲을 보지 못하는 실수를 하곤 한다. 이러한 실수는 재무제표를 읽을 때에도 마찬가지인데, 당연히 전체적인 재무제표의 윤곽이나 기업성과의 방향성을 먼저 보아야 하는데도 대부분 정보이용자들이 세부적인 항목의 변화에만 관심을 기울이는 경우가 많다. 우선 기업의 전체적인 규모와 흐름을 확인하고, 그 안에서 세부적인 항목들이 어떻게 나타나는지를 나중에 보는 것이 당연한 순서이다. 책을 볼 때도 목차를 먼저 보고 본문을 보지 않는가? 우리가 재무제표를 통해서 확인할 수 있는 정보들은 여러 가지가 있지만 큰 틀에서 기업의 규모부터 확인하는 것이 우선이다.

대마불사(大馬不死)

바둑용어 중에 대마불사라는 말이 있다. 서로 이어져서 큰 영역을 확보한 여러 개의 바둑점은 죽지 않는다는 뜻인데, 경제환경과 기업경영에도 이 용어를 그대로 적용할 수 있다. 이 대마불사를 기업에 적용해보면, 규모가 큰 기업일수록 망할 위험이 작다는 의미로 받아들여질 수 있다. 또 만약 기업이 부실화되더라도 큰 기업은 작은 기업에 비해 살아날 확률이 높다는 의미로도 해석할 수 있다.

규모가 큰 기업은 작은 기업에 비해 사업의 다각화가 잘 되어 있는 경우가 많고, 여유자금도 충분히 가지고 있다. 따라서 일부 사업이 실패하더라도 다른 사업에서 벌어들이는 이익으로 충분히 이를 복구하고 재기를 노려볼 수 있다는 의미가 된다. 또한, 큰 기업은 실제로 부실화되더라도 세수효과나 고용창출능력이 좋으므로 경제에 미치는 영향이 크다 보니 정부에서도 규모가 작은 기업에 비해 신경을 더 써서 살리기 위한 노력을 할 것이다. 따라서 기업의 규모를 파악하는 것이 재무제표를 읽으면서 첫 번째로 해야 할 일이 되는 것이다. 재무제표를 통해 기업의 규모를 확인하는 방법은 재무상태표의 자산을 통해 기업의 총자산규모(총투자규모)를 확인하는 방법과 손익계산서를 통해 매출액과 이익의 규모를 확인하는 방법이 있다.

무늬만 부자와 진짜 부자

자산이 많으면 정말 부자일까? 우리 주변에는 수많은 재산을 가지고 있어서 주변의 부러움을 받고 있지만, 본인은 정작 걱정이 많은 사람들이 있다. 이런 사람들은 대부분 자산이 많긴 하지만, 그만큼 부채도 많아서 어떻게 부채를 처리해야 할지 고민이 많은 사람이다.

기업 전체의 규모를 확인하고 나면 이제 그 자산에 대한 실제 출자자들의 지분이 얼마나 되는지 확인해 보는 것이 중요하다. 즉, 자본규모를 확인해서 출자자들에게 자산에 대한 소유권이 대체 얼마나 있는지 확인해 보는 것이다.

출자자의 지분인 자본이 적은 기업은 상대적으로 부채가 많을 것이고, 이렇게 부채가 많은 기업은 높은 이자비용을 부담하여야 하므로 이익을 충분히 달성하지 못하면, 계속된 적자로 인해 자본 금액이 계속 줄어들 수도 있다. 따라서 자본이 적은 기업은 부실한 기업일 가능성이 높다.

심지어는 자본이 (−)인 기업들도 있다. 경영활동을 수행하면서 계속 손실을 보다 보니 자산이 줄어들어 자산보다 부채가 많아지는 기업들이 이에 해당하며, 이를 자본잠식상태라고 한다. 실제 몇 년 전 사회적으로 크게 물의를 일으켰던 저축은행의 경우 자산보다 부채가 너무 많아 출자자들은 물론이고 예금을 한 채권자들조차도 투자자금을 대부분 회수하지 못하는 안타까운 사례가 있었다.

따라서 재무상태표에서 자산규모와 더불어 자본규모를 확인해 출자자들의 몫을 확인하는 것도 하나의 중요한 절차이다.

총자산회전율로 살펴보는 기업의 규모

총자산금액은 기업의 총투자금액을 의미하고, 매출액은 기업이 벌어들인 수익으로써 투자의 결과물을 의미한다. 따라서 두 지표는 결국 기업의 규모를 확인해 볼 수 있는 좋은 지표들이다. 그리고 총자산(총투자) 금액보다 그 결과물인 매출액이 더 빠른 속도로 증가하여야 기업이 제대로 경영활동을 수행하고 있다고 할 수 있다.

이렇게 총자산금액과 매출액을 비교해 본 비율을 총자산회전율이라고 부르고, 기업자산 사용의 효율성을 평가해 볼 때 많이 사용한다.

$$\text{총자산회전율} = \frac{\text{매출액 (투자의 결과)}}{\text{총자산 (총 투자금액)}} \times 100$$

※ 총자산회전율은 투자와 투자에 대한 결과의 비율을 나타낸다.

총자산회전율이 올라간다는 것은 투자에 대한 결과가 더 효율적으로 나타났다는 의미가 될 것이고, 총자산회전율이 떨어진다는 것은 투자에 대한 결과가 비효율적으로 변화하고 있다는 의미가 될 것이다. 이는 결국 수익률이 낮아지는 요인이 된다.

일반적으로 우리나라의 기업들은 총자산회전율이 110% 이상 되면 자산을 효율적으로 사용했다고 이야기한다. 하지만 이러한 기준은 설비 투자가 필요한 업종의 경우이지 만약 대규모의 설비 투자가 필요하지 않은 업종에 속한 기업들은 자산규모가 작으므로 총자산회전율이 상대적으로 높게 나타날 것이다. 실제 필자가 몸담은 회계법인처럼 설비에 대한 투자 없이 지식을 제공하는 지식서비스업의 경우에는 사실 총자산회전율이라는 개념이 큰 의미가 없다. 이런 경우에는 총자산회전율보다는 차라리 1인당 매출액 같은 지표들이 더 좋은 지표가 될 수 있다.

또, 직접 설비를 마련해서 제품을 생산하는 기업과 아웃소싱을 통해 재고자산을 구매하는 기업의 총자산회전율도 다른 양상으로 나타날 것이다. 이처럼 항상 업종의 특성과 기업의 특성을 고려해서 정보를 활용하여야만 올바른 의사 결정을 할 수 있을 것이다.

02
한눈에 파악하는 기업의 지급능력

자산은 기업이 가지고 있는 것으로 경제적 효익, 즉 앞으로 현금을 벌어들일 수 있는 것들을 의미하고, 부채는 기업이 부담하고 있는 경제적 유출, 즉 앞으로 현금을 지출해야 하는 것들을 의미한다. 그리고 자본은 자산에서 부채를 뺀 금액으로 출자자들의 몫을 의미한다.

유동과 비유동의 구분

대부분의 기업이 재무상태표를 만들 때 자산을 유동자산과 비유동자산, 부채를 유동부채와 비유동부채로 구분해서 보여준다. 자산과 부채를 이렇게 구분하는 이유는 무엇일까? 여러 번 이야기했던 내용이지만 재무제표는 정보이용자들을 위해서 만드는 것이고, 재무제표를 만드는 회계기준은 어떻게 하면 정보이용자들이 좀 더 쉽고 빠르게 기업의 재무상태와 경영성과를 잘 파악할 수 있을지 고민해서 나온 산물이다. 자산과 부채를 유동자산과 비유동자산, 유동부채와 비유동부채로 나누는 것도 그런 이유 때문이다.

자산과 부채를 나누는 기준은 유동성이 높은 자산 또는 부채인가 아니면 유동성이 상대적으로 낮은 자산 또는 부채인가인데, 유동성이라는 용어의 뜻이 자산이나 부채가 현금화되는 속도를 뜻하므로, 유동자산과 유동부채는 각각 현금화가 상대적으로 빠른 자산과 부채, 비유동자산과 비유동부채는 각각 현금화가 상대적으로 느린 자산과 부채라고 할 수 있다.

일반적인 기업에서는 1년을 기준으로 자산과 부채의 유동성을 평가하는데, 재무상태표의 작성기준일 시점(일반적으로 12월 31일)으로부터 1년 이내에 현금화가 가능한 자산을 유동자산, 1년 이내에 지급 기일이 돌아오는 부채를 유동부채라고 하고, 현금화에 1년 이상이 필요한 자산을 비유동자산, 1년 이후에 지급기일이 돌아오는 부채를 비유동부채로 분류한다.

유동자산은 쉽게 현금으로 전환할 수 있거나 회수할 수 있는 자산들로 현금이나 예금 등 금융상품과 거래처나 채무자에 대한 채권, 곧 판매될 재고자산 등이다. 비유동자산은 주로 장기적인 투자수익 목적으로 가지고 있는 주식이나 채권 등 투자자산과 기업이 장기간 경영활동에 사용할 목적으로 가지고 있는 토지, 건물, 기계장치 등의 유·무형자산들이다.

〈자산과 부채의 일반적인 분류〉

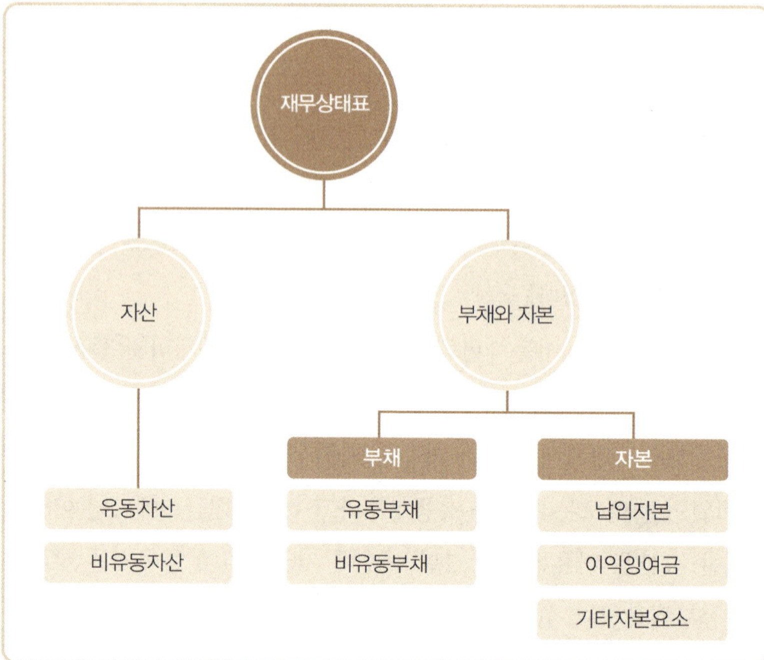

한눈에 파악하는 기업의 단기 지급능력

그렇다면 자산과 부채를 이런 기준(유동성)으로 나누는 이유는 무엇일까?

유동자산과 유동부채의 비교를 통해 한눈에 그 이유를 알 수 있다. 기업이 망하는 이유는 부채의 만기 시점에 상환할 현금이 없기 때문이다. 유동자산과 유동부채를 비교해 봄으로써 그 가능성을 살펴볼 수 있다. 만약 유동자산보다 유동부채가 많은 기업이라면 1년 이내에 현금화가 가능한 자산보다 1년 이내에 만기가 돌아오는 부채가 많다는 것이므로 1년 이내에 지급불능 상태가 될 가능성이 있다는 의미이다. 따라서 유동자산이 최소한 유동부채보다는 크게 유지되어야 한다는 것을 알 수 있다.

〈금호산업 재무상태표〉

제38기 3분기 2009년 9월 30일 현재

자산		부채	
유동자산	1조 7,610억원	유동부채	2조 8,997억원
현금및현금성자산	340억원	매입채무	6,780억원
매출채권	88억원	차입금	1조 7,547억원
미수금, 공사미수금	1조 1,499억원	기타 유동부채	4,670억원
기타 유동자산	683억원	비유동부채	6,107억원
비유동자산	2조 9,022억원	차입금	4,691억원
		기타 비유동부채	1,416억원
		부채총계	3조 5,104억원
		자본	
		납입자본	8,819억원
		이익잉여금 및 기타	2,709억원
		자본총계	1조1,528억원
자산총계	4조 6,632억원	부채와 자본총계	4조 6,632억원

※ 유동자산보다 유동부채가 많은 상태이다

앞의 재무상태표는 건설업과 운송업으로 유명한 금호산업의 2009년 9월 말의 재무상태표이다. 이 기업의 유동자산과 유동부채를 비교해 보면 유동자산보다 유동부채가 무려 1조1,387억원이나 많은 상태라는 것을 확인할 수 있다. 이 기업은 당시 M&A 시장에서 대우건설과 대한통운을 인수하면서 발생한 부채가 만기가 되는 시점에 부채를 갚을 충분한 유동자산을 보유하지 못해 부채를 상환할 재원이 부족했고, 결국 2009년 12월에 워크아웃을 신청하고 말았다. 이처럼 기업은 유동부채를 상환할 수 있는 충분한 유동자산을 보유하지 않으면 지급불능상태에 빠질 확률이 매우 높아진다.

가장 많이 사용하는 재무비율 – 유동비율

사람들이 가장 많이 사용하는 재무비율을 꼽으라면 단연 유동비율이다. 독자들도 신문의 경제면이나 뉴스에서 많이 접해본 재무비율일 것이다. 또 이 유동비율은 이곳저곳에 자주 등장하기 때문에 기억해 두는 것이 좋다. 이 유동비율은 기업평가보고서나 신용분석자료에도 가장 맨 윗줄에 나오는 재무비율이다.

이 유동비율이 앞서 나왔던 유동자산과 유동부채를 비교해 놓은 것으로 유동자산의 적정수준을 파악해 보는 재무비율이다. 유동자산이 유동부채보다 얼마나 많은지 확인해서 기업의 앞으로 1년간 지급능력을 파악해 볼 수 있는 재무비율이다. 앞서 금호산업의 유동비율은 겨우 61%로 유동자산이 유동부채의 61% 밖에 되지 않아 상당히 위험한 상태였다는 것을 확인할 수 있다.

$$\text{유동비율(\%)} = \frac{\text{유동자산}}{\text{유동부채}} \times 100$$

결국, 유동비율은 유동부채에 비해 유동자산의 보유수준이 어느 정도인가를 보여주는 지표이다.

지급능력부터 보는 이유

그렇다면 재무제표를 볼 때 왜 유동자산과 유동부채를 먼저 비교해 보는 것일까? 수익구조를 먼저 살펴봐야 하는 것은 아닐까?

그 이유는 아무리 수익성이 좋은 기업일지라도 망하면 소용이 없기 때문이다. 아무리 수익구조가 좋고, 성장 가능성이 높은 기업이더라도 망해버린다면 그 수익을 실현할 방법이 없다. 이런 이유로 과연 단기적으로 살아남을 수 있는 기업인지부터 파악하는 것이다.

단기적으로 유동부채를 갚을 수 있는 유동자산이 충분하다고 생각되면, 그 다음은 비유동부채를 포함하여 중장기적으로 부채를 상환할 능력이 되는지를 살펴본다. 자본구조를 보는 것인데, 중장기적으로 기업의 자본구조는 좋은지, 또 지급능력은 충분한지를 파악하는 것이다. 이 또한 기업이 망할 위험이 어느 정도인지를 파악해 보는 것이라고 할 수 있다. 이를 기업의 안정성을 살펴본다고 한다.

기업이 지급능력이 충분한지 안정성을 파악하고 나면 그 다음에는 기업의 수익구조를 파악하여 수익성을 살펴본다. 매출액과 비교하면 이익은 충분한지, 원가율이 너무 높지는 않은지, 투자 대비 수익률은 좋은지 파악한다. 간혹, 일부 안정적인 대기업의 경우에는 안정성을 굳이 검토하지 않고 수익성부터 파악하는 경우도 있다. 어차피 안정성은 충분하다고 보고 수익성부터 살펴보는 경우이다. 만약 수익성이 좋지 않다면 기업의 사정이 점점 안 좋아져서 안정성에 영향을 줄 가능성이 매우 높다.

다음으로는 성장성을 본다. 안정성과 수익성을 더 높일 수 있는지, 앞으로 기업의 발전 가능성이 어느 정도인지를 과거 성장률을 통해 파악하는 것이다. 벤처기업처럼 안정성이나 수익성은 높지 않지만 앞으로 성장 가능성이 높은 산업의 재무제표를 볼 때는 더욱 성장성에 비중을 두기도 한다. 이런 성장성은 주로 총자산이나 매출액, 유형자산, 이익 등의 수치가 얼마나 성장하고 있는지를 파악하는 것이 일반적이다.

〈재무제표를 읽을 때의 일반적인 순서〉

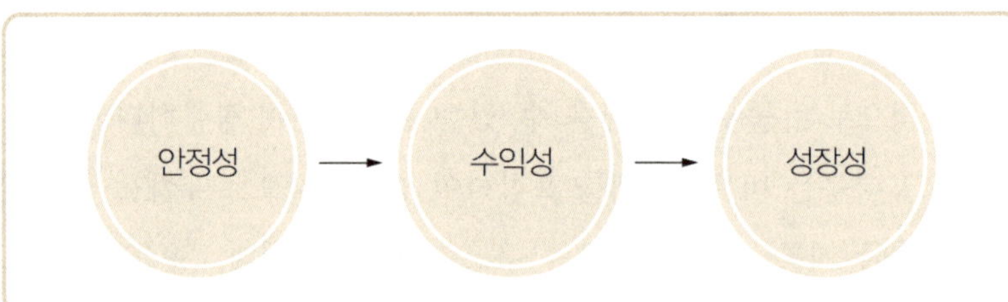

추가로 파악해보는 지급능력 – 당좌비율

유동자산은 그 성격에 따라 다시 두 가지로 나누어 볼 수 있다. 재고자산과 그 이외의 유동자산이다. 재고자산이 아닌 유동자산을 당좌자산이라고 부른다.

당좌자산은 유동자산 중에서 현금이나 예금, 금융상품, 채권 등 판매과정 없이 현금화가 가능한 자산으로써 재고자산보다는 상대적으로 현금화하기 쉬운 자산을 의미한다. 재고자산은 기업이 매출을 일으키기 위한 목적으로 가지고 있는 자산으로 판매과정을 거쳐야만 현금화가 가능하므로 당좌자산보다는 현금화하기가 어렵다고 볼 수 있다.

그래서 상대적으로 유동성이 떨어지는 재고자산을 제외하고, 당좌자산만을 1년 이내에 만기가 도래하는 유동부채와 비교해서 단기 안정성을 파악하기도 하며, 재고자산의 현금화가 상대적으로 더딘 기업은 유동자산을 유동부채와 비교하는 것보다는 당좌자산을 유동부채와 비교하는 것이 지급능력에 대한 더 좋은 평가지표가 된다.

$$\text{당좌비율(\%)} = \frac{\text{당좌자산}}{\text{유동부채}} \times 100$$

※ 당좌비율은 유동부채에 비해 당좌자산의 보유수준이 어느 정도인가를 보여주는 지표이다.

업종에 따라 달라지는 재무비율

그렇다면 유동비율과 당좌비율은 어느 정도가 필요할까? 유동비율이 100% 이상이기만 하면 괜찮은 것일까?

우리나라의 경우 유동비율은 120%, 당좌비율은 90% 이상이면 안정적이라고 보는 것이 일반적이긴 하지만, 유동비율과 당좌비율은 국가별로, 산업별로, 또 기업이 처한 상황에서 각각 다른 양상을 가지고 나타나게 마련이다. 예를 들어 재고자산을 만들어서 판매하는 것이 주업인 제조업과 재고자산 없이 서비스만을 제공하는 서비스업을 비교해보면 제조업의 유동비율이 서비스업보다 상대적으로 높게 나타날 것이다. 그것은 제조업의 경우 재고자산을 보유하지만 재고가 없는 서비스업은 재고자산이 적어서 낮게 나타날 것이기 때문이다. 또 어느 정도가 좋은지에 대한 판단도 상대적일 수밖에 없다.

한 기업의 재무비율을 볼 때 주로 비교 대상이 되는 것은 바로 경쟁사나 그 기업이 속한 업종의 재무비율이다. 우리나라의 최근 유동비율과 당좌비율은 각각 120~130%, 80~90% 정도로 유지되고 있다. 이는 유동자산이 유동부채보다 20~30% 정도 많은 수준으로 유지되고 있다는 의미이다.

국내 굴지의 백화점업계인 현대백화점의 최근 몇 년간 재무상태표를 한번 살펴보자.

〈현대백화점 요약 재무상태표〉

	20×4.12.31.	20×3.12.31.	20×2.12.31.	20×1.12.31.
자산	3조5,229억원	3조483억원	3조8,911억원	3조5,229억원
유동자산	4,481억원	4,500억원	8,016억원	4,481억원
당좌자산	4,140억원	4,285억원	7,681억원	4,140억원
재고자산	341억원	215억원	345억원	341억원
비유동자산	3조748억원	2조5,983억원	2조3,458억원	3조748억원
부채	1조3,478억원	1조242억원	9,222억원	1조3,478억원
유동부채	7,930억원	8,144억원	6,228억원	7,930억원
비유동부채	5,548억원	2,098억원	2,994억원	5,548억원
유동비율	57%	55%	47%	57%
당좌비율	52%	53%	43%	52%

현대백화점의 재무상태표를 보면 유동비율과 당좌비율은 대략 45~60% 사이에서 변동하고 있는 것을 확인할 수 있다. 하지만 이 기업은 자금상의 큰 문제 없이 계속 경영활동을 수행해 오고 있다. 또 이 기업이 속해 있는 백화점업종의 업종평균 유동비율과 당좌비율은 각각 40~50%, 25~35% 정도이다. 유동비율이 아주 낮은 수준이어도 큰 문제가 없다는 의미이다.

재고의 수준이 낮고 대부분 유형자산(백화점 건물)을 활용해 매출을 올리는 백화점의 특성상 적은 수준의 유동자산으로도 충분한 현금흐름을 확보할 수 있기 때문이다. 따라서 유동비율이나 당좌비율이 다른 업종에 비해 낮더라도 큰 문제가 되지 않는다(추가로 현금흐름표를 통해 매출이 어느 정도 현금으로 회수되는지를 파악해보면 더 정확한 결과를 얻을 수 있을 것이다).

이처럼 유동비율과 당좌비율은 절대적인 것이 아니라 업종과 상황에 따라 달라질 수 있음을 기억해야 할 것이다(사실 모든 재무비율이 그렇다).

안정성을 높여주는 자산과 안정적인 자금조달방법

재무상태표는 자금을 어떻게 조달해서 어떻게 활용하고 있는지를 보여주는 재무제표이다. 그렇다면 같은 자산을 가지고 있을 때 유동자산을 많이 가진 기업이 안정적일까? 비유동자산을 많이 가진 기업이 안정적일까? 단기적인 지급능력만을 본다면 같은 자산규모일 때 유동자산이 많은 기업이 안정적일 것이다. 1년 이내에 현금화가 되는 자산이 많다는 것은 그만큼 지급능력도 좋다는 의미이기 때문이다.

그러면 유동자산이 많은 기업이 좋은 기업일까? 유동자산이 많으면 많을수록 안정적이기는 하지만 무조건 많다고 좋은 것은 아니다. 비유동자산은 기업수익창출의 원천이 되는 자산이므로 어느 정도 적절히 보유하고 있어야만 수익을 창출할 수 있기 때문이다.

〈재무상태표〉

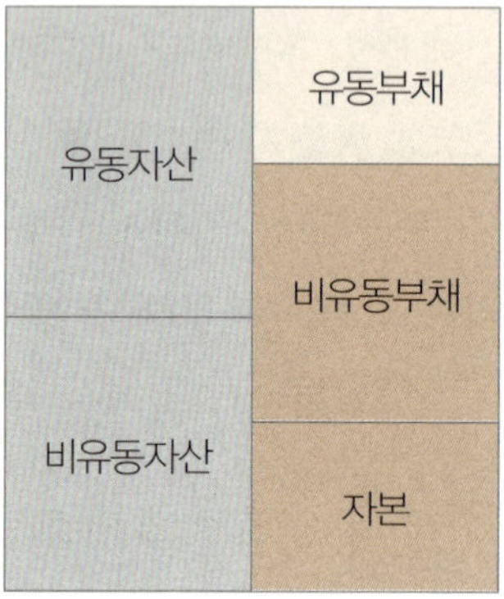

그렇다면 자금의 조달방법을 나타내는 오른쪽에서는 어떤 정보를 얻을 수 있을까?

기업이 자금을 조달하는 방법에 채권자들에게 조달하는 방법(부채)과 출자자들에게 조달하는 방법(자본)이 있다면, 기업입장에서 어떤 방법으로 자금을 조달하는 것이 더욱 안정적으로 자금을 활용할 수 있을까? 만기가 없고, 고정적으로 지급해야 하는 이자도 없는 자본으로 자금을 조달하는 것이 더 안정적으로 자금을 활용하는 방법일 것이다.

부채끼리 놓고 보면 유동부채보다는 비유동부채가 좀 더 안정적으로 자금을 활용하는 조달방법이다. 결론적으로 유동자산은 많을수록 유동부채는 적을수록 기업의 안정성이 높아진다.

03
현금흐름은 기업의 혈액순환

현금및현금성자산

현금관리는 기업경영관리 측면에서 볼 때 그 어떤 업무보다도 중요한 영역에 속한다. 기업경영의 목적은 결국 현금을 조달해서 투자와 운영을 통해 현금을 벌어들이는 것이기 때문이다. 기업이 망하는 이유가 만기가 된 부채를 지급할 현금을 보유하고 있지 못하기 때문이 아닌가? 그만큼 현금은 아주 중요한 자산이다.

회계정보에서 말하는 현금은 우리가 익히 알고 있는 동전과 지폐만을 의미하지는 않는다. 게다가 최근에는 기업들이 동전과 지폐를 보유하고 있는 경우는 많지 않다. 재무상태표에 나타나는 현금은 '현금및현금성자산'이라는 용어를 사용하며, 현금처럼 수시로 자유롭게 입출금이 가능한 자산을 의미하고, 보통예금 같은 자산이 이에 해당한다.

현금관리의 중요성

현금은 많은 것이 좋을까? 적은 것이 좋을까? 이왕이면 많은 것이 좋겠지만, 꼭 좋은 그런 것만은 아니다. 왜냐하면, 과도한 현금을 보유하고 있다는 것은 여유자금을 잘 활용하지 못하고 있거나 사업을 확장하려고 현금을 조달했지만, 사업이 부진해서 투자하지 못하고 있을 수도 있기 때문이다. 다만, 질문을 '현금이 많으면 많을수록 기업이 안정적인가요?'라고 바꾸어 물어보면 맞는 이야기가 될 것이다. 부채를 상환할 수 있는 능력이 그만큼 크다는 뜻이기 때문이다.

	A	B	C
자산	4,200억원	4,200억원	4,300억원
현금및현금성자산	296억원	200억원	700억원
부채	2,030억원	2,050억원	1,000억원
자본	2,170억원	2,150억원	3,300억원
매출액	4,400억원	4,200억원	3,700억원

위에 소개된 세 기업은 보수적으로 경영활동을 수행하는 것으로 소문난 페인트 업계의 경쟁기업들이다. 위 세 기업의 재무제표를 살펴보았을 때 현금 측면에서 가장 안정적이라고 생각되는 기업은 어느 기업인가? 자세히 살펴볼 필요도 없이 C사가 가장 많은 현금보유량을 가지고 있으면서 부채규모는 가장 적기 때문에 현금 측면에서 볼 때 가장 안정적인 기업이라고 할 수 있다. 그렇다면 과연 저렇게 현금을 가지고 있는 것이 좋다고 할 수 있을까? 만약, 지급능력이 가장 좋은 기업은 어느 기업인가라고 묻는다면 조금의 망설임도 없이 C사

라고 대답할 것이다. 가장 안정성이 높은 기업이기 때문이다. 하지만 현금이 많은 기업이 좋은 기업인지는 조금 다른 이야기이다. 좋은 기업이라는 말은 여러 가지 의미로 쓰일 수 있기 때문이다.

세 기업은 비슷한 자산규모와 비슷한 매출규모를 가지고 있으며, 이 기업들이 속해 있는 산업은 매년 안정적으로 매출이 발생하면서도, 기업들이 상당히 보수적으로 경영활동을 하는 산업이다. 보수적으로 경영활동을 수행한다는 것은 안정성을 우선으로 확보하면서 경영활동을 수행한다는 의미이다.

이런 상황이라면 A사와 B사 역시 현재 가지고 있는 현금보유 수준으로도 현재 규모의 자산운용과 매출수준을 올리면서 경영활동을 수행하는데 큰 무리가 없다. 따라서 비슷한 규모의 매출과 자산규모를 유지하고 있는 C사 역시 A사와 B사의 현금수준으로도 경영활동을 수행하는데 큰 지장이 없다고 유추해 볼 수 있을 것이다. 정보이용자들이 생각하기에 C사는 현금관리가 조금 부족하거나 과다한 현금보유 때문에 기회비용이 발생할 수 있다고 판단할 수 있다. 필자가 만약 C사의 출자자라면 차라리 그 현금을 배당하라고 압력을 넣을 것 같다.

즉, 현금도 적정 수준을 보유하는 것이 중요한데, 기업의 입장에서는 여러 가지 고려할 요소가 너무 많으므로 적정 현금수준을 유지한다는 것은 정답이 없는 어려운 일일 것이다.

기업운영의 목적은 결국 현금

기업이 물건을 판매하여 매출을 올리는 경우, 대부분 외상으로 물건을 판매하게 된다. 물건을 판매하는 순간 기업은 돈 받을 권리, 즉

'채권'을 가지게 되는데, 가장 많이 발생하는 채권이 바로 매출을 하고 생긴 매출채권이다.

매출채권은 기업이 상품이나 제품, 용역을 외상으로 제공하고, 앞으로 받기로 한 채권이다. 만약 매출활동 이외에 주식이나 유형자산을 팔아서 생긴 채권이 있다면, 이것은 미수금이고 누군가에게 돈을 빌려주고 받을 채권은 대여금이며 이를 매출채권과 구분해서 보여주고 있다(업종별로 실무에서는 매출채권과 미수금을 같은 의미로 사용하기는 경우도 있다).

매출채권은 기업이 곧 회수할 현금이기 때문에 정보이용자들에게는 아주 중요한 정보로 다루어지며, 기업입장에서도 현금을 받기 위한 바로 전단계이기 때문에 관리하는데 많은 노력을 들이는 자산이다.

받을 돈은 잘 받자

매출채권은 투자자 입장에서 기업을 바라볼 때 재고자산과 함께 가장 주의 깊게 살펴봐야 하는 자산이고, 기업의 입장에서는 가장 주의 깊게 관리해야 하는 자산이다. 매출채권을 볼 때 함께 확인해 봐야 할 것이 대손충당금이다. 모든 채권에는 항상 회수 불확실성이 있다. 이 경우 회수가 불가능할 것으로 예상하는 금액을 매출채권 원금에서 빼서 재무상태표에 보여주는데 이것을 대손충당금이라고 한다.

회계에서는 항상 법적인 형식보다 경제적인 실질이 우선이다.

채권은 소멸시효에 이르거나 채권채무조정, 법원의 제권판결 등에 의해 그 권리가 소멸하는데, 회계정보에서는 법적인 권리가 소멸하는 시점이 중요한 것이 아니라 그보다 먼저 회수가 불확실해 보이는 채권이 있으면, 그 채권을 자산에서 빼고 손익계산서에 비용으로 인식해 버린다.

하지만 법적으로는 아직 채권이 존재하기 때문에 매출채권금액에서 직접 빼지 않고, 대손충당금이라는 항목을 설정하여 원금에서 빼는 형태로 보여주게 되는데, 앞으로 이 채권에 대한 법적인 권리가 소멸 될 때는 채권원금과 대손충당금이 동시에 감소하게 되어 손익에 영향을 주지 않는다.

또 매출채권뿐 아니라 대여금이나 미수금 같은 다른 채권들도 회수 불확실성이 존재하기 때문에 역시나 대손충당금이 발생할 수 있다.

〈채권과 대손충당금〉

매출채권	39,991,737,784
대손충당금	(53,779,978)
공사미수금	969,837,726,754
대손충당금	(222,055,550,427)
미수금	222,949,306,453
대손충당금	(64,503,439,693)
미수수익	60,935,494,672
대손충당금	(46,045,693,957)

기업의 모든 채권은 대손충당금 설정의 대상이 된다.

대손충당금은 기업이 보유하고 있는 채권 중 어느 정도의 채권이 회수 불가능하다고 판단하였는지를 나타내는 지표이며, 기업이 매출할 때 거래처에 대한 신용분석이 얼마나 잘 되는지를 보여주는 지표가 될 수도 있다.

매출채권은 얼마나 있으면 될까?

과연 기업의 매출채권은 얼마나 있는 것이 적정할까?

만약 전년도보다 매출채권금액이 증가했다고 가정해보자. 과연 좋은 현상일까?

이 질문에 답을 하기 위해서는 우선 매출채권이 증가하는 원인부터 살펴봐야 한다. 매출채권이 증가하는 원인은 크게 두 가지로 구분해 볼 수 있기 때문이다.

첫 번째는 매출액이 증가한 경우로 매출액이 증가하면 당연히 매출채권도 그에 따라 증가한다. 이는 긍정적인 신호이다. 두 번째는 매출은 별로 늘지 않거나 그대로인데, 매출채권만 증가한 경우이다. 이는 아마도 기업이 신용판매를 확대했다거나 받을 채권을 못 받고 있기 때문일 것이다.

매출채권이 적정수준인지를 파악할 때는 매출수준과 비교해 보는 것이 좋다. 앞서도 언급했지만, 재무제표 항목의 숫자 하나만 가지고는 그 의미를 제대로 파악할 수 없으므로 항상 비교 대상이 필요하다.

〈매출채권 변화에 따른 효과〉

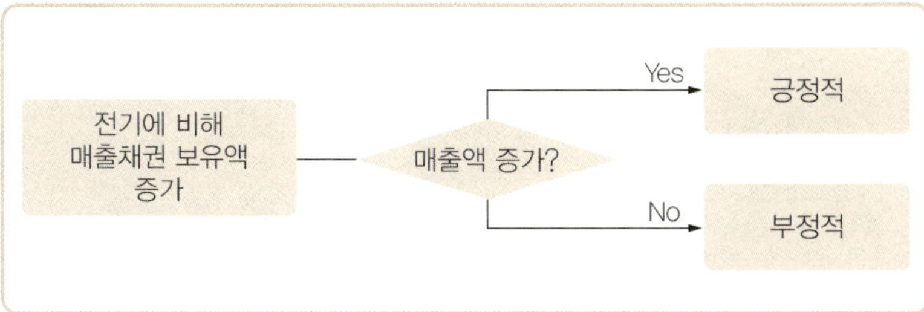

재고자산을 통해 돈을 번다

재고자산은 기업이 매출을 통해 판매하기 위해 가지고 있는 자산이다. 특히 재고자산을 판매하여 매출을 발생시키는 기업의 경우에는 이 재고자산을 어떻게 관리하느냐에 따라서 경영실적이 좌우된다. 또 재고자산은 즉시 현금화가 가능한 당좌자산과 달리, 생산과정이나 판매과정을 거쳐야만 현금화가 가능하므로 적정한 수준을 유지하는 것이 아주 중요하다. 특히 재고자산의 수명이 짧은 첨단IT업종이나 의류업종 등의 경우 재고와의 전쟁이라고 해도 과언이 아닐 정도로 어려운 부분이다.

재고자산은 판매를 위해 보유하고 있는 자산이기 때문에 이익을 창출하는데 결정적인 역할을 한다. 재고자산의 원가는 손익을 결정하기 위해 판매분(매출원가)과 미판매분(기말재고)으로 나누어지는데, 배분방법에 따라 자산금액과 당기순손익이 달라질 수 있기 때문에 회계정보에서도 매우 중요하게 다루어 지고 있다.

〈재고자산 원가의 배분〉

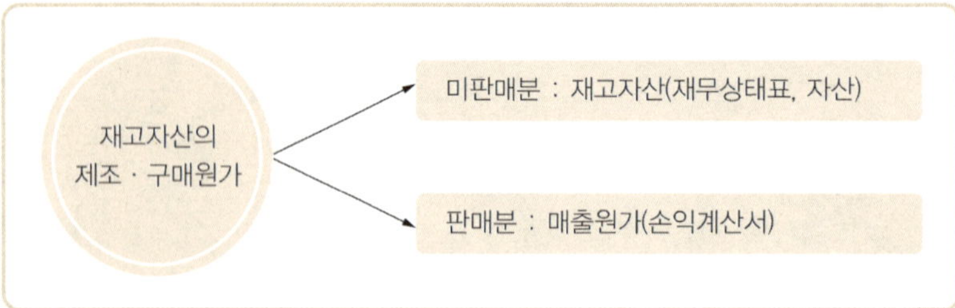

재고자산은 다음과 같이 분류해 볼 수 있다.

- **제품과 상품** : 제품과 상품은 모두 완성품을 뜻하는데, 기업의 입장에서 제조과정을 거쳐서 보유하고 있는 완성품을 제품, 단순히 구매해서 그대로 판매하는 완성품을 상품으로 구분한다.
- **원재료와 부재료** : 원재료는 제품을 제조하는데 사용되는 주재료, 부재료는 부수 재료를 뜻한다.
- **재공품과 반제품** : 재공품은 공정 중에 있는 품목으로 현재 생산과정 중에 있는 재고자산을 뜻하며, 반제품은 생산과정 중에 있기는 하지만 그 상태로도 판매가 가능한 재고자산을 뜻한다.

〈재고자산의 재무상태표 표시〉

재고자산		47,172,753,192
제품	50,819,924,367	
재고자산평가손실충당금	(5,206,484,784)	
재공품	1,464,782,663	
원재료	25,515,300	
재고자산평가손실충당금	–	
부재료	6,917,182	
미착품	62,096,464	

재고자산도 가치가 하락할 때는 평가손실충당금을 이용하여 그 가치를 적정한 금액으로 보여주어야 한다.

재고자산은 얼마나 있으면 될까?

그렇다면 매출채권과 같은 질문을 한번 던져보자.

과연 기업의 재고자산은 얼마나 있는 것이 좋을까? 재고자산의 적정 보유수준을 파악하는 것은 너무나도 어려운 일이다. 재고가 너무 많으면 재고를 유지하는 비용이 많이 들고, 판매되지 않을 경우 부담해야 하는 손실이 너무 컸지만, 재고가 너무 적으면 시장에서 팔 수 있는데도 없어서 못 파는 기회비용이 발생할 수 있기 때문이다.

전 세계적으로 선풍적인 인기를 끌고 있는 스마트폰인 갤럭시는 신제품이 출시될 때마다 사려고 줄을 서서 기다리는 사람들이 많다. 심지어 출시 초기에는 주문하고 기다리는데 1~2달이 걸리기도 한다. 그렇다면 삼성전자는 이처럼 많은 수요에 대응하기 위해 많이 생산하여 재고수준을 늘리면 되지 않을까? 하지만 삼성전자는 목표로 하는 물량만을 만들면서 생산능력은 수요보다 약간 부족하게 유지하고 있다. 심지어 이렇게 기다리지 못하고 다른 스마트폰을 구매하는 소비자가 있음에도 삼성전자는 왜 모든 수요에 대응하여 제품을 충분히 만들지 않는 것일까?

이는 재고자산이 설비투자와 밀접하게 관련되어 있기 때문이다. 지금 당장 수요가 많다고 설비를 늘려 놓으면 앞으로 수요가 줄었을 때 투자금액을 회수하지 못해 기업의 성과에 좋지 않은 영향을 미칠 수도 있다. 차라리 지금 약간의 수요를 포기하면서 앞으로 수요감소에 대비하는 것이 더 효율적일 수 있다.

이번에는 좀 다른 관점의 질문이다.

만약 전년도보다 재고자산금액이 증가했다고 가정해보자. 과연 좋은 현상일까?

재고자산이 증가하는 첫 번째 이유는 매출액이 증가해서 그에 맞춰 재고자산을 늘린 경우일 것이고(정상재고), 두 번째는 매출은 별로 늘지 않거나 그대로인데, 재고자산만 증가했다면 만들어 놓은 재고자산이 안 팔리고 있는 경우일 것이기 때문이다(부실재고).

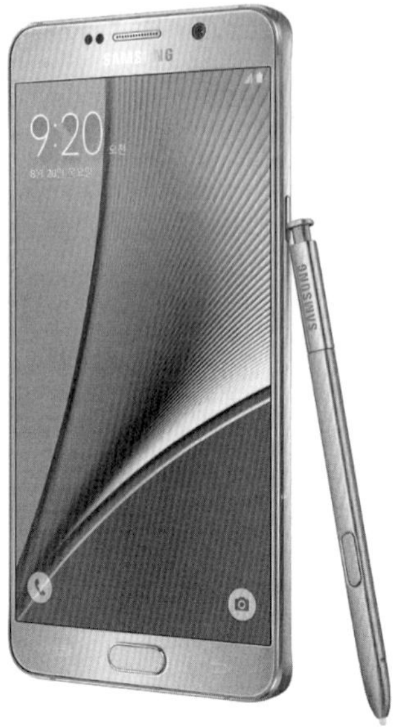
▲ 이미지출처 : 삼성전자 홈페이지

매출채권과 마찬가지로 재고자산 역시 매출수준과 비교해 보면 그 적정 수준을 좀 더 제대로 파악해 볼 수 있을 것이다.

피가 흐르지 않고 멈추면 사람이 죽듯이, 현금이 흐르지 않으면 기업도 죽을 수밖에 없다. 현금은 재고자산이 판매되어 생긴 매출채권을 회수해야만 비로소 기업에 들어오기 때문에 두 가지 자산과 밀접하게 연관되어 흐르게 된다. 따라서 기업의 진정한 지급능력을 보기 위해서는 매출채권과 재고자산을 반드시 확인하여야 한다.

04

매출채권과 재고자산의 콤비네이션

속기 쉬운 유동자산-매출채권과 재고자산

매출채권 때문에 부도가 난 기업을 한 번 생각해 보자. 이 기업은 매출채권이 회수되지 않았거나 매출채권의 회수기일이 길어져서 매출채권이 많이 늘어났을 것이고, 현금이 기업에 유입되지 않아 현금이 없어 부도가 났을 것이다. 하지만 매출채권금액이 많이 증가했기 때문에 기업의 유동비율과 당좌비율은 당연히 높아졌을 것이다.

〈매출채권이 부도의 원인인 기업〉

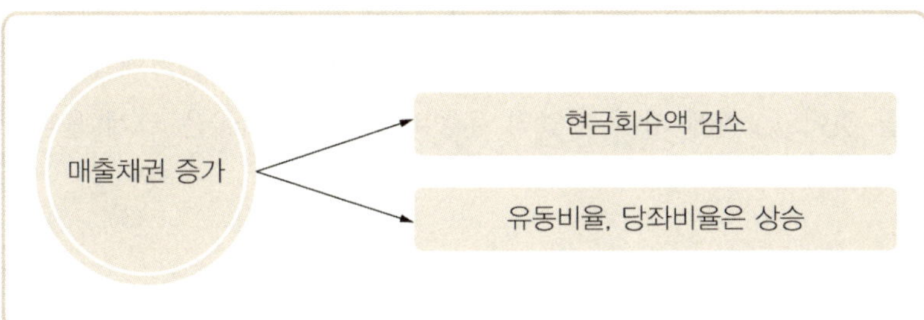

다음으로는 재고자산 때문에 부도가 난 기업을 가정해 보자. 재고

자산 때문에 부도가 난 기업은 재고자산이 판매되지 않았거나 너무 많은 재고자산을 구매하여 재고자산이 많이 늘어났을 것이다. 이에 따라 재고자산을 구매하는데 지출한 현금이 매출을 통해 회수되지 못해 만기가 돌아온 부채를 상환하지 못했을 것이다. 하지만 재고자산 금액은 많이 증가했을 것이기 때문에 기업의 유동비율 역시 크게 올라가게 된다(당연히 당좌비율은 올라가지 않는다).

〈재고자산이 부도의 원인인 기업〉

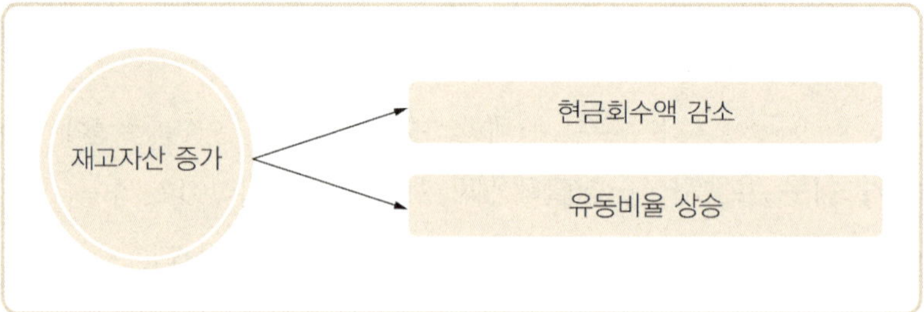

마지막으로 최근 경영실적이 점차 악화되어 시장에서 신용도가 하락하고 있는 기업을 가정해 보자. 이 기업은 과거에는 좋은 신용조건으로 재고자산 매입을 해 왔지만, 최근 경영실적이 점차 악화되면서 거래처들에게서 재고자산을 사들이는 조건이 악화되었을 것이다. 이러면 외상매입보다는 현금매입을 할 수밖에 없고, 외상으로 사들이더라도 신용기간이 짧아진다. 따라서 매입채무가 과거에 비해 많이 감소할 것이고, 이에 따라 기업의 유동비율과 당좌비율은 크게 올라가게 된다.

〈부도위험 기업의 매입채무 변화〉

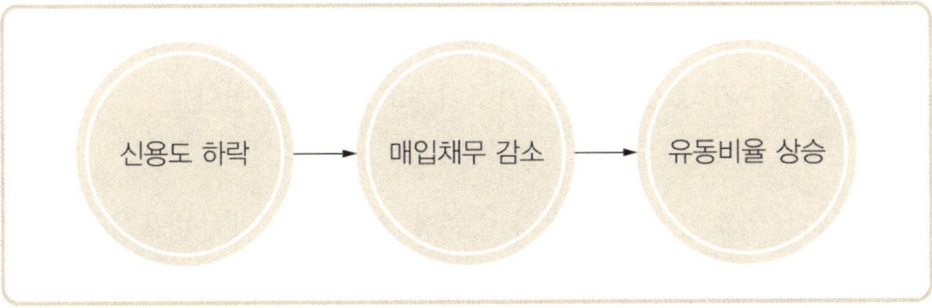

이처럼 유동비율이나 당좌비율이 올라갔는데도 불구하고, 부도로 치닫는 경우가 종종 발생하는데, 이는 유동비율이나 당좌비율이 높다고 해서 유동성이 꼭 좋다고 단정할 수 없는 것을 의미한다. 유동비율이나 당좌비율이 높다는 것은 현금화 가능성이 높은 자산의 비중이 높다는 것이지 결코 현금이 많다는 것은 아니기 때문이다. 따라서 유동비율과 당좌비율을 가지고 재무제표를 읽을 때는 추가로 기업의 매출채권이나 재고자산, 매입채무의 추이를 주의 깊게 살펴봐야만 한다.

받을 돈은 빨리 받는 것이 좋고

매출채권이 전년도에 비해 많이 증가했다면 기업에는 과연 좋은 신호일까? 매출채권이 증가하는 대표적인 이유는 앞서 언급한 대로 매출채권을 회수하지 못하거나 신용매출을 확대했기 때문이다. 따라서 증가한 매출채권은 부실가능성이 높은 채권이거나 상당기간 회수되지 못하는 채권일 것이고, 이 때문에 현금이 돌지 않게 되어 유동성에 심각한 위기가 나타날 수 있다.

앞서 말했듯이 매출액보다 매출채권이 많으면, 매출규모보다 매출채권의 회수가 부진하고, 매출액보다 매출채권이 적으면, 반대로 매출채권의 회수가 효율적으로 이루어지고 있는 것이다.

매출액과 비교한 매출채권의 수준을 보여주는 재무비율을 매출채권회전율이라고 한다.

$$\text{매출채권 회전율(회)} = \frac{\text{매출액}}{\text{매출채권}}$$

※ 매출채권회전율은 매출액과 매출채권의 비율을 보여준다.

매출채권회전율은 매출채권과 매출액의 수준을 비교해서 매출채권이 얼마나 효율적으로 관리되고 있는지를 보여주는 지표이다. 매출채권회전율이 높다는 것은 매출수준보다 매출채권이 적게 유지되며 현금으로 빠르게 회수되고 있다는 의미이고, 매출채권회전율이 낮다는 것은 과다한 신용판매 확대, 고객의 지급불능, 매출채권의 회수부진 등으로 인해 매출채권이 현금화되는데 상당한 시간이 소요됨을 의미한다. 즉 매출채권회전율은 매출채권이 회수되는 속도를 의미한다.

추가로 매출채권회전율을 이용하여 매출채권이 평균적으로 회수되는 데 걸리는 기간을 산정해 볼 수 있다.

$$\text{매출채권 회수기간(일)} = \frac{\text{365일}}{\text{매출채권 회전율}}$$

※ 매출채권이 발생시점으로부터 회수되는데 걸리는 기간을 보여준다.

매출채권회수기간은 짧을수록 채권이 효율적으로 관리되고, 길수록 채권회수가 힘들다는 것을 의미한다. 기업이 같은 매출을 올린다면, 당연히 매출채권회전율이 빠를수록, 매출채권회수기간이 짧을수록 기업의 자금 사정에 긍정적으로 작용한다. 보통 기업들이 목표로 하는 매출채권회수기간과 실제 회수기간을 비교해 보는 방법이 많이 활용되고 있다.

매출채권 증가로 인해 부도가 난 기업들의 특징은 유동비율과 당좌비율은 높아지고, 매출채권회전율은 낮아지며 매출채권회수기간은 길어진다는 것이다.

대표적인 사례가 우리나라의 건설업종이다. 우리나라의 건설업종은 다른 업종에 비해 유동비율이 높은 수준으로 유지되는데(약 150~200% 사이) 이는 매출채권이 많아 유동자산이 크게 보이는 효과가 있어서 나타나는 현상이다. 하지만 건설업종은 매출채권회전율이 약 4회로 매우 낮고 매출채권회수기간이 약 90일 정도로 매출채권회전율 7~8회, 매출채권회수기간 40~50일인 다른 업종에 매출액 대비 매출채권 금액이 상당히 높고 회수하는데도 아주 오래 걸리는 현상을 보여주고 있다. 이는 유동비율은 다른 업종에 비해 높은 수치를 나타내지만, 실질적인 현금사정은 다른 업종에 비해 좋지 않다는 것을 의미한다.

재고자산은 빨리 팔아버리는 것이 좋고

앞서 언급한 것처럼 재고자산의 증가가 정상적인지를 판단할 때 매출수준과 비교해보는 것이 좋다.

만약 매출수준보다 재고자산이 많다면, 재고자산을 과다하게 보유하고 있어 효율적인 재고관리가 되지 않고 있을 확률이 높다는 것이고, 매출수준보다 재고자산이 적다면, 반대로 재고자산의 관리가 효율적으로 이루어지고 있다는 것이다.

매출수준(매출원가)과 재고자산금액을 비교해 본 재무비율이 바로 재고자산회전율이다.

$$\text{재고자산 회전율(회)} = \frac{\text{매출원가*}}{\text{재고자산}}$$

※ 재고자산회전율은 매출수준과 재고자산의 비율을 보여준다.

* 재고자산회전율의 경우 재고자산금액과 매출액을 비교해서 보여주기도 한다.

재고자산회전율이 높다는 의미는 매출수준보다 재고자산이 적게 유지되는 것이므로 재고자산의 판매 속도가 빨라 효율적으로 관리되고 있는 것을 의미한다. 재고자산회전율이 낮다는 것은 그만큼 재고자산의 판매 속도가 늦고 관리가 효율적이지 못하다는 것을 의미한다. 다만, 재고자산회전율이 과도하게 높은 이유가 적정 재고수준을 유지하지 못한 결과라면, 재고부족으로 인한 기회비용이 문제가 될 수 있다. 즉 재고자산회전율은 재고자산이 판매되어 나가는 속도를 의미한다고 볼 수 있다.

추가로 재고자산회전율을 이용하여 재고자산이 입고되는 시점에서 판매되는 시점까지 평균적으로 걸리는 기간을 산정해 볼 수 있다.

$$\text{재고자산 회전기간(일)} = \frac{\text{365일}}{\text{재고자산 회전율}}$$

※ 재고자산이 입고되어 판매되는데 걸리는 기간을 보여준다.

재고자산회전기간이 짧을수록 재고자산이 효율적으로 관리되고 있다는 것을 의미하며, 길수록 재고자산이 과다하다는 것을 의미할 것이다.

재고자산 증가로 인해 부도가 난 기업들의 특징은 유동비율과 당좌비율은 높아지고, 재고자산회전율은 낮아지며 재고자산회전기간은 길어진다는 것이다.

사실 건설업종은 수주업에 해당하기 때문에 재고자산이 거의 존재하면 안되는 업종인데, 주택사업에서 미분양이 발생할 경우 재고자산이 높은 수준으로 유지되게 되며, 이는 유동비율의 증가를 가져오게 된다. 원래의 건설업은 재고자산회전율이 다른 업종에 비해 크게 나타나야 한다(재고자산이 거의 없어야 하기 때문에), 하지만 우리나라 건설업종의 재고자산회전율은 약 10회 정도로 제조업과 비슷한 수준을 보여주는 것이 일반적이다. 이는 건설업종에 부실재고가 꽤 많이 남아있는 것으로도 생각해 볼 수 있다.

줄 돈은 천천히 주는 것이 유리하다

전년도와 매입금액이 같은 상황에서 매입채무가 늘어났다면 이것은 과연 기업에 유리한 것일까?

매입채무는 재고자산을 외상으로 구매하고, 아직 지급하지 않은 부채를 의미한다. 전년도와 매입금액은 같은데 매입채무가 많다는 것은 거꾸로 말하면 현금을 그만큼 늦게 지출해도 된다는 의미와 같다. 따라서 특별히 부채를 갚는 데 지장이 없다면, 매입채무금액이 많이 남아 있을수록 기업이 아직 지급하고 있는 부채가 많다는 뜻이므로 같은 매입액 수준에서는 이왕이면 매입채무금액이 많은 것이 기업에 유리하게 작용할 수도 있다. 또 신용도가 좋을수록 신용구매가 가능하다는 점을 생각하면 매입수준에 대비한 매입채무금액의 증가는 기업의 구매력이 향상 되었다는 것을 의미할 수도 있다.

매출채권, 재고자산과 마찬가지로 매입채무도 회전율을 계산해 볼 수 있다.

$$\text{매입채무 회전율(회)} = \frac{\text{매출원가}}{\text{매입채무}}$$

매입채무회전율이 높으면 매입수준보다 매입채무금액이 적다는 것이고, 이는 지급기간이 짧아 자금에 압박을 가져올 수도 있다는 의미이며, 반대로 매입채무회전율이 낮으면 외상대금을 지급하는 기간이 충분히 확보되어 자금운용에 도움이 될 수도 있다는 것을 의미한다. 결국, 매입채무회전율은 기업이 매입대금을 결제해 주는 속도가 된다.

추가로 매입채무회전율을 이용하여 기업이 외상대금을 평균적으로 몇 일 만에 지급하는지를 계산해 볼 수 있다.

$$\text{매입채무 결제기간(일)} = \frac{\text{365일}}{\text{매입채무 회전율}}$$

매입채무결제기간은 재고자산의 구매 시점에서 대금이 결제되는데 걸리는 기간을 보여준다.

우리나라의 매입채무 회전율은 보통 9~10회, 매입채무결제기간은 30~40일 정도를 보여주는 것이 일반적이다.

유동비율의 함정

우리는 건설업의 유동성이 일반적으로 좋지 않은 것으로 알고 있다. 하지만 앞서 언급한 바와 같이 건설업은 다른 업종에 비해 유동비율과 당좌비율이 높은 수준으로 나타난다. 이는 우리가 이미 알고 있는 상식과 뒤집어진 결과가 아닌가? 이런 결과가 나온 이유는 무엇일까? 이를 매출채권회전율과 재고자산회전율을 통해 알 수 있다.

건설업의 매출채권회전율과 재고자산회전율을 살펴보면 다른 업종에 비해 상당히 낮은 수준이라는 것을 알 수 있다. 이는 다른 업종보다 매출수준 대비 매출채권과 재고자산이 많다는 것이므로 현금회수가 더딘 업종이라는 의미이다. 결국, 유동비율이 다른 업종에 비해 높은 것은 매출채권과 재고자산이 많고, 현금회수가 늦어서 그런 것이라는 판단이 가능하다. 따라서 유동비율과 당좌비율이 다른 업종에 비해 더 높지만 자금 사정은 오히려 안 좋다고 볼 수 있다. 이처럼 유동비율과 당좌비율이 높다고 해서 꼭 유동성이 실제로 좋은 것은 아닐 수도 있기 때문에, 항상 다른 지표들과 같이 살펴보아야만 한다.

05

투자금액은 최대한 빨리 회수

실물의 흐름보다 늦게 나타나는 현금의 흐름

현금의 지급과 회수의 측면에서 기본적으로 고려해야 할 점은 줄 돈은 최대한 늦게 주고받을 돈은 최대한 빨리 받는 것이다.

일반적으로 기업은 외상으로 재고를 사들여서 외상으로 판매한다. 따라서 현금의 흐름이 실제 물량의 흐름과 시간의 차이를 두고 발생하는데, 이 시간의 차이를 현금관리에서 중요하게 파악해야 고려하여야 한다. 앞서 언급된 회전기간의 개념을 가지고 현금흐름관리의 중요성을 다시 한 번 살펴보자.

㈜부천은 1월 1일에 상품을 사들이고, 그 상품을 2월 1일에 판매하였다. 상품을 사들여서 판매하는 데까지 31일이 소요되었으므로 이 경우 재고자산회전기간은 31일이 된다.

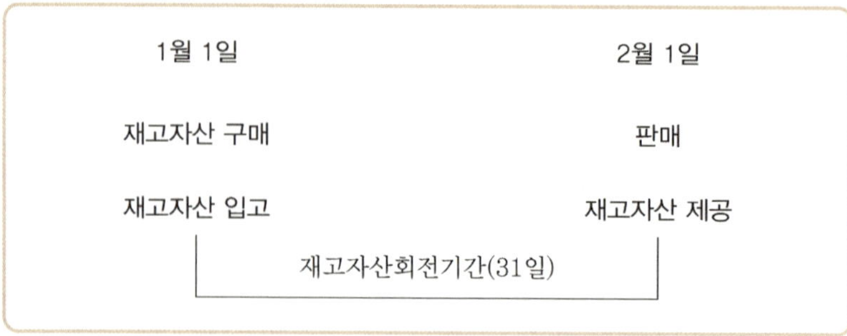

재고자산을 판매하는 순간 ㈜부천에 매출채권이 생길 것이고, 이를 3월 1일에 회수하였다고 하면 매출채권을 회수하는데 소요된 기간은 총 28일이 된다.

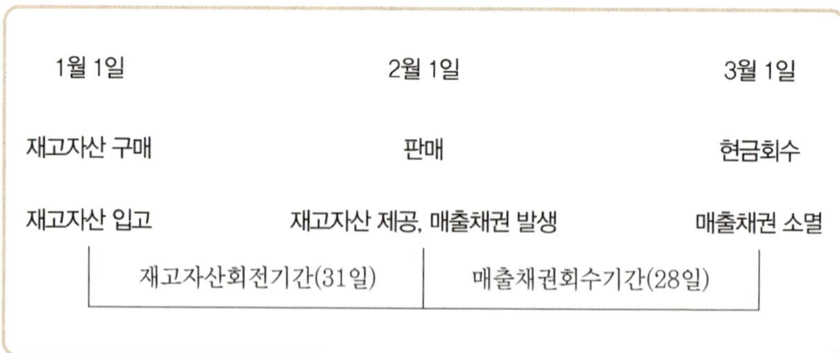

한편 ㈜부천은 재고자산을 구매하면서 생긴 매입채무를 2월 10일에 상환하였다. 이 경우 매입채무를 상환하는데 소요된 기간은 총 40일이 된다.

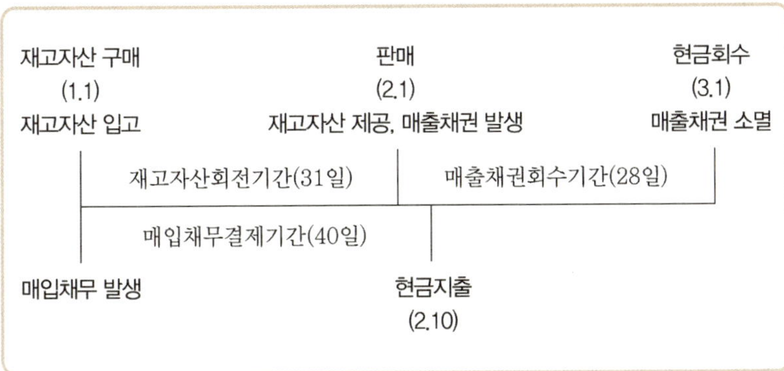

앞의 표를 자세히 살펴보면 상품을 구매하는 시기(1월 1일)와 현금이 지출되는 시기(2월 10일)가 시간의 차이를 두고 나타나게 되며, 역시 상품을 판매하는 시기(2월 1일)와 현금을 회수하는 시기(3월 1일)가 차이를 두고 나타나게 된다. 결국, 상품을 사들여서 판매하는 기간은 1월 1일~2월 1일이지만 상품에 대한 투자금액(매입액)을 지출해서 그 투자대금을 회수하는 기간은 2월 10일~3월 1일이 되는 것이다.

〈현금전환기간〉

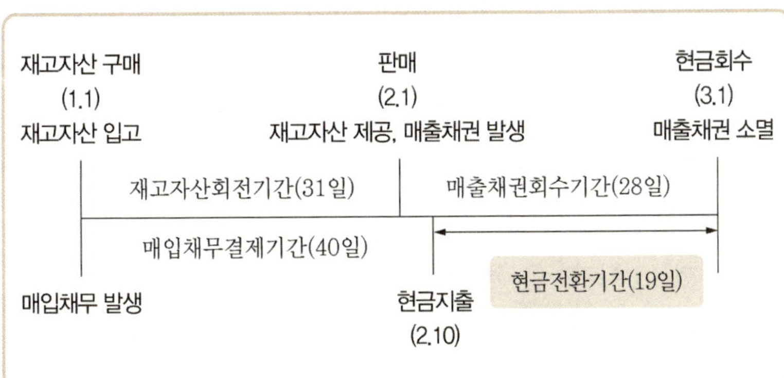

㈜부천의 경우 기업이 현금을 지출해서 회수하는 데 걸리는 기간은 실물의 흐름과 다르게 총 19일이 소요되며, 이 기간을 현금이 (−)에서 (+)로 전환되는 기간이라고 해서 현금전환기간이라고 부른다. 재고자산을 사는데 현금이 사용되고, 재고자산이 판매되어 매출채권으로 바뀐 뒤 매출채권이 회수되어 현금이 유입되는데, 이때 지출된 현금과 매출채권을 회수할 때 유입되는 현금의 차이가 기업 이익의 원천이 된다.

매출채권과 재고자산은 기업의 이자비용이다

그러면 현금전환기간은 짧아야 좋은 것일까 아니면 길어야 좋은 것일까? 물론 현금전환기간은 짧으면 짧을수록 좋다. 그 이유는 무엇일까?

우선 자금부족으로 상품을 사들일 때 대금을 빌려서 마련한 기업의 경우 빌려온 자금을 상환할 수 있는 시기는 매출채권을 회수하는 시기이다. 이 경우 현금전환기간 동안 이자비용이 발생하게 된다. 또 보유하고 있는 여유자금으로 상품매입대금을 지급하였다고 하더라도 현금전환기간 동안 기업에는 기회비용이 발생한다. 다른 곳에 투자할 기회가 없어지기 때문이다. 즉 현금전환기간만큼 비용(이자비용이든 기회비용이든)이 발생하는 것이다.

또한, 현금전환기간이 길어서 자금의 회수가 늦어질 경우에는 비정기적인 지출이 발생하거나 다른 채무의 상환 기일이 돌아올 경우 자금부족 때문에 부도 상황에 직면할 수 있다. 특히 대기업보다 자금이 부족한 편인 중소기업의 경우에는 현금을 회수하는 기간을 잘 조절하지 못할 경우 물건을 잘 만들어서 매출이 많음에도 부도에 이르는 안타까운 상황이 생길 수 있다.

받을 돈은 최대한 빨리 줄 돈은 최대한 늦게, 그리고 재고는 최소로

그렇다면 현금전환기간을 줄이는 방법에는 어떠한 것들이 있을까? 앞서 나온 사례를 살펴보면 그 방법에는 ① 재고자산회전기간을 감소시키거나 ② 매출채권회수기간을 감소시키거나 ③ 매입채무결제기간을 증가시킨다. 이와 같이 세 가지 방법이 있다는 것을 알 수 있다.

재고자산회전기간을 줄이는 방법에는 어떤 것이 있을까? 매출수준을 고려해서 엄격한 재고관리를 통해 재고보유수준을 줄이는 방법이 있다. 또 과다한 신용판매의 확대를 지양하고, 거래처에 대한 신용분석을 철저하게 하는 방법을 통해 매출채권회수기간을 줄일 수 있다. 반면, 매입채무결제기간은 기업의 협상 능력을 높여서 최대한 지급시기를 뒤로 늦추는 것이 필요하다.

재고의 효율적인 관리 → 매입액 대비 재고자산 감소 → 재고자산회전기간의 감소

채권의 적절한 관리 → 매출액 대비 매출채권 감소 → 매출채권회수기간의 감소

채무의 적절한 이용 → 매입액 대비 매입채무 증가 → 매입채무지급기간의 감소

↓

현금 전환기간의 감소

↓

자금의 활용가능성 ↑
금융비용(기회비용) ↓

지금까지 단기적인 지급능력을 파악하기 위하여 유동비율과 당좌비율에 덧붙여 매출채권회전율, 재고자산회전율, 매입채무회전율을 살펴보았다. 또 현금전환기간을 통해 재고자산과 매출채권, 그리고 매입채무의 관리가 기업의 자금 사정에 미치는 영향에 대해서도 살펴보았다. 이들은 재무제표를 읽을 때 아주 중요하게 사용되는 지표들이긴 하지만, 이 비율의 공식을 외우는 것이 중요한 것은 아니다.

다시 한 번 강조하지만 재무상태표에 나타난 매출채권과 재고자산, 매입채무를 기업의 유동성을 파악하기 위해 활용할 때 매출액, 매출원가와 같은 매출수준과 비교해서 파악하면 더 의미 있는 결과를 얻을 수 있다. 이를 이해하는 것이 비율과 공식 따위를 외우는 것보다 더 중요하다는 것을 잊어서는 안 된다.

06

비유동자산은 수익창출의 원천

영업자산과 비영업자산

기업의 단기적인 지급능력을 살펴보기 위해 유동자산과 유동부채의 규모, 그리고 현금, 매출채권, 재고자산 등을 살펴보았다. 하지만 기업은 경영을 위해 앞서 나온 자산들 이외에도 다른 여러 자산을 보유한다. 이런 자산 중에는 기업의 영업활동 수행을 위해 직접 보유하고 있는 자산도 있고, 기업의 영업활동과는 직접적인 관계없이 부수적인 활동이나 여유자금의 활용을 위해 보유하고 있는 자산도 있다.

영업과정을 통해 생기거나 영업을 위해서 보유하고 있는 자산으로는 유동자산으로 분류되는 미수금, 선급금, 선급비용 같은 채권의 성격을 가지고 있는 자산과 비유동자산으로 분류되는 토지, 건물, 소프트웨어와 같은 유형자산, 무형자산이 있고, 영업활동 이외에 부수적인 목적으로 보유하고 있는 자산으로는 금융상품이나 대여금, 주식, 채권 같은 투자상품 등이 있다.

이 중 유동자산으로 분류되는 미수금은 매출채권과 달리 매출활동을 일으키고 발생한 채권이 아니라 그 이외의 거래에서 발생한 채권인데, 매출채권이 재고자산을 판매하거나 기업의 주된 영업목적과정에서 발생하는 채권인 데 비해, 미수금은 유형자산이나 무형자산, 투자자산 등을 판매하면서 생긴 채권이다. 미수금은 매출과 연관성을 가지고 나타나지는 않으며, 그 금액이 많더라도 일시적이기 때문에 금액이 다른 연도에 비해 큰 경우에만 주의 깊게 살펴보면 된다. 또 다른 유동자산인 선급비용은 다음 연도부터 발생할 비용을 미리 지급한 금액이다. 선급비용은 영업과정 중에 꾸준히 나타나기는 하지만 대부분 적은 금액이어서 재무제표를 분석할 때 기업에 미치는 영향이 그리 크지 않다.

여유자금 활용을 위한 비영업자산

영업과정을 통해 잉여자금이 발생할 경우 이 자금은 주주들에 대한 배당이나 설비투자에 사용되는 것이 일반적이다. 하지만 이 잉여자금을 배당이나 설비투자에 사용하지 않고, 기업이 직접 운영하여 재테크에 활용하는 경우가 있는데 이를 투자자산이라고 한다. 이러한 투자자산에는 예금이나 적금 등의 금융상품, 주식이나 채권 등의 유가증권, 매각이나 임대를 목적으로 보유하는 부동산 등이 포함된다.

〈영업과의 관련성에 따른 자산의 분류〉

- 영업자산 : 현금및현금성자산, 매출채권과 재고자산, 미수금, 선급금 등 기타 채권, 유형자산과 무형자산 등 설비자산 등

- 비영업자산 : 적정보유량을 초과하는 현금, 예금, 적금 등 금융상품, 주식이나 채권 등 유가증권, 투자부동산 등

쓰기 위해 보유하는 자산

기업이 영업과정에서 쓰기 위해 보유하고 있는 자산들이 있다. 이 자산들은 교환을 통해 수익을 창출하기보다는 사용과정을 통해 재고나 용역을 만들고 이를 판매하여 간접적으로 수익을 창출한다. 이런 자산 중 형태가 있는 사용자산을 유형자산, 형태가 없는 사용자산을 무형자산이라고 한다. 일반적으로 장기간에 걸쳐서 경제적 효익을 창출하기 때문에 비유동자산에 해당한다.

유형자산은 대부분 설비자산이다. 토지, 건물, 기계장치, 차량, 비품, 선박 등이 대표적인 유형자산이다. 우리가 보통 장치산업이라고 부르는 대규모 투자가 필요한 산업들은 상대적으로 유형자산의 비중이 높다. 유형자산은 사는데 대체로 큰 금액이 소요되기 때문에 기업은 전략적인 입장에서 접근해야만 한다.

최근 기업들은 직접 설비를 투자하기보다, 일부 생산시설을 외주화하는 아웃소싱을 보편적으로 이용하는데, 이는 무엇 때문일까? 아웃소싱이 직접 투자보다 좋은 방법일까? 순이익의 관점에서 살펴보자.

㈜고정과 ㈜변동은 같은 업종에서 사업을 영위하고 있다. 두 기업의 손익계산서는 아래와 같이 수익, 비용, 이익이 모두 같은 상태이다.

	㈜고정	㈜변동
수익	10억원	10억원
비용	5억원	5억원
이익	5억원	5억원

㈜고정의 경우에는 비용이 전액 유형자산투자에 대한 감가상각비로만 이루어져 있고, ㈜변동의 비용은 모두 수익에 정비례하는 외주가공비로 이루어져 있다.

먼저 수익이 증가하는 경우를 살펴보면, ㈜고정의 경우에는 수익이 늘어나더라도 비용은 고정적인 감가상각비만 발생한다. 따라서 매출의 증가분이 모두 ㈜고정의 이익이 된다. 반면에 ㈜변동은 수익이 증가하면서 비용도 같이 증가하기 때문에 ㈜변동의 이익 폭이 ㈜고정에 비해 크지 않음을 알 수 있다.

〈수익이 20억으로 증가한 경우〉

	㈜고정	㈜변동
수익	20억원	20억원
비용	5억원	10억원
이익	15억원	10억원

다음은 수익이 감소하는 경우를 살펴보자. 수익이 발생하지 않았다고 가정하면, 아래처럼 ㈜고정의 경우에는 시설투자에 대한 감가상각비가 모두 기업의 손실로 돌아오지만 ㈜변동은 수익이 줄어들 때 외주구매를 같이 줄이면 되므로 비용이 줄어들어 손실이 발생하지 않는다.

〈수익이 발생하지 않은 경우〉

	㈜고정	㈜변동
수익	0억원	0억원
비용	5억원	0억원
이익	–5억원	–

따라서 순이익의 관점에서 유형자산투자를 늘리는 것과 외주구매하는 것은 앞으로 매출수준에 따라서 손익이 달라지며 설비투자를 많이 하는 기업일수록 더 많은 위험을 부담한다고 볼 수 있다.

한편 이런 유형자산은 물리적인 원인이나 경제적 여건변동, 유형자산의 기능변화 등의 기능적 원인에 의해 그 가치가 점차 감소하는데, 이런 가치의 감소현상을 '감가'라고 한다. 하지만 이런 유형자산의 가치감소는 그 원인이 다양하고 행태가 복잡하므로 실제 얼마만큼의 가치가 감소하는지를 금액으로 측정하기 어렵다. 이에 따라 재무제표에는 유형자산의 가치 감소분을 인위적으로 손익계산서에 비용을 인식하게 되는데, 이렇게 유형자산의 가치감소분을 인위적으로 재무제표에 반영하는 절차를 감가상각이라고 하며, 무형자산 역시 감가상각을 통해 자산가치를 줄여간다.

설비투자는 High Risk High Return

위에서 나온 두 가지 대안을 자금의 측면에서 보면 한번 설비투자를 하고 나면 그 금액을 회수하기까지 오랜 시간이 걸릴 뿐만 아니라 매출이 예상했던 것보다 부진할 경우 설비투자금액을 회수하지 못해 부도가 날 수도 있다. 하지만 외주가공의 경우에는 초기에 투자금액이 들지 않을 뿐만 아니라 매출에 맞추어서 물품을 구매하면 되기 때문에 매출과 연동해서 자금을 지출할 수 있다. 따라서 매출이 부진할 때 자금 측면에서 직접투자보다 안정적으로 기업을 유지할 수 있게 된다.

외주가공은 직접 설비투자를 해서 유형자산을 늘릴 경우 수반되는 위험을 회피하기 위한 경영의사 결정이다. 그렇다면 이러한 유형자산의 투자에 대한 효과를 검증하는 방법에는 어떤 것이 있을까? 투자는 매출과 이익을 얻기 위한 것이므로 투자금액이 과연 기대한 만큼의 매출이나 이익을 내고 있는지를 검토하는 것이 핵심이다. 이 부분은 손익계산서를 읽는 법에서 자세히 살펴보기로 하자.

안보여서 어려운 자산

영업과정에서 사용하기 위해 가지고 있는 자산은 형태가 있는 유형자산도 있지만, 형태가 없는 무형자산도 있다. 이러한 무형자산의 대표적인 예로 산업재산권, 개발비, 영업권 등을 들 수 있다.

산업재산권은 법률에 따라 일정 기간 배타적으로 이용할 수 있는 권리로 특허권, 실용신안권, 의장권 및 상표권 등이 있으며, 개발비는 신제품이나 신기술의 개발과 관련하여 발생한 자산가치이고, 영업권은 기업이 다른 경쟁업체에 비해 가지고 있는 무형의 자원을 말한다. 여기에는 우수한 고객관계, 그간 쌓아온 브랜드가치 등이 포함된다.

문제는 유형자산의 경우에는 그 형태가 있기 때문에 자산의 존재 여부나 그 가치를 계산해내는데 큰 어려움이 없지만, 무형자산의 경우에는 형태가 없다 보니 그 존재 여부나 가치에 대한 평가가 매우 어렵다는 점이다.

삼성전자의 무형자산은 얼마나 될까? 아마 그동안 쌓아온 브랜드 가치나 우수한 연구인력 등을 고려하면 자산 대부분을 무형자산이 차지하고 있을 것처럼 생각된다. 하지만 재무상태표의 무형자산 내용을 살펴보면 자산규모 164조원에 비해 생각보다 적은 금액인 것을 확인할 수 있다.

〈삼성전자 개별 재무상태표의 자산내용〉

12월 31일 현재

자산	
현금및현금성자산	1.6조원
재고자산(상품, 제품 등)	5.6조원
유형자산(토지, 건물 등)	43.7조원
무형자산	3.1조원
자산총계	164조원

무형자산 세부내용	
산업재산권	9,257억원
개발비	1조2,399억원
회원권	1,497억원
영업권	792억원
기타	6,569억원

삼성전자의 자산 중에 특허권·상표권 등 기술력과 관련된 자산은 자산 대비 0.6%, 개발 중인 프로젝트의 가치는 자산 대비 0.7%, 다른 기업에 비해 상대적으로 우위에 있는 영업능력의 가치는 자산 대비 겨우 0.05%에 불과하다. 왜 이런 결과가 나타나는 것일까?

이는 자산의 정의를 통해 살펴볼 수 있는데, 무형자산의 가치는 그 금액이 얼마인지 측정하기 매우 어렵다. 따라서 무형자산을 자산으로 재무상태표에 보여주기가 쉽지 않고, 대부분 기업에서 무형자산의 실제 가치보다 재무상태표에 보이는 가치가 낮게 표시된다.

다만, 그 자산의 가치가 얼마인지 알 수 있는 경우가 하나 있다. 바로 무형자산을 구매한 경우이다. 시장에서 결정된 거래가격이 있고, 그 가격으로 무형자산을 구매한 경우 그 무형자산을 재무상태표에 보여줄 수 있다. 그래서 무형자산은 대체로 재무상태표에 보이는 것보다 보이지 않는 부분이 더 많다.

때로는 사람과 관련된 무형자산도 인식하는 경우가 있다. 사람의 가치를 어떻게 평가한다는 것인가? 바로 스포츠구단이나 연예매니지먼트 기업에서 소속 선수나 연예인과 계약을 맺을 경우 전속계약금을 기업의 자산으로 인식하는 경우인데, 실제 사람에 대한 가치를 측정한다기보다는 그 사람을 독점적으로 활용해서 기업이 얻을 수 있는 미래 수익력에 대한 가치를 계약금액만큼 평가해서 구매했다고 보는 것이다.

〈YG Entertainment 무형자산 내용〉

(단위 : 원)

구분	전체사업	제조업	건설업	서비스업
회원권	2,507,415,680	–	–	2,507,415,680
개발비	1,195,108,133	(152,034,623)	–	1,043,073,510
전속계약금	6,545,000,000	(2,708,035,572)	–	3,836,964,428
소프트웨어	567,174,491	(120,215,240)	–	446,959,251
합계	10,814,698,304	(2,960,285,435)	–	7,834,412,869

우리나라의 대표적인 연예매니지먼트 회사인 YG Entertainment

의 무형자산 주석에는 소속 연습생들을 키울 때 투자한 개발비와 소속연예인에 대한 전속계약금이 무형자산으로 기록되어 있다.

기업들의 무형자산항목을 보면, 영업권이라는 항목이 있다. 이 영업권은 기업의 영업능력에 대한 가치이다. 하지만 앞서 언급한 바와 같이 기업의 뛰어난 영업능력은 그 가치를 환산할 수 없다. 그렇다면 재무제표에 표시된 영업권은 대체 무엇이란 말인가? 이는 사들인 영업능력의 가치라고 생각하면 된다. 개인사업을 할 때 발생하는 권리금과 비슷하다고 보면 된다.

예를 들어 자산금액이 2억원이고 부채금액이 1억원으로 평가된 기업을 인수한다고 가정해 보자. 원래는 지분가치가 1억원이므로 이 기업의 인수금액은 1억원이 되어야 할 것이다. 하지만 실제 기업거래에서는 이 금액이 1억원보다 높은 수준에서 책정되는 것이 보통이다. 그 이유는 이 기업이 수행하고 있는 경영활동이 우수해서 현재 순자산금액보다 더 높은 수준으로 올라갈 가능성이 있거나 이 기업을 인수함으로써 인수하는 기업이 시너지효과를 통해 더 많은 가치를 창출할 수 있는 경우이다. 이런 경우라면 이 기업을 인수하는 사람은 현재의 순자산가치 1억원보다 더 높은 금액을 지급할 용의가 있기 때문이다. 이렇게 웃돈을 얹어 주는 경우는 이 이외에도 기업인재들이 우수하거나 고객관계가 좋을 때 등이다. 이렇게 기업을 인수할 때 얹어 준 웃돈을 재무상태표에 영업권으로 기록한다.

자산가치는 한순간에 사라져 버릴 수도 있다.

모든 자산의 가치는 감소할 가능성이 있다. 특히 영업권 같은 경우에는 그 가치를 사들인 사람이 긍정적인 미래를 예상하여 산정했기 때문에 그 예상이 지속할 수 있는지에 대한 판단이 필요하다. 다른 자산들도 마찬가지이다. 사용하던 기계장치가 더는 쓸모없어지거나 타고 다니던 차량이 사고가 크게 나서 폐차를 하는 경우가 발생할 수 있다. 이처럼 자산가치가 한순간에 심하게 감소하는 현상을 자산손상이라고 부른다.

특히 무형자산에서(그중에서도 영업권) 자산손상이 빈번하게 나타나기 때문에, 기업의 자산을 볼 때 항상 손상이 일어났는지를 확인하는 습관을 들이는 것이 좋다.

보유목적에 따른 자산분류

자산은 같은 형태의 자산이라도 보유목적에 따라 그 분류가 달라진다.

만약 기업이 젖소와 한우를 보유하고 있다면 어떤 자산으로 분류해야 할까?

보유목적을 잘 생각해 봐야 한다. 젖소는 우유를 생산하기 위해 보유하고 있는 자산이고, 한우는 판매를 위해서 보유하고 있는 자산이다. 따라서 젖소는 유형자산으로, 한우는 재고자산으로 분류하는 것이 타당하다.

또, 자동차 제조기업이 자동차를 만들었다면 자동차를 재고자산으로 분류할 것이지만 만약 그 기업의 임원들이 그 자동차를 이용한다면, 그 차량은 유형자산으로 분류한다.

심지어는 부동산도 달리 구분될 수 있다. 대부분 기업에서는 토지를 유형자산으로 분류하지만, 토지를 구매해 그 위에 건물을 지어서 파는 건설기업의 경우에는 이 토지를 재고자산으로 분류할 것이다.

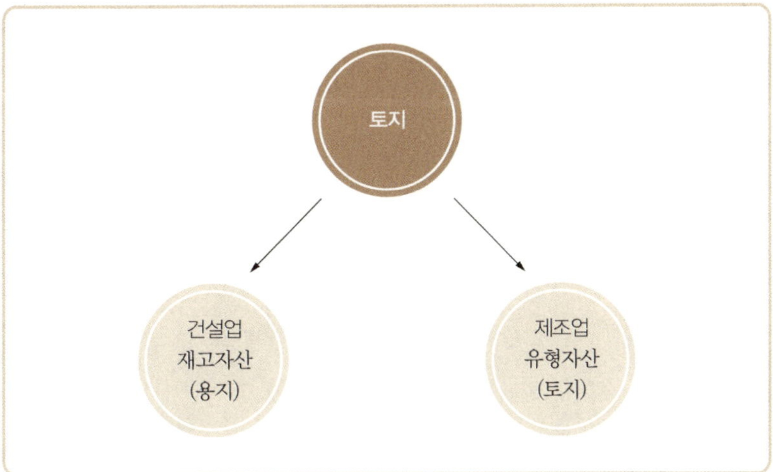

PART 04.

재무상태표 쉽게 읽는 법 -부채와 자본

Business Insight
회계마인드

01
부채는 적을수록 좋을까

부채는 좋을까? 나쁠까?

부채와 자본은 기업이 자금을 조달하는 수단이다. 그렇다면 기업은 부채로 자금을 조달하는 것이 더 좋을까? 아니면 자본으로 자금을 조달하는 것이 더 좋을까? 대부분의 경우 부채보다는 자본으로 자금을 조달하는 것이 더 좋다고 하는데, 아마도 부채는 언젠가는 갚아주어야 하는 자금이고, 자본은 갚을 의무가 없는 자금이기 때문일 것이다. 어떻게 보면 맞는 이야기이지만 항상 그런 것은 아니다.

다음의 예를 살펴보자.

㈜부천은 1,000억원이 소요되는 신규투자 안을 검토하고 있다. 새로운 별도의 법인을 설립해서 투자를 진행할 계획인데, ㈜부천이 직접 투자하는 금액은 500억원으로 계획하고 있다. 나머지 500억원을 마련하기 위해 자금조달 안을 검토한 결과 ① 차입(이자율 10%) ②

다른 기업의 지분참여(지분율 각각 50%, 이익은 전액 배당)를 통한 합작기업 운영 중에 한가지 대안을 선택하려고 하고 있다. 과연 어떤 대안이 ㈜부천에게 더 유리할까? 지급능력이나 재무건전성 등 다른 측면은 제외하고 순수하게 순이익의 관점에서만 살펴보도록 하자.

〈㈜부천의 자금조달 대안〉

차입
(부채)
500억원

다른 주주 영입
(자본)
500억원

먼저 이자비용이나 배당을 지급하기 전 당기순이익이 100억원 발생한 경우를 가정해 보자. 100억원의 당기순이익이 발생한 경우 이익은 다음과 같이 배분될 것이다.

〈당기순이익이 100억원인 경우 ㈜부천의 이익〉

	차입	합작
이자 지급 전 당기순이익	100억원	100억원
배분액	50억원(이자)	50억원(배당)
㈜부천의 이익	50억원	50억원

이자비용은 500억원에 대한 10%이므로 50억원을 지급하여야 하며, ㈜부천이 가져가는 이익은 당기순이익 100억원에서 이자비용 50억원을 뺀 50억원이 된다. 또 합작법인을 설립한 경우에는 지분율이 50%이므로 당기순이익 100억원의 50%인 50억원을 ㈜부천이 가져

가게 된다.

이 경우 차입을 하거나 합작투자를 하거나 ㈜부천의 이익은 50억원으로 같은 금액이 된다. 순이익의 측면에서 두 대안은 같은 결과가 나온다.

이번에는 당기순이익이 200억원 발생한 경우를 살펴보자. 200억원의 당기순이익이 발생할 경우에는 다음과 같이 이익이 배분될 것이다.

〈당기순이익이 200억원인 경우 ㈜부천의 이익〉

	차입	합작
이자 지급 전 당기순이익	200억원	200억원
배분액	50억원(이자)	100억원(배당)
㈜부천의 이익	150억원	100억원

이자비용은 순이익의 규모와 관계없이 500억원에 대한 10%이므로 50억원을 지급해야 하며, ㈜부천이 가져가는 이익은 당기순이익 200억원에서 이자비용 50억원을 뺀 150억원이 된다. 하지만 합작법인을 설립한 경우에는 지분율이 50%이므로 당기순이익 200억원에 대한 50% 100억원만 ㈜부천이 가져갈 수 있다.

이 경우 차입을 하면 합작투자를 한 경우보다 ㈜부천의 이익이 50억원 더 늘어난다. 즉, 순이익의 측면에서는 부채로 자금을 조달(차입)하는 것이 자본으로 자금을 조달(합작)하는 것보다 더 나은 결과가 도출된다.

이번에는 반대로 당기순이익이 50억원으로 감소한 경우를 살펴보

자. 50억원으로 당기순이익이 감소한 경우에는 다음과 같이 이익이 배분될 것이다.

〈당기순이익이 50억원인 경우 ㈜부천의 이익〉

	차입	합작
이자 지급 전 당기순이익	50억원	50억원
배분액	50억원(이자)	25억원(배당)
㈜부천의 이익	–	25억원

이자비용은 순이익이 감소하였더라도 50억원을 지급해야 한다. 따라서 당기순이익 50억원에서 이자비용 50억원을 빼고 ㈜부천이 가져가는 이익은 없다. 하지만 합작법인을 설립한 경우에는 당기순이익 50억원 중 지분율 50%에 대한 이익 25억원은 가져갈 수 있다.

이익이 줄어드는 경우에는 차입하는 것보다 합작투자를 하는 것이 ㈜부천의 이익 감소 폭을 줄여준다. 이 경우에는 부채로 자금을 조달(차입)하는 것보다는 자본으로 자금을 조달(합작)하는 것이 더 좋은 결과가 도출된다.

부채의 지렛대 효과

그러므로 순이익의 관점에서는 부채로 자금을 조달하는 것과 자본으로 자금을 조달하는 것 중 어느 것이 좋은 방법이라고 단정할 수 없다. 이익의 증감에 따라 유리한 방법이 달라지기 때문이다.

앞으로 이익규모를 예상해서 부채와 자본을 선택하면 되지만, 미래의 이익이 어떻게 될지는 아무도 모르기 때문에 자금조달의 방법은 항상 기업의 가장 어려운 의사결정 중의 하나다.

그렇다면 왜 부채와 자본으로 자금조달을 한 경우 각각의 대안에 차이가 나는 것일까? 바로 고정적으로 지급하는 이자비용 때문이다. 배당은 지분율에 따라 변동하기 때문에 이익이 증가하면 증가하는 대로 다른 투자자에게 많은 배분액을 지급해야 한다. 대신 이익이 감소하면 배분액도 감소한다. 하지만 이자비용은 이익이 크게 나든 적게 나든 고정적인 금액을 지급해야만 한다. 따라서 이익이 증가할 때 그 규모가 이자비용 수준에 도달하기 전까지는 가져갈 수 있는 배분액이 없다. 반면에, 이익의 규모가 이자비용을 넘어가기 시작하면 추가로 증가하는 이익을 기업이 모두 가져갈 수 있다.

자금을 조달할 때 차입이 많을수록 고정적으로 지급하는 이자비용의 비중이 커져서 이익이 변동할 때 가져갈 수 있는 배분액의 변동성이 커지는데 이를 부채의 지렛대효과(재무레버리지효과)라고 한다.

High Risk High Return

자금을 조달할 때 부채와 자본을 각각 어떤 비율로 가져갈 것인지 고민하게 되는데, 부채와 자본의 비율을 자본구조라고 한다. 부채와 자본은 특징이 분명하게 구분되는 자본조달 방법이다.

우선 부채는 정해진 만기가 있고 자본은 만기가 없다는 것이 대표적인 차이점이다. 부채는 정해진 만기가 있기 때문에 만기에는 자금을 상환해야 한다. 하지만 지분투자인 자본의 경우는 만기가 없으므로 기업이 자금을 상환해야 할 의무가 없다. 자금조달의 측면에서 보면 부채보다는 자본이 더 안정적으로 자금을 활용할 수 있는 자금조달방법인 셈이다. 주의할 점은 안정적으로 자금을 조달하는 방법이 더 좋은 방법이라는 의미는 아니다. 앞의 사례에서처럼 순이익의 측면에서만 보면 부채와 자본, 어느 쪽이 더 좋은 자금조달방법인지 섣불리 결론을 내리기가 힘들다는 것을 유의해야 한다.

두 번째 차이점은 자금조달에 대한 비용의 지급방법이다. 부채에는 이자를 지급하는 부채가 있는데, 이 이자비용은 이익의 발생 여부나 규모와 관계없이 고정적으로 지급하여야 한다. 따라서 이익이 크게 나는 경우에는 이익규모보다 이자비용이 적게 되는 효과가 있지만, 이익이 적게 나올 경우에는 고정 이자비용을 메우지 못하는 상황이 발생할 수 있다. 반면에 자본의 경우에는 배당을 통해 자금조달에 대한 비용을 지급하는데, 배당은 기업의 이익에 비례해서 지급하기 때문에 이익이 크게 날 경우에는 많은 금액을 지급해야 하지만, 이익이 적게 날 경우에는 그만큼 지급해야 하는 금액이 줄어들게 되어 안정적으로 기업을 운영할 수 있게 된다.

이 두 가지 측면에서 보면 부채와 자본의 가장 큰 차이점은 자금조달의 안정성이라고 할 수 있다. 부채는 이익발생 여부와 관계없이 이자를 지급하고, 만기에는 원금을 상환해야 하므로 안정성은 자본보다 상대적으로 낮지만, 이익의 규모가 커질수록 기업의 이익이 많이 증가한다. 반대로 이익이 감소하는 경우에는 이자 부담과 원금상환압박 때문에 기업의 부도발생 가능성이 높아진다.

반면에 자본은 만기가 없기 때문에 자금을 안정적으로 활용할 수 있고, 이익에 비례해서 배당을 지급하기 때문에 이익이 낮아도 안정적으로 기업을 운영할 수 있는 여지가 있지만, 이익이 크게 늘어날수록 자금조달에 대한 비용도 같이 늘어나게 된다.

자금조달방법에 대한 검토에서 우리는 높은 위험을 부담할수록 이익의 변동폭이 커지고, 낮은 위험을 부담할수록 이익의 변동 폭이 작아진다는 당연한 결과를 잊지 말아야 한다.

〈기업의 자금조달방법〉

부채

타인으로부터 자금을 조달한 금액

- 갚아야할 의무가 있음
- 이익발생여부에 상관없이 이자비용을 지급

자본

주주가 출자한 금액

- 갚아야할 의무가 없음
- 배당금은 회사의 이익 발생여부에 따라 달라짐

- 자산은 타인자본과 자기자본을 통해 조달한 자금을 가지고 취득
- 자금의 출처에 따라 타인자본과 자기자본으로 구분

타인자본

- 은행, 일반대중으로부터 사채 등을 발행해 조달

자기자본

- 외부로부터 빌리지 않고 주주로부터 나온 자본 (납입자본, 이익잉여금 등)

02

한눈에 파악하는 기업의 자본구조

만기가 없는 안정적인 자금조달방법

기업이 과연 자금을 안정적으로 쓰고 있는지 판단하는 방법에는 어떤 것이 있을까?

부채는 타인자본이라고도 하며, 만기가 존재하기 때문에 언젠가는 상환해야 하는 자금이다. 또 고정적으로 이자를 지급해야 한다. 반면에 자본, 즉 순자산은 출자자들이 출자한 출자금과 이익을 배당하지 않고 재투자한 이익잉여금으로써 출자자로부터 투자받은 자금이다. 이 자본을 자기자본이라고도 하며 기업을 청산할 때까지는 상환에 대한 부담이 없으며, 이익이 나면 배당을 하면 되지만, 이익이 나지 않을 때에는 출자자들에게 배당을 지급하지 않아도 된다.

기업의 부도 이유가 돌아오는 부채의 만기에 갚을 현금이 없기 때문이라면, 부채로 자금을 조달하면 할수록 기업의 지급능력은 낮아질 것이다. 감당할 수 있는 수준보다 높은 수준의 부채를 부담하면, 매출이나 이익이 꾸준히 늘어 자금에 여유가 있을 때는 별문제가 없지만,

실적이 하락해서 현금이 조금이라도 부족해지면 부채상환을 하지 못해 부도로 치닫는 상황이 될 수도 있다.

부채가 비록 나쁜 것은 아니며, 때로는 부채를 사용하는 것이 더 좋은 의사결정일 수도 있지만, 부채가 많을수록 기업의 안정성이 떨어지는 것도 사실이다.

한눈에 파악하는 기업의 자본구조

안정성 평가에 일반적으로 사용하는 방법은 부채와 자본의 크기를 비교해 보는 것이다. 부채가 많으면 상대적으로 갚아야 하는 자금과 고정적으로 지출해야 하는 이자비용이 많이 들며 반대로 자본이 상대적으로 많으면 갚지 않아도 되는 자금이 많다는 의미이다. 따라서 부채가 많을 경우에는 안정성이 낮아지고, 자본이 많을 경우에는 안정성이 높아진다.

이렇게 부채와 자본의 상대적인 크기를 비교해 보는 지표가 바로 자기자본비율이다. 자기자본비율은 기업이 조달한 전체 자금 중에 상환에 대한 압력 없이 안정적으로 사용할 수 있는 자금인 자본의 비중을 나타내는 비율이다.

$$\text{자기자본비율(\%)} = \frac{\text{자기자본}}{\text{총자본}} \times 100$$

※ 자기자본비율은 조달한 총자본 중 자기자본으로 조달한 금액의 비율을 보여주는 지표이다.

즉 자기자본비율이란 기업이 총 조달한 자금 중에 갚을 의무가 없이 안정적으로 쓸 수 있는 자금의 비율을 나타내는 지표라고 할 수 있다.

또 자기자본비율과 더불어 부채와 자본을 비교하는 부채비율도 많이 사용한다.

$$\text{부채비율(\%)} = \frac{\text{부채}}{\text{자본}} \times 100$$

※ 부채비율은 부채로 조달한 자금과 자본으로 조달한 자금을 비교해 보는 지표이다.

자기자본비율이 높은 기업은 부채비율이 낮게 나타나며, 자기자본비율이 낮은 기업은 부채비율이 높게 나타난다. 자기자본비율이 높고 부채비율이 낮을수록 만기 없이 안정적으로 사용할 수 있는 자금이 많다는 의미이므로 더 안정적이라고 할 수 있다.

자기자본비율과 부채비율의 적정수준

그러면 자기자본비율과 부채비율은 어느 정도가 되어야 할까? 안정적인 것이 좋으므로 자기자본비율은 높을수록 부채비율은 낮을수록 좋은 것일까?

앞서 언급했듯 부채의 적절한 사용이 출자자들의 가치를 더 높여줄 수 있는 수단이 되기도 한다. 따라서 부채를 적절하게 사용해야 한다. 다만, 자기자본비율이 높을수록, 부채비율이 낮을수록 기업의 중장기적인 지급능력이 좋고, 자본구조의 관점에서 안정적인 자금조달을 하고 있다고 보면 된다.

우리나라 기업들의 최근 자기자본비율은 40~50%(부채비율은 100~150%)를 나타내며, 건설업, 조선업, 항공업 등 장치산업이나 돈을 빌려서 영업활동을 수행하는 은행 등 금융기관은 차입에 의한 자금조달비중이 상대적으로 높아 200% 이상의 부채비율을 보여주고 있다.

03

부채도 다 같은 부채가 아니다

부채의 종류

우리는 이제 부채가 꼭 나쁜 것만은 아니라는 것을 알았다. 때에 따라서는 부채가 기업의 이익을 더 높여줄 수도 있다. 이는 부채의 레버리지효과에 의해 나타나는 현상이다. 그렇다면 부채의 종류에는 어떤 것들이 있을까?

매입채무와 미지급금

기업은 매입거래가 수시로 일어나므로 실제 현금을 직접 지급하면서 물건을 사오지는 않는다. 따라서 외상대금과 관련된 부채가 생기는데, 외상대금과 관련된 대표적인 부채가 매입채무와 미지급금이다.

매입채무와 미지급금은 말 그대로 각각 매입을 하고 생긴 채무, 미지급한 금액을 뜻한다. 매입채무는 상품이나 원재료 등 재고자산을 사고 생긴 외상대금이며, 미지급금은 그 이외에 투자자산이나 유형자산, 무형자산 등을 사고 생긴 외상대금이다.

매출채권과 미수금처럼 매입채무와 미지급금을 구분하는 이유는 매입채무가 빈번하게 발생하면서 매출수준과 비례하여 일정한 추세를 가지고 나타나지만, 미지급금은 일시적이고 비정기적으로 나타나는 매출과 관계가 적은 부채이기 때문이다.

※ 부채비율은 부채로 조달한 자금과 자본으로 조달한 자금을 비교해 보는 지표이다.

선수금

선수금은 말 그대로 먼저 받은 돈을 의미한다. 자산항목의 선급금과 대응되는 개념이라고 생각하면 된다. 재무상태표의 자산항목에서 얼마 되지 않는 비중을 차지하는 선급금과는 달리 선수금은 조선업이나 건설업 같은 수주업종에서 중요하게 다루어지고 있다. 주식투자의 달인으로 불리는 워런 버핏도 수주업종의 재무제표를 볼 때 선수금을 가장 중요한 요소 중의 하나로 고려한다고 한다.

선수금이 중요한 이유는 선수금이 발생하는 원인에서 찾을 수 있다. 선수금의 사전적인 의미는 먼저 받은 돈이다. 먼저 돈을 받았으니 재화를 제공하던가 아니면 용역을 제공해야 한다. 따라서 선수금의 경제적인 의미를 따져보면 돈을 먼저 받고 무언가를 제공해야 할 의무를 뜻한다. 착수금이나 계약금이 이러한 선수금에 해당하는데, 조선업이나 건설업처럼 수주를 통해 오랜 기간에 걸쳐 제작·판매하는 업종은 여러 차례에 걸쳐 계약금, 중도금 등을 받게 되는데 이렇게 미리 받은 돈은 제작이 진행됨에 따라 수익으로 전환되어 나타난다. 이왕이면 받을 돈, 먼저 받는 돈이 많을수록 좋은 것 아닐까? 선수금의 추이를 보면 이러한 업종의 매출 추이도 같이 확인해 볼 수 있다. 실제로 수주업종 중 선수금이 많은 기업의 주가는 높은 수준으로 유지되고 있는 경우가 많다. 수주한 물량과 관련된 정보가 이미 시장에 공개되었기 때문이다.

〈삼성중공업의 유동부채항목〉

(단위 : 원)

과 목	주 석	당 기	
Ⅰ. 유동부채			8,778,776,383,329
1. 매입채무	7, 32	1,442,953,839,488	
2. 단기차입금	7, 16, 32	1,160,013,146,005	
3. 미지급금	7, 32	121,115,578,710	
4. 선수금		1,238,223,682,593	
5. 초과청구공사	6	2,729,780,614,735	
6. 미지급비용	7, 32	563,179,207,699	
7. 미지급법인세		110,305,445,310	
8. 유동성파생금융상품	7, 8, 10, 32	407,645,606,706	
9. 유동성확정계약부채	10	595,777,530,690	
10. 유동성장기부채	7, 16, 32	165,202,000,000	
11. 충당부채	20	134,106,278,942	
12. 기타유동부채		110,475,452,451	

대표적인 조선업체인 삼성중공업의 부채항목을 보면, 매입채무보다 미지급금은 매우 낮은 수준(정보이용자들이 그다지 신경 쓰지 않는 수준)인 것을 확인할 수 있고, 수주 업종답게 선수금이 부채에서 차지하는 비중이 매입채무와 거의 비슷한 수준인 것을 확인할 수 있다.

차입금

차입금은 빌려온 돈을 의미한다. 차입금은 만기에 따라 1년 이내에 만기가 돌아오는 단기차입금과 1년 이후에 만기가 돌아오는 장기차입금으로 구분한다. 또, 돈을 빌릴 당시에는 만기가 1년 이상이었지만 결산일에 보니 만기가 1년 이내로 줄어든 차입금을 따로 유동성장기차입금(유동성장기부채)으로 구분하기도 한다.

차입금은 단기로 빌려야 할까? 장기로 빌려야 할까? 기업의 상황에 따라서 적절하게 만기를 조절하는 것이 바람직하지만, 일반적으로 차입금은 장기로 빌리는 것이 유리하다.

그 이유는 기업들이 돈을 빌릴 때는 보통 시설투자가 필요한 경우이기 때문이다. 잠시 부족한 운영자금을 빌릴 때야 만기를 짧게 해도 상환하는데 문제가 없지만, 시설투자를 위해 돈을 빌리는 경우에는 빌린 돈으로 시설투자를 하고 그에 따라 창출되는 현금으로 이자와 원금을 갚아 나가야 하기 때문이다.

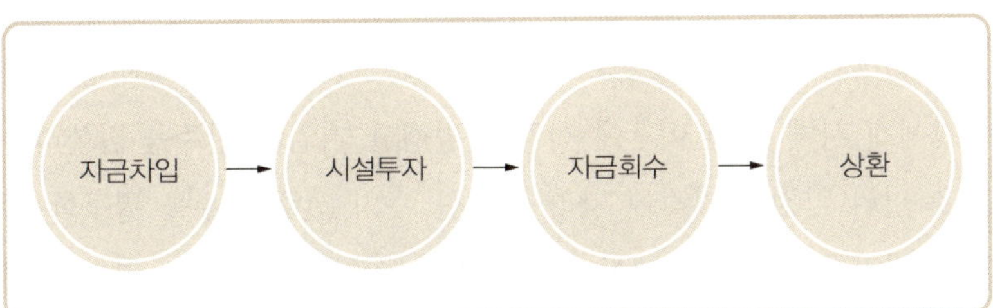

이때 차입금의 만기가 단기여서 자금을 회수하기 전에 상환 기일이 돌아온다면, 기업은 부도가 나거나 새로운 차입을 일으켜서 차입금을 상환하는 차입금 돌려막기를 해야 할 수도 있다. 따라서 가장 좋은 차입금의 만기는 투자로부터 얻어지는 현금유입이 일어난 다음이다.

사채(社債 vs 私債)

보통 사채라고 하면 고리대금업자로부터 빌리는 사채(私債)를 생각하는 사람들이 많다. 하지만 여기서 말하는 사채(社債)는 기업이 발행한 회사채를 의미한다. 회사채는 기업이 약정한 원금과 이자를 지급하는 내용을 담은 금융상품을 의미하는데, 한 사람에게 많은 금액을 빌리는 차입금과는 달리 여러 사람에게 나누어서 소액으로 빌리는 방법이다. 또 사채권은 금융상품으로 유통할 수 있기 때문에 투자자들이 기업에 직접 돈을 빌려주는 것보다는 투자자금의 회수가 쉬워서 기업이 자금을 조달할 때 좀 더 수월하다는 장점이 있다.

사실 차입금과 사채는 이름만 다를 뿐이지 정기적으로 약정된 이자를 지급하고 만기에 원금을 상환한다는 점에서 경제적 실질은 같다고 할 수 있다.

사채는 일반적인 회사채로 발행되기도 하지만, 신주인수권부사채(BW; Bond with Warrant)나 전환사채(CB; Convertible Bond)처럼 파생금융상품으로 발행되기도 한다. 신주인수권부사채란 사채권자에게 사채 발행 이후에 사채를 발행한 기업이 신주를 발행하는 경우 미리 약정된 가격에 따라 일정한 수의 신주 인수를 청구할 수 있는 권리가 부여된 사채이며, 전환사채는 일정한 조건에 따라 채권을 발행한 기업의 주식으로 전환할 수 있는 권리가 부여된 채권으로서 전환 전에는 사채로서의 확정이자를 받을 수 있고 전환 후에는 주식으로서의 이익을 얻을 수 있는, 사채와 주식의 중간형태를 취한 사채이다.

전환사채	신주인수권부사채
• 일반사채에 주식으로 전환할 수 있는 권리가 부여된 사채	• 신주를 인수할 수 있는 권리를 행사할 수 있는 권리가 부여된 사채

부채비율과 자기자본비율에 대한 올바른 생각

다음은 수주업을 영위하는 두 기업의 재무상태표이다. 두 기업은 현재 비슷한 규모의 매출수준을 보여주고 있다. 자기자본비율과 부채비율을 고려했을 때 과연 두 기업 중 안정적으로 자금을 활용하고 있는 기업은 어디일지 생각해 보자.

(단위 : 백만)

	J사	S사		J사	S사
유동자산	**873,737**	**561,816**	**유동부채**	**1,092,119**	**765,850**
당좌자산	655,229	400,549	매입채무	217,951	125,566
재고자산	218,508	161,267	단기차입금	24,659	113,483
			유동상사채	10,000	332,908
			미지급금	108,495	56,333
			선수금	576,596	4,552
			기타유동부채	154,418	133,008

	J사	S사		J사	S사
비유동자산	967,957	2,229,225	**비유동부채**	195,559	459,582
투자자산	484,746	1,712,168	사채	–	99,744
유형자산	356,663	451,741	장기차입금	–	81,062
무형자산	12,096	24,277	퇴.충	25,117	53,545
기타비유동	114,452	41,038	기타	170,442	225,231
			부채총계	1,287,678	1,225,432
			자본총계	554,017	1,565,609
자산총계	1,841,695	2,791,041	**부채와자본총계**	1,841,695	2,791,041

재무상태표에 많은 정보들이 있지만, 자본구조를 알기 위해 필요한 정보는 우선 부채와 자본의 금액이다. 이를 이용하면 두 기업의 자기자본비율과 부채비율은 다음과 같이 계산된다.

	J사	S사
부채비율	232.43%	78.27%
자기자본비율	30.08%	56.09%

부채비율과 자기자본비율의 관점에서 보면 J사보다는 S사가 상대적으로 부채비율이 낮고 자기자본비율이 높아 자본구조가 안정적이라고 판단할 수 있다. 하지만 두 기업 중에 앞으로 발전 가능성이 더 높은 기업이 어디인가를 물어본다면 J사가 더 발전가능성이 있다고 할 수 있다. 그 이유는 무엇일까? 바로 앞서 언급했던 선수금 때문이다.

부채도 다 같은 부채가 아니다

우리가 대출을 받으려고 할 때 이자율 이외의 나머지 조건은 모두 같은 두 가지 대출조건이 있다고 해 보자. 첫 번째 대출조건은 이자율 10%이고, 두 번째 대출조건은 이자율 0%이다. 독자라면 어떤 대출조건을 선택할 것인가? 당연히 이자율 0%의 대출조건을 선택할 것이다. 만약, 지금 당장 자금이 필요하지 않더라도 0%의 이자율이라면 무조건 대출을 받아야 할 것이다. 0%로 대출받아서 은행에만 넣어 놓아도 이자를 지급하지 않으므로 이익이 나기 때문이다.

〈더 유리한 이자율은?〉

누구나 고리의 이자를 내는 것 보다는 저리의 이자를 내는 것을 선호한다.

개인 또는 기업은 여러 가지 이유로 낮은 이자율로 차입할 수 있는 경우가 있다. 이 경우 개인이나 기업은 자금이 부족할 때는 당연히 그 대출조건을 수용할 것이고, 혹여 자금이 충분히 확보되어 더는 자금이 필요하지 않더라도 좋은 조건이라면 차입을 한다. 그 이유는 차입에 대한 이자율이 높은 조건이라면 차입하는 기간만큼의 기간이익을 볼 수 있기 때문이다. 기간이익은 자금을 확보해 놓음으로 인해 발생하는 안정적인 자금 동원능력 향상의 관점에서 그만큼 일시적인 지출 충격에 대비할 수 있다. 또한, 이 자금을 은행에 예금으로 예치만 해도 기업이 자금을 차입함으로 인해서 부담해야 하는 이자비용보다 더 높은 이자를 받을 수 있다. 즉 자금을 사용하는 대가인 이자비용의 수준이 중요한 의사결정 요인이 된다.

※ 자금이 충분할 경우에도 저리 대출은 받는 것이 좋다.

〈㈜부산도시가스의 장기차입금 주석 내용〉

차입금종류	차입처	최장만기일	연이자율(%)	장부금액(천원)	
			당기	당기	전기
공급배관건설자금	신한은행	2021-06-15	3.00	1,020,000	1,140,000
〃	하나은행	2023-09-15	3.00	1,632,450	1,670,000
〃	수협	2024-12-15	3.00	1,395,000	1,395,000
〃	한국 산업은행	2026-09-15	3.00	1,241,000	1,241,000
안전관리사업자금	신한은행	2015-06-15	1.75	460,000	745,300
〃	하나은행	2016-03-15	1.75	262,600	343,400
〃	수협	2016-12-15	1.75	274,400	281,000
〃	농협	2020-06-15	1.75	648,000	201,000
천연가스공급 시설지원자금	수협	2024-12-31	2.81	5,735,000	5,735,000
소 계				12,668,550	12,751,700
차감 유동성장기부채				(609,100)	(530,150)
차감계				12,059,450	12,221,550

㈜부산도시가스의 장기차입금 주석을 보면 조달금리가 매우 낮은 수준임을 알 수 있다. 차입금의 항목을 살펴보면 모든 차입금이 정책적으로 저리대출로 지원된 것이다. 이런 차입금은 가능하다면 무조건 빌리는 것이 유리하다.

04

부채를 통한 재무설계

성격에 따른 부채의 분류

이처럼 부채를 만기에 따라서 유동부채와 비유동부채로 나누는 것도 기업의 지급능력을 파악하는 데 있어서 중요한 부분이지만, 이자비용을 어느 정도 부담하느냐의 관점에서 부채를 보는 것도 매우 중요하다.

우선 자금을 조달하는 과정에서는 당연히 부채가 발생한다. 이 부채는 말 그대로 자금을 빌려올 때 발생하는 부채(차입금, 사채)인데, 이를 차입부채라고 한다. 반면에 영업이나 투자활동과정에서 발생하는 부채(매입채무나 미지급금)는 재화나 용역을 외상으로 구매했을 때 생기는 부채와 아직 발생하지 않은 수익이나 선금을 미리 받았을 때 발생하는 부채인데 이것은 영업부채라고 한다. 두 종류의 부채는 그 발생원인이 다른 만큼 성격이 다르므로 재무제표를 읽는 사람들도 다른 관점에서 바라보아야만 한다.

차입부채와 영업부채의 가장 큰 차이점은 대부분 차입부채는 이자가 발생한다는 점이고, 영업부채는 대부분 이자가 발생하지 않는다는 점이다. 따라서 일반적으로 차입부채는 이자부 부채, 영업부채는 무이자부 부채가 된다.

재무제표를 읽을 때는 이 부채의 성격이 어떠한지, 자금을 조달하는 과정에서 발생한 부채인지 아니면 영업이나 투자활동과정에서 발생한 부채인지 파악하는 것이 우선이다.

이자비용이 발생하는 차입부채

기업이 투자활동이나 영업활동에 필요한 자금을 조달하면 대가를 지급하게 된다. 특히 차입을 통해 자금을 조달할 경우에는 명시적인 이자비용을 주기적으로 지급해야만 한다. 따라서 이러한 차입부채는 기업의 자금계획과 이자부담능력, 레버리지효과를 잘 살펴서 적정수준을 보유해야 한다.

차입부채는 크게 차입금과 사채로 구분할 수 있다. 차입금은 특정인으로부터 자금을 빌려올 때 발생하는 부채이고, 사채는 기업이 회사채를 발행해서 불특정 다수로부터 자금을 빌려올 때 발생하는 부채이다. 형식은 다르지만, 만기를 두고 자금을 빌려온다는 점과 약정된 이자를 지급한다는 점에서 같은 성격을 가지고 있다.

이러한 차입부채는 많을수록 기업의 안정성을 떨어뜨리는 주요 원인이기 때문에, 차입부채 수준에 대한 세심한 관리가 필요하다. 특히 유동부채에 포함된 차입부채는 바로 갚아야 하므로 이를 상환할 수 있는지 신경을 많이 써야 할 것이다.

무이자차입금 효과의 영업부채

무차입경영을 하는 기업이라고 해도 부채가 0이 되는 경우는 없다. 기업이 영업활동을 수행하는 과정에서 필연적으로 부채가 발생하게 되는데, 이러한 부채에는 대표적으로 매입채무, 미지급금, 선수금, 미지급비용, 선수수익, 예수금 등이 있다. 이런 항목(영업부채) 때문에 부채는 0이 될 수 없다.

아래 재무제표는 무차입경영을 하는 남양유업의 부채와 자본항목이다. 비록 경영 정책상 차입을 일으키지는 않지만 영업과정에서 발생하는 부채들이 존재하는 것을 쉽게 확인할 수 있다.

〈남양유업의 부채와 자본항목〉

부채	주석		
유동부채			127,152,517,563
매입채무	32, 33	84,888,530,970	
당기법인세부채	29	4,168,575,695	
반품충당부채	18	3,758,082,370	
기타금융부채	16, 32, 33	31,652,029,300	
기타유동부채	19	2,685,299,228	
비유동부채			33,628,748,724
퇴직급여채무	17	23,200,368,203	
기타금융부채	16, 32	10,428,380,521	
부채총계			160,781,266,287
자본			
자본금	20	4,433,310,000	

기타불입자본	21	(21,483,348,151)	
이익잉여금	22	883,653,142,285	
기타자본구성요소	23	(758,518,265)	
자본총계			865,844,585,869
부채 및 자본 총계			1,026,625,852,156

※ 자본구조의 안정성을 위해 무차입경영을 할 경우 차입부채는 0이지만, 그래도 영업부채는 발생한다.

영업부채는 주로 매입채무, 미지급금, 선수금에 대한 이해가 필요하다. 다른 항목들은 큰 금액으로 잘 나타나지 않을 뿐만 아니라 반복적으로 적은 금액만 계상되어 있을 확률이 높기 때문이다.

영업과정에서 발생하는 부채의 가장 큰 특징은 차입을 통해 발생하는 부채와 달리 자금을 확보한 기간 동안 이자가 발생하지 않는다는 데 있다. 즉 사들이는 시점에 현금을 지출해야 하지만, 외상기간 동안 거래처로부터 돈을 빌려서 외상기간 종료 시점에 갚는 형태라고 볼 수도 있다. 물론 약정된 기간은 이자가 발생하지 않는 이자율 0%로 자금을 차입한 형태가 된다(반대로 매출채권은 무이자로 돈을 빌려주는 효과가 있다고 할 수 있다).

따라서 영업부채는 무이자로 자금을 빌려 쓰는 효과가 있고, 많을수록 기업이 기간이익과 금융이익을 얻을 수 있는 부채도 된다.

결국, 매입채무나 미지급금, 선수금이 많은 기업은 무이자로 조달한 자금이 많다는 의미이고, 자금활용을 아주 잘하고 있는 기업이라고 볼 수도 있다.

또 다른 관점에서 영업부채를 살펴보면 매입채무와 미지급금이 많은 기업은 다음연도의 매출수준이 상당히 높을 것으로 기대할 수 있다. 정상적인 상황의 기업이라면 매입채무와 미지급금이 많다는 것은 올해 매입액이나 시설투자액을 늘렸다는 것이고, 이는 기업이 앞으로의 매출액이 높을 것으로 판단했기 때문이다. 따라서 매입채무와 미지급금이 많은 기업은 이 부채의 규모보다 더 많은 현금을 벌어들일 가능성이 높다.

다만, 영업부채와 관련해서 우리가 반드시 기억해야 할 것은 이자가 발생하지 않는 영업부채는 만기까지 0%의 이자율로 자금을 조달했다는 것이다. 영업부채가 많을수록 좋다고 이야기하려면 이 영업부채의 수준이 기업이 정상적인 영업활동과정을 통해 상환할 수 있는 수준의 부채이어야 한다는 기본적인 전제를 충족시켜야 한다.

차입금의 구성비율 검토

앞서 보았던 재무상태표를 통해 자본구조를 살펴보면 J사보다 S사의 자본구조가 더 안정적이라고 했지만, 평가는 J사가 더 좋게 받는다고 했다. 그 이유는 무엇이었을까? 바로 이 기업이 수주업에 속하며 수주업에서는 선수금이라는 영업부채가 중요한 의미를 담고 있는 부채이기 때문이다.

〈차입금 구성비율 검토〉

(단위 : 백만원)

	J사	S사		J사	S사
유동자산	**873,797**	**561,816**	**유동부채**	**1,092,119**	765,850
당좌자산	655,229	400,549	매입채무	217,951	125,566
재고자산	218,508	161,267	단기차입금	24,659	113,483
			유동성사채	10,000	332,908

			미지급금	108,495	56,333
			선수금	576,596	4,552
			기타유동부채	154,418	133,008
비유동자산	**967,957**	**2,229,225**	**비유동부채**	**195,559**	**459,582**
투자자산	484,746	1,712,168	사채	–	99,744
유형자산	356,663	451,741	장기차입금	–	81,062
무형자산	12,096	24,277	퇴직급여충당금	25,117	53,545
기타비유동	114,452	41,038	기타	170,442	225,231
			부채총계	**1,287,678**	**1,225,432**
			자본총계	**554,017**	**1,565,609**
자산총계	1,841,695	2,791,041	**부채와 자본총계**	1,841,695	2,791,041

J사와 S사의 재무상태표를 다시 한번 살펴보면 S사가 J사에 비해 부채비율은 낮고, 자기자본비율은 높아서 안정적인 자본구조를 가지고 있는 것으로 보인다. 하지만 부채를 성격별로 차입부채와 영업부채로 나누어 보면 두 기업의 부채가 전혀 다른 구성내용을 보여주는 것을 알 수 있다.

〈두 기업의 차입부채와 영업부채의 규모〉

(단위 : 백만원)

	J사	S사
부채총계	1,287,678	1,225,432
차입부채	34,659	627,197
영업부채	1,253,019	598,235
선수금	576,596	4,552

우선 J사는 이자를 발생시키는 차입부채가 전체 부채규모보다 아주 작은 수준으로 유지되고 있다. 반면에 S사는 J사보다 이자를 발생

시키는 차입부채가 상대적으로 많다. 또한, 수주업을 영위하고 있는 두 기업은 선수금의 액수가 매우 중요한데, J사는 전체 부채의 45%가 선수금인 데 비해 S사의 선수금은 아주 적다. 따라서 J사는 수주금액이 많아 앞으로 매출이 크게 발생하지만 S사는 수주금액이 많지 않아 앞으로 매출이 비관적이라는 의미이기도 하다.

즉 J사는 자기자본비율과 부채비율이 S사보다 안정적이지는 않지만, 실질적인 지급능력은 더 좋다고 볼 수 있다.

그렇다면 차입금의 비율은 어느 정도가 적절할까? 기업이 전체 조달한 자금(부채+자본) 대비 차입부채의 비율을 차입금의존도라고 하는데, 일반적으로 차입금에 대한 의존도는 30%를 넘어가면 과다하다고 하고, 그 미만이면 적정하다고 하는 편이다.

$$\text{차입금 의존도(\%)} = \frac{\text{차입부채}}{\text{총 조달자금}} \times 100$$

※ 차입금의존도는 차입부채에 대한 조달의존도를 보여준다.

우리나라 기업들의 차입금의존도는 보통 20~30% 사이를 보여주고 있다.

이자를 감당할 수 있는가

은행대출이 많은 한 사업가가 있다. 이 사업가는 개인사업을 위해 은행에서 100억원을 대출받았고, 매년 이자로만 5억원씩을 내고 있다. 이 사업가는 과연 차입금이 많은 것일까? 적은 것일까? 아니면 적정한 것일까?

앞서 차입부채의 규모를 가지고 부채의 적정성을 살펴보았는데, 그 것만으로는 차입금이 많은지 적은지 판단하기 쉽지 않다. 만일 차입금이 많아도 이자율이 낮다면 크게 문제가 되지는 않는다. 그래서 다른 방법으로 차입부채의 수준을 파악해 보기도 한다.

이 사업가가 과연 5억원의 이자비용을 감당할 수 있을 정도로 돈을 벌고 있는가를 기준으로 판단하는 방법이다. 이자를 아무리 많이 내고 있더라도 이자를 감당할 수 있는 이익을 내고 있다면 큰 부담이 되지 않을 것이다. 하지만 이자를 적게 내고 있더라도 이를 감당할 수 없는 이익만을 내고 있다면 큰 문제가 될 것이다. 열심히 일해서 번 돈으로 이자를 내고 나면 하나도 남지 않는 기업들이 뜻밖에 많다.

이는 재무제표 중 손익계산서를 가지고 알아볼 수 있는데, 영업이익과 이자비용을 비교해 보는 것이다. 즉 영업활동을 통해 창출한 이익으로 과연 이자를 납부할 수 있는지를 보는 것이다. 이를 이자보상비율이라고 한다.

$$\text{이자보상비율(\%)} = \frac{\text{영업이익}}{\text{이자비용}} \times 100$$

※ 이자보상비율은 영업이익이 이자비용의 몇 배 정도 되는지를 보여준다.

한편 우리나라 기업들의 이자보상비율은 보통 300~400% 정도로 이는 영업이익이 이자비용의 3~4배 정도 된다고 해석할 수 있다.

과거 우리나라는 대출을 받아서 대출이자를 부담하면서까지 부동산을 구매해왔다. 그 이유는 대출이자 부담액보다 그 부동산의 평가이익이 더 컸기 때문이 아닐까? 즉 부동산 가격의 상승이 이자비용을 상쇄하고도 많이 남았기 때문이 아닐까?

〈연도별 서울시 아파트 가격 상승률〉

2001년	2002년	2003년	2004년	2005년	2006년	2007년	2008년
9.4%	32.1%	13.6%	5.8%	3.7%	13.6%	16.4%	5.4%

서울시의 연도별 아파트 가격 상승률은 매년 3.7%~32.1%로 연평균 12.5%를 기록하고 있다. 당시 주택담보대출이 일반적으로 3%~5%로 형성되었다는 것을 고려하면 돈을 빌려서 아파트에 투자하는 것이 가장 확실한 돈벌이 수단이었던 셈이다.

한편 대출을 받아서 부동산을 구매하는 이유는 레버리지의 관점에서도 살펴볼 수 있는데, 만약 3억원짜리 집을 구매해서 집값이

6억원으로 올랐을 때, 만약 내 돈만을 투자해 집을 구매했다면 투자수익률은 100%(이익 3억원/투자금액 3억원)이지만, 내 돈은 1억원만 들이고 2억원을 은행에서 빌려서 투자했다면 투자수익률이 300%(이익 3억원/투자금액 1억원)로 증가할 것이다. 적은 돈으로 많은 투자수익을 올릴 수 있는 수단이었던 셈이다. 하지만 집값이 내려간다면? 내 돈으로만 집을 구매했을 경우는 괜찮지만, 은행에서 돈을 빌려서 집을 구매했을 경우에는 은행에서 대출을 상환하라는 압력을 가할 것이고, 돈이 없다면 신용불량자가 되고 말 것이다.

금액추정이 가능한 부채

종업원이나 브랜드가치 등의 자산은 그 가치를 금액으로 산정할 수 없어서 재무상태표에 자산으로 기록하지 않는다고 하였는데, 부채 또한 마찬가지이다. 금액으로 산정이 불가능한 부채는 재무상태표에 부채로 기록할 수 없다. 재무상태표의 모든 자산과 부채는 금액으로 표시되어야 하기 때문이다.

또는 금액은 알 수 있지만, 아직 받을 가능성이 높지 않거나 지출할 가능성이 높지 않은 경우에도 자산이나 부채로 계상하지 않는다. 예를 들어 기업이 원고로 참여하는 소송사건의 경우 승소하게 되면 소송금액을 받게 된다. 하지만 소송에서 이길 수 있을지 없을지는 법원의 판단에 달려 있기 때문에 판결이 나오기 전까지는 자산이 될 수 있을지 없을지 판단할 수 없다. 반대로 피고인으로 참여하는 소송사건의 경우 패소할 경우에는 지출의무가 발생하지만, 확정판결이 나오기 전까지는 지출이 확실하지 않기 때문에 재무상태표에 부채로 기록할 수 없다.

반면 금액이나 지출 시점이 확정되지는 않았지만, 지출이 확실하고, 그 금액에 대한 추정이 가능한 부채는 재무상태표에 부채로 기록하도록 하고 있는데, 이러한 부채를 미래의 지출에 충당하여 설정한 부채라고 하여 충당부채라고 부른다. 대표적으로는 종업원들의 퇴직에 대비하여 퇴직금지급 예상액을 부채로 기록하는 퇴직급여충당부채가 있다.

또 항공사에서 지급하는 마일리지나 각 신용카드사에서 지급하는 포인트, 그리고 SK그룹의 OK Cashback이나 CJ그룹의 CJ Point, SPC그룹의 Happy Point 같은 기업포인트 역시 기업들의 입장에서는 나중에 무언가 재화나 용역을 제공해 주어야 하므로 부채로 기록하고 있다(포인트충당부채라고 표시하는 기업이 대부분이다).

자산에 없는 자산, 부채에 없는 부채

KT&G가 국민건강보험공단으로부터 거액의 소송을 당할 위기에 직면했다. 김종대 건보공단 이사장이 흡연에 따른 보험료 피해의 원인 일부가 담배업체에 있다며 피해보상소송도 불사한다는 움직임을 보이고 있다. 공공기관으로부터 피소된 담배업체가 법정에서 패소한 해외사례가 상당해 KT&G에 위기감을 불어넣고 있다.

김종대 이사장 "진료 피해액 연간 1조5633억"

14일 정부와 담배업계에 따르면 건보공단은 KT&G와 같은 담배 기업을 상대로 소송을 검토하고 있다. 김종대 건강보험공단 이사장은 자신의 블

> 로그를 통해 "흡연으로 인한 보험료 피해가 원인제공자인 담배 기업도 책임에서 비껴갈 수 없다"며 "담배로 인해 발생한 건강보험료 진료 피해액이 연간 1조5633억"이라고 문제의 심각성을 적시했다. 김 이사장의 발언 영향인 듯 건보공단은 오는 17일 담배 소송 전문 변호사 등을 초청해 법률 포럼을 진행할 예정이다.
>
> [컨슈머타임스 김태환 기자, 2013.4.15.]

만약 자산총액이 6조원인 KT&G가 1.5조원의 소송에 피고로 참여하게 된다고 하면, 재판결과를 예측할 수는 없지만 패소할 경우 기업가치에 심각한 영향을 줄 것이다. 이와 같은 소송정보는 기업에 대한 정보를 이용하는 정보이용자들에게는 아주 중요한 정보가 되지만, 재무상태표에 부채로 나타나지 않는다. 아직 재판결과도 모르는 상태에서 소송 여부만 가지고 기업의 부채라고 보기에는 힘든 부분이 있기 때문이다. 이러한 정보는 어떻게 다루어야 할까?

지급확률이 낮아서 재무상태표에 부채로 기록하지 않는 부채들은 사실 더욱 주의 깊게 살펴보아야 하는 부채일 수도 있다. 만약 기업이 피고로 참여한 소송의 소송액이 아주 클 경우, 소송에서 지는 것 자체만으로도 기업이 문을 닫는 일이 발생할 수 있기 때문이다. 따라서 이러한 부채들은 항상 주의 깊게 살펴봐야 한다. 이를 우발부채라고 하는데 회계기준에서는 주석에 발생 가능성이 있는 모든 우발부채를 반드시 보여주도록 하고 있다.

이러한 우발부채 중에 특히 더 주의를 기울여서 살펴봐야 하는 항목은 소송과 관련된 우발부채와 지급보증과 관련된 우발부채이다. 또 지급보증과 더불어 하자보수이행보증이나 공사이행보증이 많은 건설업종의 경우에는 관련 보증과 관련된 우발부채를 주의 깊게 살펴보아야만 한다.

〈쌍용건설㈜의 우발부채 내용〉

(단위 : 백만원)

제공받은 자	2010년 12월 31일		2009년 12월 31일		보증내용
	보증금액	실행잔액	보증금액	실행잔액	
㈜시우피앤디 외	1,285,037	1,059,796	1,724,243	1,479,802	PF대지급 및 채무인수약정
㈜엠앤브이 왜	335,668	259,062	498,205	387,543	중도금연대입보
노량진 1구역 아파트 조합 외	28,078	21,598	79,727	61,329	이주비대출
대포항개발유한회사 외	158,147	126,946	313,360	260,754	SPC차입금연대보증
한라건설 외	1,848,991	1,848,991	1,733,851	1,733,851	시공사연대보증
㈜어반오아시스 외	753,875	691,953	1,227,587	1,223,275	기타보증
계	4,409,795	4,008,346	5,579,973	5,146,554	

위 주석은 쌍용건설㈜의 2010년 12월 31일 주석의 우발부채 내용 중 타인에게 지급한 지급보증내용이다. 지급보증(연대보증)은 이 기업의 부채는 아니지만, 원래의 채무자가 지급능력이 불확실한 경우 그 대금을 대신 갚아야 하는 부채이다. 연간 순이익 규모가 180억 정도이고 자산총액이 1.7조원 정도였던 이 기업은 많은 PF 사업에 참여하였고, 그 PF 사업과 관계사에 대한 지급보증이 무려 4.4조원에 달했다. PF 사업이 대부분 수익구조가 악화되면서 이 지급보증이 쌍용건설㈜의 부담으로 돌아왔고, 실적악화와 겹쳐 2011년부터 적자로 돌아서면서 2013년에 결국 워크아웃을 신청하고 말았다.

충당부채? 우발부채?

> 국민연금 기금소진 등을 놓고 국민들의 불안감이 높은 가운데 국민연금 재정상태를 파악하기 위해 잠재부채 규모를 산출할 필요가 있다는 인식이 확산되고 있다. 연금 잠재부채란 앞으로 지급해야 할 연금 총액과 현재 쌓여 있는 적립금의 차액, 즉 미적립연금부채를 의미한다.
>
> (중략)
>
> 공무원연금과 군인연금의 경우 국가재정법 부칙에 따라 지난 2011년부터 충당부채를 매년 산출하도록 규정하고 있다. 2011년 기준 공무원연금과 군인연금 충당부채는 342조원(GDP 대비 29%)으로 국가 재무제표상 부채의 44%를 차지하고 있어 국가재정에 미치는 영향이 매우 크다. 공적연금부채를 산출하고 있는 해외의 사례를 살펴보면 1980년대 이후 공적연금 재정위기로 인한 각국의 연금개혁과 맞물려 공적연금 부채산출 방식과 필요성에 대한 논의가 본격적으로 이뤄지고 있다.
>
> [뉴스토마토 서지명기자, 2013.3.29.]

우리나라의 국가 재무제표에는 기금이 고갈되더라도 국가가 지급을 보장하는 공무원연금과 군인연금에 대해서는 미래에 국가가 지급할 것으로 예상하는 금액을 현재 시점에서 추정하여 재무상태표(재정상태표)에 충당부채로 공시하고 있다.

〈대한민국정부 국가 재무제표상 장기충당부채 내용〉

Ⅲ. 장기충당부채	472,137,838,087,385
1. 퇴직급여충당부채	359,454,362,435
2. 연금충당부채	436,906,440,692,836
3. 보험충당부채	635,376,030,412

4. 기타장기충당부채	34,236,566,992,702

하지만 국민연금의 경우에는 어떨까? 국민연금은 아직 국가가 지급을 보장하는 제도가 없는 실정이다. 따라서 국가 재무제표에 충당부채로 계상하지 않고 있다. 하지만 국민연금은 국가가 일정 부분 책임을 져야 한다는 주장이 계속 제기되고 있다. 만약 이런 주장이 받아들여져서 정책적으로 국민연금에 대해서도 국가가 그 고갈 분을 부담하기 시작한다면 충당부채로 계상될 것이다. 하지만 그전에 우리 정부가 국민연금 예상 고갈액을 추정하여 우발부채로 최소한 주석에라도 공시해야 하는 것은 아닐까?

05
갚을 의무가 없는 자본

자본의 표시방법

우리는 자본이 자산에서 부채를 뺀 출자자들의 순자산이며, 출자자들의 투자금액이고, 기업이 출자자들로부터 조달한 자금이라는 것을 알고 있다. 또 이 자본은 크게 출자자들이 직접 자신들의 자금을 제공하여 투자한 납입자본과 이익증가분을 받아가지 않고 재투자한 이익잉여금으로 나눈다는 사실도 알고 있다. 하지만 기업의 자본구성내용을 보면 추가적인 자본항목들이 존재하고 있다.

〈현대자동차㈜의 자본항목〉

(단위 : 백만원)

자본			
1. 자본금	18	1,488,993	
2. 자본잉여금	19	3,964,962	
3. 기타자본항목	20	(1,273,750)	
4. 기타포괄손익누계액	21	502,379	
5. 이익잉여금	22	40,979,409	

자본총계			45,661,991

현대자동차의 자본항목을 보면 다섯 가지로 이루어져 있음을 알 수 있다. 자본금과 자본잉여금은 납입자본을 의미하며, 이익잉여금, 기타 자본구성요소(기타자본항목과 기타포괄손익누계액)로 이루어져 있다.

〈LG전자㈜의 자본항목〉

(단위 : 백만원)

1. 자본			
납입자본	20		3,992,348
자본금		904,169	
주식발행초과금		3,088,179	
2. 이익잉여금	21		5,550,942
3. 기타포괄손익누계액	22		(21,771)
4. 기타자본구성요소	23		(32,819)
자본총계			9,488,700

한편 LG전자의 자본항목은 자본금과 주식발행초과금(현대자동차 자본항목 중 자본잉여금에 해당한다)을 묶어서 납입자본으로 표시하고, 이익잉여금, 기타자본구성요소(기타포괄손익누계액과 기타자본구성요소)로 구분해서 표시하고 있다.

이처럼 기업마다 약간씩 다르게 자본항목을 보여주고 있지만, 큰 틀은 납입자본, 이익잉여금, 기타자본구성요소의 세 가지로 이루어져 있다고 보면 된다.

납입자본

출자자들이 직접 낸 납입자본은 크게 자본금과 자본잉여금(주식발행초과금)으로 구분할 수 있다. 자본금과 자본잉여금에 대한 설명을 위해 유상증자 관련 증권신고서 내용을 한번 살펴보자.

〈LG전자의 유상증자 관련 증권신고서 내용〉

(단위 : 원, 주)

증권의 종류	증권수량	액면 가액	모집(매출) 예정가액	모집(매출) 예정가액	모집(매출)방법
가명식 보통주	19,000,000	5,000	51,600	980,400,000,000	주주배정후 실권주 일반공모

LG전자는 당시 신규투자와 관련된 1조원 가까운 대규모의 유상증자를 시행했다. 다만, 앞의 내용과 같이 액면가 5,000원인 주식 1주를 주주들에게 넘겨주는 대가로 주주들로부터 주식 1주당 51,600원을 받아서 자금을 조달했다. 주주들은 왜 액면금액보다 높은 가격을 지급하고 주식을 인수해 가는 것일까? 주식의 가치가 액면금액보다는 높기 때문이다. 최초에 액면금액으로 투자해서 기업을 운영하였지만, 이익을 배당으로 받아 가지 않고 기업에 남겨 놓음으로써 지분가치가 액면금액보다 증가했고, 새로 주식을 발행할 때 이를 고려하기 때문이다. 이처럼 주식을 발행할 때 출자자들이 투자하는 금액 중에 액면금액만큼을 자본금으로 분류하고, 액면을 초과해서 투자하는 금액을 주식발행초과금으로 분류한다.

이익잉여금과 결손금

이익잉여금은 이익이 발생했지만, 출자자들이 분배해 가지 않고 기업에 남겨 놓은 금액이다. 물론 손실이 발생하면 이익잉여금이 (-)가 되면서 납입자본을 갉아 먹을 수도 있는데, 이때에는 결손금이라고 부른다.

이익과 배당에 따른 재무상태표의 변화를 한 번 살펴보자.

만약 최초에 부채로 1억원, 자본으로 2억원을 조달해서 영업을 시작한 기업이 있다면 다음과 같은 재무상태표가 만들어진다.

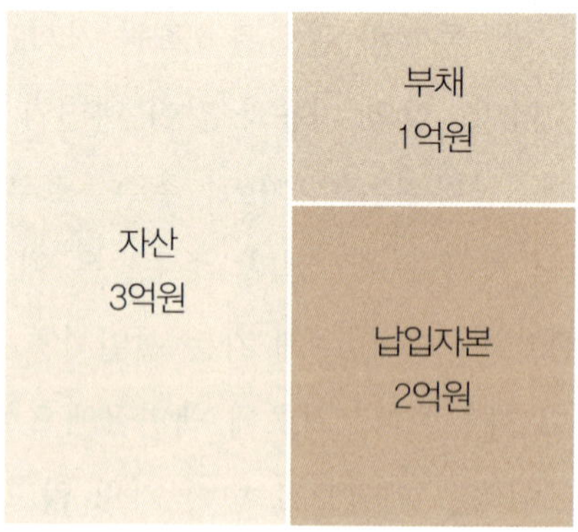

이 기업이 연간 이익을 2억원 발생시키면, 재무상태표는 다음과 같이 변화한다.

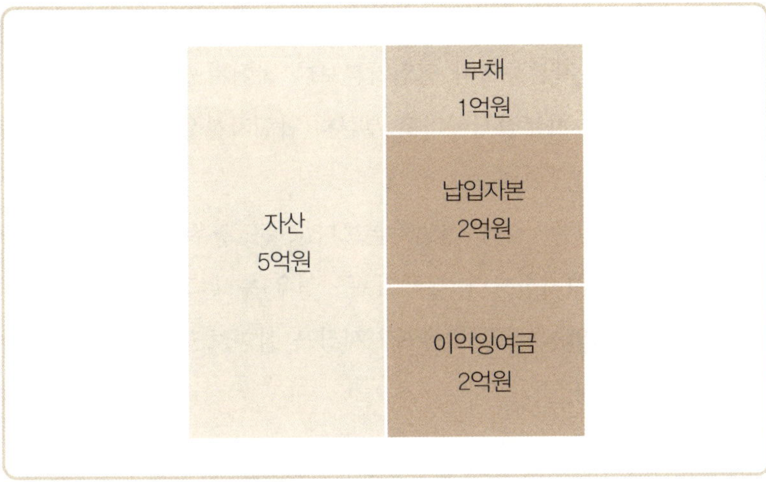

이제 출자자들이 이익배분으로 현금배당을 1억원 받아간다고 하면,

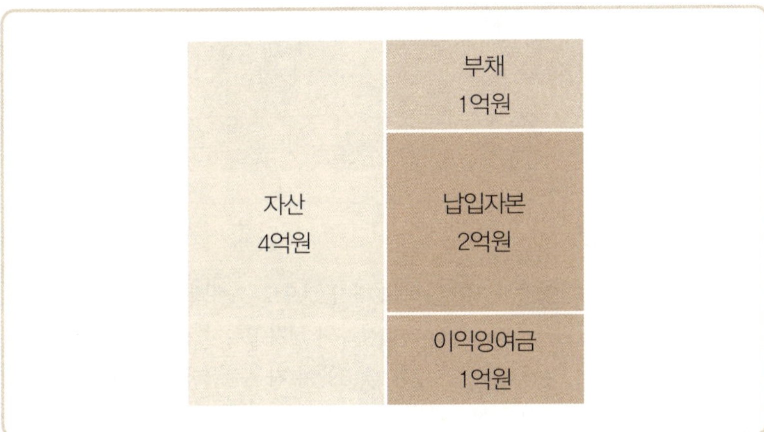

다시 자산이 1억원 감소할 것이고, 이에 따라 이익잉여금이 같이 감소한다.

만약 이 상황에서 기업이 손실을 일으켜서 자산이 감소한다면, 이익잉여금이 먼저 줄어들게 되고, 이익잉여금이 (−)가 되면 결손금이 되며, 이에 따라 자본총액이 납입자본보다 적어지게 되는 경우가 생길 수 있다. 이를 자본잠식이라고 부른다(납입자본을 갉아 먹기 시작했다는 의미이다).

더 나아가 이 결손금이 납입자본보다도 큰 경우, 즉 자본총액이 (−)가 되는 경우(자산보다 부채가 큰 경우)를 완전자본잠식이라고 부른다. 이런 기업이 정말 있을까? 시장을 살펴보면 의외로 이런 기업들이 아주 많다.

〈완전자본잠식 상태의 재무상태표〉

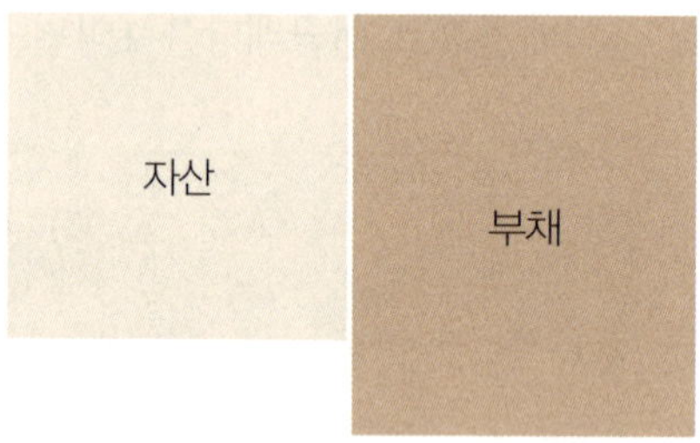

중대형 건설사 상당수가 자본잠식에 빠진 것으로 조사돼 건설사들의 연쇄 도산 우려가 확산되고 있다. 4일 금융감독원 전자공시시스템에 따르면 6월 말 현재 시공능력 상위 50대 건설사 중 8곳이 자본잠식에 빠졌다. 벽산건설, 풍림산업, 남광토건은 자본금을 까먹고 부채로 버티는 완전자본잠식 상태다. 금호산업은 자본잠식률 87.2%, 한일건설 78.2%, 진흥기업 42.2%, 삼호 6.8%, 동아건설산업 4.8%로 부분 자본잠식 상태인 것으로 나타났다. 기업은 적자가 커질수록 자본금을 소진하고 자본금이 바닥나면 도산하게 된다.

[국민일보 2012.10.4.]

기타자본구성요소

자본항목의 핵심은 출자자들이 직접 투자한 납입자본과 이익이 나서 늘어난 부분을 배당으로 회수하지 않고 다시 투자한 이익잉여금이다. 하지만 다른 요인들 때문에 발생하는 자본항목을 기타자본구성요소라고 한다.

이러한 기타자본구성요소 중에 가장 큰 비중을 차지하며 정보이용자들이 주의해서 봐야 하는 항목이 기타포괄손익누계액이다.

이익의 누계액이 이익잉여금이라면, 기타포괄손익누계액은 기타포괄손익의 누계액이다. 기타포괄손익은 자산이나 부채가 변동하여 순자산이 변동하긴 했지만, 그 실현 가능성이 높지 않아 손익계산서에 아직 수익이나 비용으로 인식하지 못하는 손익을 말한다.

예를 들어 박원미씨가 집 한 채를 1억원에 샀다고 해보자. 집값이 폭등하여 3억원까지 올라갔다. 하지만 박원미씨는 집을 팔 생각이 없고, 평생 거주하면서 보유하고 있을 생각이다. 박원미씨는 돈을 번 것일까? 유사시에는 집을 팔아서 자금을 확보할 수도 있으니 돈을 벌었다고 볼 수도 있고, 특별한 경우가 아니라면 이 집을 팔아서 투자차익을 얻을 가능성이 없으니 아니라고 볼 수도 있다. 기타포괄손익은 이처럼 순자산이 증가하거나 감소한 것은 맞는데, 실현 가능성이 높지 않아 당기 손익으로 처리하기 어려운 것을 지칭하는 항목이다.

PART 05.

손익계산서와 현금흐름표 쉽게 읽는 법

Business Insight
회계마인드

01
같은 듯 다른 원가와 비용

Cost vs Expense

우리말로 원가와 비용이다. 우리는 주변에서 원가와 비용이라는 말을 자주 듣고 또 직접 사용하고 있다. 때로는 같은 의미로 때로는 다른 의미로 이 두 용어를 사용한다. 비슷해 보이는 이 두 용어는 과연 어떠한 차이점이 있을까? 손익계산서를 자세히 살펴보기 전에 원가와 비용에 대해서 생각해 보도록 하자.

원가 vs 비용

필자는 어떤 현상이나 용어에 대해서 어려운 학문적 용어로 정의내리는 것을 좋아하지는 않지만, 굳이 원가의 학문적 정의를 설명하라고 하면 원가는 '특정목적을 달성하기 위해 소멸된 경제적 자원의 희생을 화폐가치로 측정한 것'이다. 쉽게 바꾸어 설명하면 원가를 하기 위해(특정 목적을 달성하기 위해) 내가 가지고 있는 무언가(경제적 자원)를 사용하는 것을 말한다. 예를 들면 원재료를 사용하는 것을 재료원가라고 하고, 노동력을 사용하는 것을 노무원가라고 한다.

〈경제적 자원과 원가〉

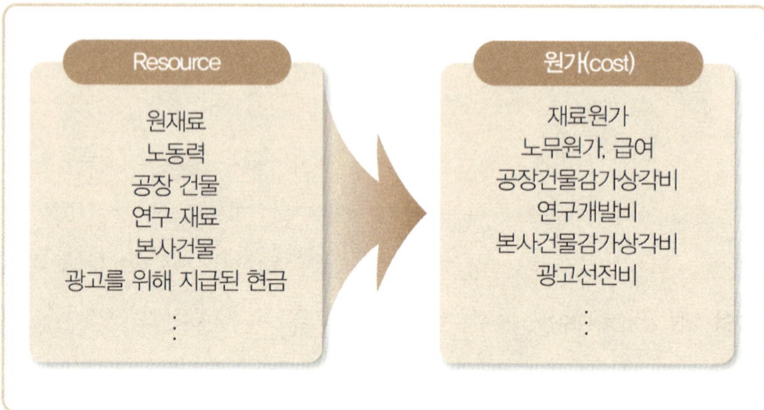

비용의 정의는 '기업의 경영활동과 관련된 재화의 판매 또는 용역의 제공 등에 따라 발생하는 자산의 유출이나 사용 또는 부채의 증가'이다. 자, 비용과 원가가 가지고 있는 의미의 차이점이 보이는가? 비용은 자산의 감소나 부채의 증가, 즉 결과적으로 순자산의 감소를 가져오는 것을 말한다. 그렇다면 비용은 어떤 목적을 위해서 경제적 자원을 희생하는 원가와 대체 어떤 차이가 있을까?

자산과 비용은 원가로부터

가지고 있던 원재료를 제품으로 만드는데 사용하였다고 한다. 특정한 목적(제품을 제조)을 위해 자산을 사용하였으므로 원가를 투입한 것이다. 구체적으로 재료원가라고 부른다. 그렇다면 원재료를 사용한 것은 과연 비용일까? 비용은 자산이 감소하거나 부채가 증가하여 순자산이 감소하는 것이다. 과연 원재료를 사용하면 순자산이 감소할까? 원재료는 감소한다. 하지만 자산의 총액은 감소하지 않는다. 원재료를 사용하면 그 금액만큼 완성품(제품)이 만들어지기 때문에 자산금액은 변하지 않는다. 따라서 순자산 역시 변하지 않는다. 재료원가를 투입하면 제품이 만들어지고, 이는 원재료라는 자산의 감소와 제품이라는 자산의 증가로 나타나며, 비록 재료원가를 투입했지만 순자산이 감소하지 않으므로 비용으로 처리되지 않는 것이다.

〈원재료를 투입하면 제품이 생긴다〉

원두(원재료)

커피(제품)

그렇다면 광고원가를 지출한 경우는 어떨까? 광고원가를 지출하면 다른 자산이 생기지 않는다. 현금이 지출되면서 자산이 감소할 뿐이다. 즉, 바로 비용처리가 되는 것이다. 그럼 재료원가를 투입한 것 보다 안 좋은 것일까? 그렇지 않다. 광고원가 지출은 매출을 올리기 위해서이다. 앞서 만들어진 제품은 아직 판매되지 않아서 매출을 올리는데 공헌하지 못했지만, 광고원가는 지출 즉시 매출에 공헌하는 힘을 가지고 있다.

〈광고원가를 지출하면 매출로 돌아온다〉

광고원가 지출 매출

자, 이번에는 조금 발전된 내용이다. 생산직 직원들에게 급여를 지급했다고 해 보자. 노무원가를 지급한 것이다. 자산일까? 아니면 비용일까? 강연하다 보면 재료원가와 광고원가에 대한 이해는 사람들이 빠르게 하는 편이다. 하지만 형태가 없어서 그런지 노무원가에 대해서는 빠르게 이해하는 사람들이 많지 않은 것 같다.

이렇게 생각하면 이해하기 쉬울 것 같다. 노무원가는 제품을 제조하기 위해 기업 자원의 하나인 노동력을 사용하고 대가를 지급한 것이다. 제품이 원재료와 노동력이 결합하여야만 만들어진다는 점을 생각해 보면, 기업이 사용한 노동력은 제품을 만드는데 투입이 되며, 이는 노무원가 역시 재료원가처럼 비용으로 인식되지 않고 제품의 가격을 형성하게 된다는 것이다.

이외에도 많은 원가들이 제품을 만드는데 사용되는데(기타 제조원가) 이 원가들 역시 사용했다고 해서 바로 비용이 되어 없어지지 않는다. 모두 제품으로 바뀌게 된다.

〈노동력을 투입하면 역시 제품이 만들어진다〉

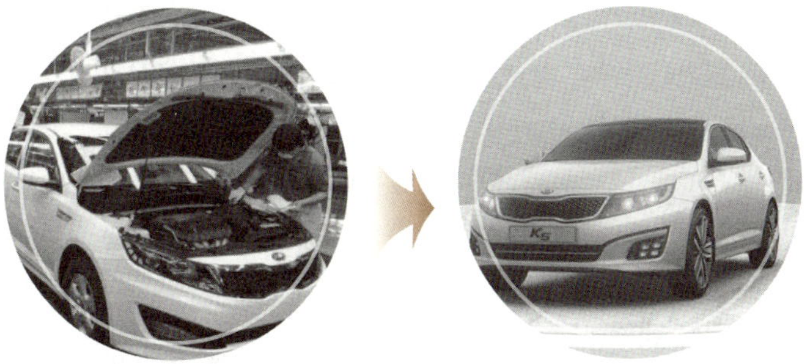

노동력(노무원가)　　　자동차(제품)

다시 말해서 원가가 투입되었을 때 순자산이 감소하면 비용이 되지만, 순자산이 감소하지 않으면 원가가 투입돼도 비용으로 기록되지 않고 자산이 된다.

〈원가와 자산 그리고 비용의 관계〉

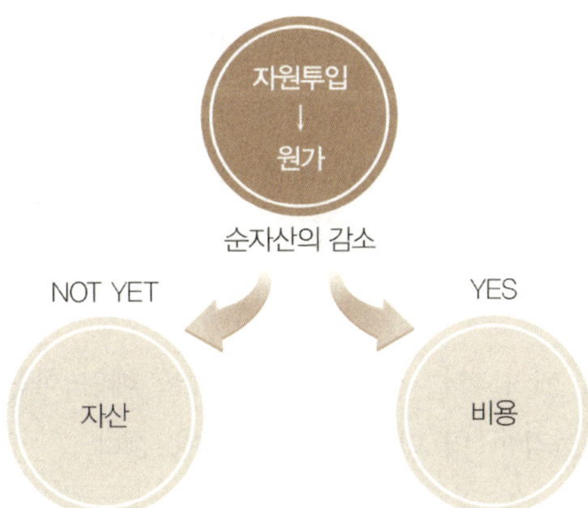

하지만, 재료원가와 노무원가의 투입으로 인해 만들어진 제품 역시 매출 시점이 되면 원가로 투입된다. 매출을 발생시키기 위해 기업이 만든 제품을 구매하는 사람에게 넘겨주게 되는데, 이때 넘겨준 제품의 가격이 매출을 위한 원가, 즉 매출원가이고 앞서 지출했던 재료원가와 노무원가는 이때 비로소 비용이 되어 기업의 자산에서 사라지게 되는 것이다.

〈만들어진 제품을 판매하면 매출로 돌아온다〉

판매 매출

결국 원가는 특정한 목적을 위해 자산을 사용하는 것인데, 이 원가의 투입으로 인해 다른 자산(제품)이 생기거나 그대로 없어져서 손익계산서에 비용으로 기록되기도 한다. 또 이렇게 생겨난 자산은 다시 원가로 투입되는 과정을 거쳐 또 다른 자산이 되거나 없어져서 비용화된다.

원가절감을 해야 하는 걸까? 비용절감을 해야 하는 걸까? 말장난 같지만, 원가절감이 더 맞는 이야기일 것 같다.

제조원가와 판매관리원가

재무제표를 작성할 때는 원가를 두 가지로 구분한다. 제조원가와 판매관리원가이다. 제조원가는 앞서 나온 재료원가, 노무원가를 비롯해 생산활동과 관련하여 투입한 원가이며 판매관리원가는 유통, 판매, 마케팅 등 판매업무나 관리업무를 위해 투입한 원가이다.

〈원가의 구분〉

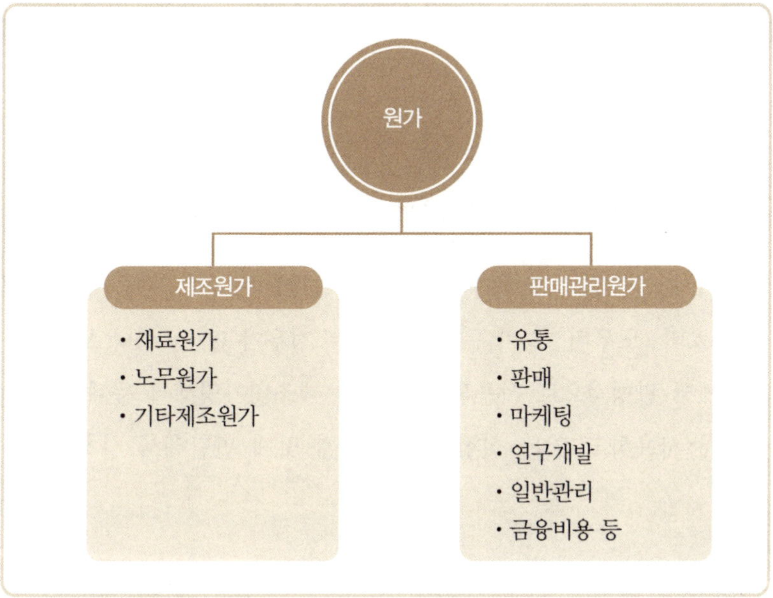

두 원가의 가장 큰 차이점은 제조원가는 원가 투입 시점에 비용처리 되지 않고 제품의 가격을 형성하는 데 비해, 판매관리원가는 투입 시점에 바로 자산이 바로 소멸되어 손익계산서에 비용으로 기록된다는 점이다. 그래서 우리는 판매관리원가보다는 판매비와관리비라는 용어를 더 자주 사용하고 있다. 또 이러한 판매관리원가는 지출한 기간에 소멸된다고 하여 기간원가라고 하기도 한다.

〈제품원가와 기간원가〉

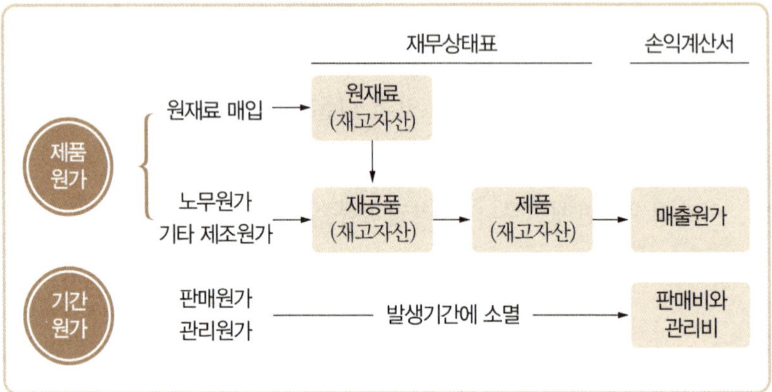

재료원가, 노무원가, 기타제조원가 vs 재료비, 노무비, 경비

여기서 언급된 재료원가, 노무원가, 기타제조원가 등을 실무에서는 재료비, 노무비, 경비 등으로 부르는 경우가 많다. 워낙 오랫동안 실무에서 관행적으로 사용된 용어라서 제조원가명세서 등에서도 혼용해서 사용하고 있는 실정이니 경우에 맞게 판단해서 사용하도록 하자.

02

단계별 이익을 보여주는 손익계산서

이번에는 손익계산서를 자세히 살펴보기로 하자. 손익계산서는 기업의 경영성과를 보여주는 아주 간단한 보고서 같지만, 기업마다 그 형태도 다양하고, 구성방식도 다양해서 주의해서 보아야 한다. 유념할 점은 이름과 형태가 아무리 달라도 수익에서 비용을 빼서 이익을 보여주는 재무제표라는 사실은 변함이 없다는 것이다.

손익계산서에 나타나는 다양한 이익

손익계산서는 벌어들인 돈을 보여주는 수익과 쓴 돈을 보여주는 비용, 남은 돈을 보여주는 이익으로 이루어져 있다. 이렇게 세 가지로 간단하게 손익계산서를 보여주면 좋겠지만, 실제 손익계산서는 좀 다른 구조로 되어있다. 그것은 정보를 사용하는 사람들에게 더 좋은 정보를 제공해 주기 위함이다.

〈손익계산서의 일반적인 구조〉

제××기 20×1년 1월 1일부터 20×1년 12월 31일까지

	매출액	
−	매출원가	
=	매출총이익	
−	판매비와관리비	
=	영업이익	
+	영업외수익	영업외손익
−	영업외비용	영업외손익
=	법인세비용차감전순이익	
−	법인세비용	
=	당기순이익	

손익계산서는 매출액부터 시작한다. 매출액은 일정 기간 기업이 벌어들인 금액을 의미하며, 일반적으로 재화나 서비스를 판매하고 받는 금액이다. 다만 앞서 언급한 것처럼 현금수입과 반드시 일치하지는 않는다. 또 매출액이 많다고 해도 비용이 많으면 이익이 나지 않는다는 것은 당연한 사실이다.

매출총이익

매출총이익은 매출액에서 매출원가를 빼서 보여주는데, 매출원가는 판매한 재화나 서비스를 만드는데 들어간 금액이며, 우리가 일반적으로 원가라고 부르는 것이다.

결국, 매출총이익은 매출액에서 제품이나 서비스를 만드는데 사용된 원자재와 노무비, 또는 상품 구매비 등을 빼서 기업이 얼마나 많은 금액을 남겼는지를 보여준다. 이 매출총이익은 제품이나 서비스 자체의 수익성을 보여주는 지표가 된다.

영업이익

다음 단계로 매출총이익에서 판매비와관리비를 빼서 영업이익을 산출한다. 영업이익은 기업이 영위하고 있는 사업을 통해 얼마만큼을 벌어들였는지 보여준다. 결국, 영업이익은 기업의 영업능력을 보여주는 지표가 된다.

영업외손익

다음으로는 영업외수익을 더하고 영업외비용을 빼서 영업외손익을 계산한다. 영업외손익은 영업활동보다는 기타 활동에서 벌어들이거나 쓴 금액을 말한다. 이 영업외손익에는 기업의 투자활동(실물투자와 관련된 비용은 매출원가나 판매비와관리비에 포함된다. 여기서 말하는 투자활동은 여유자금의 활용과 관련된 손익을 말한다)이나 자금조달과 관련된 손익(대표적으로 이자수익과 이자비용이 있다)을 말한다. 특히 영업외손익을 그다지 중요하지 않게 생각하는 경우가 많은데, 영업외비용에 기업이 조달한 차입금에 대한 이자비용이 나타나기 때문에 반드시 이자비용의 수준에 대해 검토해야 한다.

당기순이익

이렇게 계산한 영업외손익을 영업이익에서 빼고 나면 법인세비용차감전순이익이 도출되고, 여기에 법인세비용을 빼면 손익계산서의 최종 수치인 당기순이익이 도출된다. 당기순이익은 기업의 최종이익으로서 출자자들이 투자로 인해 벌게 된 총 금액을 의미한다.

손익계산서를 볼 때 가장 먼저 확인해야 하는 사항은 두말할 필요 없이 매출액과 당기순이익이다. 이 두 수치의 추이가 어떤지를 확인하는 것이 손익계산서를 읽을 때 첫 번째로 해야 할 일이다. 그 이유는 매출이라는 것이 기업이 돈을 벌어들이는 결정적인 수단이며, 당기순이익은 기업이 최종적으로 남긴 금액이기 때문이다. 매출액과 당기순이익이 동시에 증가하여야 하고, 매출액의 성장률보다 당기순이익의 성장률이 더 크게 증가하고 있으면 더 좋을 것이다.

영업이익은 기업의 능력

손익계산서의 구조를 이처럼 복잡하게 만드는 이유는 정보를 이용하는 사람들을 위한 것이다. 그중에서도 특히 중요한 부분은 손익계산서가 영업이익과 영업외손익을 구분해서 보여주고 있다는 점이다.

여기 각각 다른 기업에서 직장생활을 하는 두 직장인이 있다. 두 사람의 1년간의 소득과 지출이 아래와 같다고 한다.

한성실		한대박	
소득		소득	
급여 :	4,000만원	급여 :	2,000만원
예금이자 :	400만원		
주식투자이익 :	100만원	주식투자이익 :	2,500만원

지출		지출	
각종공과금 :	500만원	각종공과금 :	500만원
생활비 :	1,000만원	생활비 :	1,000만원
대출이자 :	50만원	선물투기손실 :	50만원

두 사람은 소득과 지출이 같아서 1년간 저축한 금액은 같을 것이다. 그렇다면 두 사람 중 누가 더 경제적으로 안정적인 사람일까? 모두 한성실씨를 지목했을 것이다. 그냥 대충 봐도 한대박씨는 소득의 많은 부분을 불확실성이 높은 주식에 의존하고 있지만 한성실씨는 급여가 많아 내년에도 안정적인 소득을 올릴 수 있을 것이기 때문이다. 만약 두 사람의 소득구조를 손익계산서를 통해 나타내면 다음과 같이 작성할 수 있다.

한성실씨의 손익계산서		**한대박씨의 손익계산서**	
매출액	4,000만원	매출액	2,000만원
매출원가	1,000만원	매출원가	1,000만원
매출총이익	3,000만원	매출총이익	1,000만원
판매비와관리비	500만원	판매비와관리비	500만원
영업이익	2,500만원	영업이익	500만원
영업외수익	500만원	영업외수익	2,500만원
영업외비용	50만원	영업외비용	50만원
당기순이익	2,950만원	당기순이익	2,950만원

두 사람의 당기순이익은 2,950만원으로 같지만, 영업이익은 큰 차

이를 보인다. 영업이익과 영업외손익을 구분해서 보여주는 이유가 바로 여기에 있다. 영업이익은 기업이 본래의 사업을 영위하면서 꾸준히 발생시킬 수 있는 이익이며 추세를 가지는 데 비해, 영업외손익은 기업 본래의 사업과 직접적인 관련이 없으며 일시적이거나 우연으로 발생할 수 있는 이익이다.

비록 당기순이익이 기업이 벌어들인 최종 이익이지만, 당기순이익만 확인해서는 기업의 사업능력을 판단하기 어려울 때가 많다. 따라서 장기적인 관점에서 기업의 수익성을 평가할 때는 반드시 영업이익을 같이 고려해야만 한다.

03

비용지출과 매출의 발생

영업수익과 영업외수익

사람이 돈을 버는 방법은 크게 두 가지로 나누어 볼 수 있다. 첫 번째는 일해서 돈을 버는 방법이고, 두 번째는 그렇게 번 돈을 활용해서 돈을 버는 방법이다. 기업 역시 이 두 가지 방법으로 돈을 번다. 기업이 일해서 벌어들이는 것이 영업수익이고, 다른 방법을 통해 벌어들이는 것이 영업외수익이다.

영업수익은 매출액을 뜻한다. 매출액은 업종에 따라 당연히 다르다. 현대자동차는 자동차를 판매하여 벌어들이는 것이 매출액이고, 대우건설은 부동산을 만들어 판매하는 것이 매출액이다. 또 은행 같은 경우는 이자수입이 매출액이 될 것이다. 다만, 금융기관들은 이를 매출액이라고 표시하지 않고, 영업수익으로 표시하거나 이자수익이나 수수료수익으로 표시하는 경우가 많다.

〈주식회사 우리은행의 부분 손익계산서〉

주식회사 우리은행 (단위 : 백만원)

과 목	당기		전기	
Ⅰ. 영업이익		870,894		344,923
1. 순이자이익	4,090,778		4,190,476	
(1) 이자수익	8,418,931		8,783,349	
(2) 이자비용	4,328,153		4,592,873	
2. 순수수료이익	795,292		789,881	
(1) 수수료수익	927,653		935,893	
(2) 수수료비용	132,361		146,012	
3. 배당수익	183,452		83,202	
4. 당기손익인식금융상품 관련손익	169,537		148,476	
5. 매도가능금융자산관련손익	(92,379)		(61,525)	
6. 신용손실에 대한 손상차손	(928,492)		(2,084,365)	
7. 일반관리비	(2,655,157)		(2,551,622)	
8. 기타영업손익	(692,137)		(169,600)	
Ⅱ. 영업외손익		(27,915)		93,627
1. 종속기업및관계기업 투자자산 평가손익	(84,042)		(6,926)	
2. 기타영업외손익	56,127		100,553	

영업외수익은 이외에 이자수익(금융기관은 이자수익이 영업수익임을 잊지 말자)이나 자산처분이익 등 실제 영업활동과는 크게 관련이 없는 수익이 기록된다.

매출액이 증가만 하면 좋은 것일까?

페인트업계의 대표적인 기업 삼화페인트는 2009년에 비해 2010년에 매출액이 약 12%, 421억원이 증가했다. 그러면 당연히 영업이익도 늘어나야 하지만, 영업이익은 거꾸로 감소하고 말았다.

〈삼화페인트공업㈜ 부분 손익계산서〉

2009년 연간		2010년 연간		2011년 연간	
매출액	3,416억원	매출액	3,837억원	매출액	3,907억원
매출원가	2,845억원	매출원가	3,257억원	매출원가	3,245억원
매출총이익	571억원	매출총이익	580억원	매출총이익	662억원
판매비와관리비	397억원	판매비와관리비	477억원	판매비와관리비	465억원
영업이익	174억원	영업이익	103억원	영업이익	197억원

비록 매출액은 상승했지만, 매출액의 상승률보다 매출원가와 판매비와관리비의 상승률이 더 높았기 때문이다. 즉 매출은 많이 올렸지만, 수익성은 오히려 악화된 것이다. 따라서 매출액을 확인할 때는 반드시 매출원가를 같이 확인하고, 더불어 매출액에서 매출원가를 뺀 매출총이익도 같이 살펴보아야만 한다. 기업의 외형(매출액)이 커졌다고 해서 이익(내실)도 커진다는 보장이 없기 때문이다.

반대로 2010년에 비해 2011년에는 매출액은 얼마 늘지 않았지만, 매출원가와 판매비와관리비가 감소하면서 매출총이익과 영업이익이 큰 폭으로 증가했다. 즉 수익성이 좋아졌다는 뜻이다. 기업을 볼 때 매출액만 가지고 평가하는 잘못된 습관을 버리자는 것이다.

매출원가율과 매출총이익률

매출액에서 매출원가를 빼서 매출총이익을 산출한다. 그래서 기업의 수익구조를 볼 때 일반적으로 매출액 대비 매출원가가 어느 정도 수준인지 또는 매출액 대비 매출총이익이 어느 정도 수준인지를 확인하여야 한다. 당연히 매출원가율은 낮을수록 매출총이익률은 높을수록 수익구조가 좋다고 할 수 있다.

$$\text{매출원가율(\%)} = \frac{\text{매출원가}}{\text{매출액}} \times 100$$

※ 매출액에서 원가가 차지하는 비중을 나타낸다.

$$\text{매출 총이익률(\%)} = \frac{\text{매출총이익}}{\text{매출액}} \times 100$$

※ 매출액대비 어느 정도의 매출총이익이 발생하는지 보여준다.

이런 매출원가율과 매출총이익률은 업종의 특성에 맞게 다양하게 나타난다. 정유업계처럼 재료비의 비중이 큰 경우에는 일반적으로 매출원가율은 높게, 매출총이익률은 낮게 나타난다. 따라서 산업의 평균적인 원가구조가 어떤지 확인하고 한 기업의 원가구조나 수익구조가 좋은지를 판단하기 위해 산업의 매출원가율이나 매출총이익률을 같이 살펴보아야 할 것이다.

우리나라의 경우 제조업의 매출액대비 매출원가 비율이 약 85% 정도로 나타나며, 이에 따라 매출총이익률이 15% 정도가 나오는 것이 일반적이다.

매출원가는 제조원가에서 출발한다

손익계산서에는 매출액 바로 아래에 일반적으로 매출원가가 자리한다. 매출원가가 무엇인가? 앞서 손익계산서의 구조에서도 보았듯이 매출을 일으키기 위해 투입하는 원가이다. 즉 판매된 재화나 서비스를 만드는데 들어간 원가를 의미한다. 문제는 제조원가 역시 재화나 서비스를 만드는데 들어간 원가라는 점이다. 어떤 차이가 있을까?

차이의 원인은 '판매된'이라는 말에 있다. 제조원가로 투입된 원가는 우선 재고라는 자산으로 바뀌게 된다. 이 자산은 판매될 때까지는 기업의 자산으로 남아 있다가 매출을 일으키기 위해 이 재고자산이 팔리는 순간(거래처에 재고를 제공하는 순간) 매출을 위한 원가로 투입된다.

결국, 제조원가로 투입된 금액은 재고자산으로 바뀌었다가 이 자산의 판매와 동시에 매출을 위한 원가로 투입되는 것이다. 이는 올해 제조를 위해서 투입된 모든 금액이 손익계산서에 비용으로 가지는 않는다는 중요한 의미를 가진다. 즉 올해 투입한 제조원가는 판매 여부에 따라 자산으로 남아 있기도 하고, 매출원가(비용)로 없어지기도 한다.

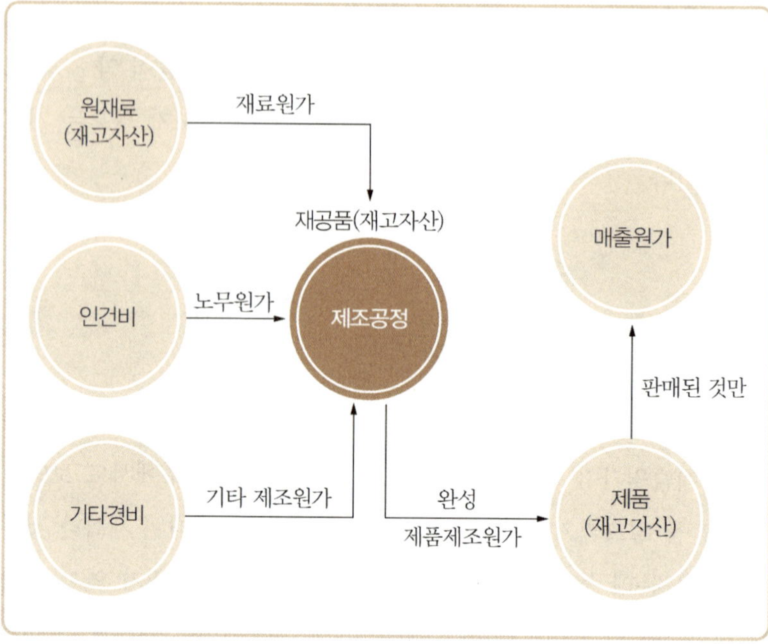

※ 제조원가 중 판매된 부분만 비용이 된다.

판매 없이 이익을 늘리는 마술

제조원가는 제품(미판매분, 자산)으로 기업에 남든지 판매되어 매출원가(판매분, 비용)로 손익계산서에 비용화 되든지 둘 중 하나의 길을 가게 된다. 이 사실은 반드시 기억해야 한다. 왜냐하면, 기업이 생산량을 이용해서 매출원가를 낮추는 방법을 사용하기도 하기 때문이다. 생산량을 증가시키면 마치 마술을 부린 것처럼 이익이 늘어나게 된다.

제조업에 속하는 ㈜부천은 올해 처음 사업을 시작해 100개의 제품을 판매하였다. 제조와 관련된 자료는 다음과 같다.

상황1

- 판매량 : 100개 (매출액 총 50,000,000원)
- 생산량 : 100개 (판매량과 같음)
- 재료원가 : 100개 × 100,000원 = 10,000,000원
- 고정급을 지급하는 노무원가 : 총 20,000,000원

이 경우에는 재료원가 10,000,000원, 노무원가 20,000,000원으로 총 제조원가는 30,000,000원이 된다. 생산량이 100개이므로 1개당 제조원가는 300,000원(30,000,000원/100개)이 되고, 이 100개가 모두 판매되었기 때문에 매출원가 역시 30,000,000원(100개×300,000원)이 기록된다. 따라서 매출총이익은 20,000,000원(50,000,000원−30,000,000원)이 된다.

하지만 다음의 경우에는 판매량이 같음에도 불구하고 매출총이익이 달라진다.

상황2 : 상황1에서 생산량만 늘렸을 경우

- 판매량 : 100개 (매출액 총 50,000,000원)
- 생산량 : 200개
- 재료원가 : 200개 × 100,000원 = 20,000,000원
- 고정급을 지급하는 노무원가 : 총 20,000,000원

이 경우의 매출원가를 살펴보자. 우선 재료원가는 총 20,000,000

원으로 생산량 증가에 맞춰 증가하지만, 노무원가는 생산량과 관계없이 일정하다. 따라서 총제조원가는 40,000,000원이 되고, 단위당 제조원가는 200,000원(40,000,000원/200개)이 된다. 자, 어떤가. 그저 생산량만 증가시켰을 뿐인데 단위당 원가가 감소했다. 그리고 매출원가도 감소할 것이다. 이 경우 매출원가는 판매된 100개의 제조원가에 해당하는 20,000,000원이 된다. 매출총이익 역시 상황1보다 10,000,000원 증가한 30,000,000원으로 바뀐다.

상황1

생산량	100개
판매량	100개
재료원가	10,000,000원(100개×100,000원)
노무원가	20,000,000원
총제조원가	30,000,000원
생산량	100개
단위당 제조원가	300,000원
매출액	50,000,000원(100개×500,000원)
매출원가	30,000,000원(100개×300,000원)
매출총이익	20,000,000원
재고자산	0원

상황2

생산량	200개
판매량	100개
재료원가	20,000,000원(200개×100,000원)
노무원가	20,000,000원

총제조원가	40,000,000원
생산량	200개
단위당 제조원가	200,000원
매출액	50,000,000원(100개×500,000원)
매출원가	20,000,000원(100개×200,000원)
매출총이익	30,000,000원
재고자산	20,000,000원(100개×200,000원)

이처럼 생산량을 늘리면 단위당 원가가 감소한다. 같은 돈(고정원가)을 들여서 100개를 만드는 것보다는 200개를 만들면 단위당 제조원가가 감소하기 때문이다. 그렇다면 같은 돈을 냈으니 많이 만드는 것이 좋은 것 아닐까? 하지만 제조원가에는 고정원가만 있는 것은 아니다. 생산량이 늘어날수록 늘어나는 재료비 등 변동원가는 어떻게 할 것인가? 또 만들어 놓은 제품의 관리비용은 어떻게 할 것인가? 대책 없이 많이 생산하면 당장은 손익계산서상 이익이 크게 나와 좋을지 모르지만, 점점 기업의 현금은 증발해버릴 것이다.

이런 경우 제품을 만들기 위해 돈을 쓰지만, 비용으로는 잡히지 않는다. 하지만 무리해서 만든 재고는 결국 기업의 생존을 압박하는 부메랑으로 돌아오게 된다. 이런 것을 확인하려면 어떻게 해야 할까? 매출수준에 비해 재고가 많이 증가한 것은 아닌지 확인하면 된다. 단위당 제조원가를 낮춰 매출원가를 낮게 산출한 기업은 생산을 과도하게 했을 것이고, 그에 따라 매출수준보다 재고수준이 많이 증가했을 것이다. 앞서 나온 재고자산회전율을 같이 검토해 보면 된다. 재고자산회전율이 감소했다면 매출수준보다 재고자산의 금액이 늘어난 것이고, 이는 다른 수치가 좋아졌다고 하더라도 재고의 증가로 인해 기업이 압박을 받을 수 있다는 것이다.

원가를 기준으로 한 판매가격 결정

기업은 경영활동을 수행하면서 다양한 원가를 발생시킨다. 제품을 기준으로 개발단계에서부터 생산을 거쳐 판매 후 고객 서비스 단계까지 원가를 그 특징에 따라 구분해보면 다음과 같다.

〈경영활동에서 발생하는 다양한 원가들〉

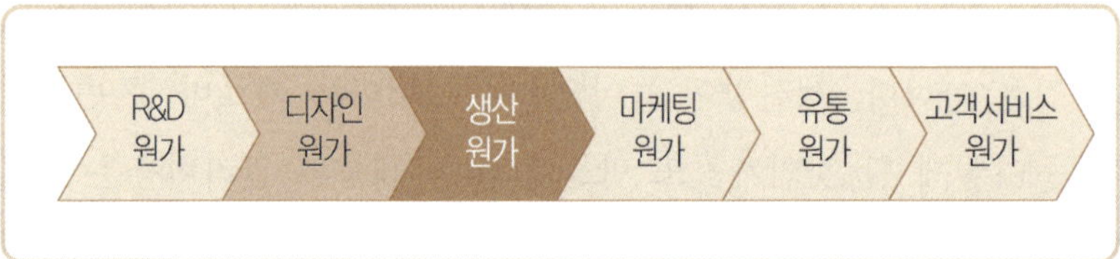

기업이 원가 측면에서 판매가격을 결정할 때 위에 언급된 원가 중 어디부터 어디까지 고려해야 할까? 기업이 다양한 원가를 쓰는 이유는 결국 한 가지 목적을 위해서이다. 바로 매출을 올리기 위함이다. 기업이 정상적으로 경영활동을 수행하고 있다면(기업이 자금부족을 메우기 위해 유형자산 등을 팔고 있는 상황처럼 특수한 경우가 아니라면) 경영활동에서 사용하는 다양한 원가들을 회수하는 방법은 매출밖에 없다.

즉 매출을 통해 저 많은 원가를 건져내야 한다. 이외에도 자금을 조달하는 과정에서 비용이 발생하기도 하는데(이자비용 등) 이러한 부분들도 고려해서 제품의 판매가격을 결정해야 한다.

판매와 관리는 공짜가 아니다

한때 한 대형할인점에서 잠깐 저렴한 치킨을 판매한 적이 있다. 이때 많은 동네 프랜차이즈 치킨 가게들은 손해를 감수하고 판매하는 미끼상품이라고 성토를 했고, 해당 대형할인점은 손해를 보고 파는 것이 아니라고 주장했다. 어떻게 이런 상반된 주장이 나오는 것일까?

앞서 재료비만을 가지고 판매가격과 비교하는 잘못된 경우를 예로 들었다. 헌데 가끔 제조원가만을 가지고 판매가격을 결정하는 경우도 종종 볼 수 있다. 판매가격이 제조원가보다 높으면 물론 매출총이익이 발생하겠지만, 판매활동과 관리활동에 드는 원가는 누가 보상해 준다는 말인가? 간혹 판매와 관리가 공짜인 것처럼 의사결정을 하는 경우를 볼 수 있는데, 판매와 관리는 결코 공짜가 아니다. 특히 최근 들어 일반소비자들을 대상으로 제품을 판매하는 기업들의 경우에는 광고비나 사후서비스비용 등의 비용이 빠른 속도로 늘어나고 있다.

결국 대형할인점의 저렴한 치킨 사건은 매장임차료, 전기사용료, 광고, 배달비용 같은 판매비와관리비를 모두 치킨 상품으로만 회수해야 하는 동네 치킨집의 입장과 이미 기존에 할인점을 운영하기 위해 크게 지출하고 있었던 판매비와관리비가 추가로 치킨을 만들어 판다고 해도 그다지 증가하지 않는 대형할인점의 원가구조 차이 때문에 나타난 현상이라고 할 수 있다.

기업의 사업능력을 보여주는 영업이익률

매출총이익에서 판매비와관리비를 빼면 영업이익이 도출된다. 매출수준보다 영업이익이 어느 정도 수준인지를 파악할 때 보통 영업이익률(매출액영업이익률)을 활용한다.

$$\text{판매비와 관리비 비율(\%)} = \frac{\text{판매비와 관리비}}{\text{매출액}} \times 100$$

※ 매출로 벌어들인 수익 중에서 판매비와관리비로 지출되는 비용의 비중을 나타낸다.

$$\text{영업이익률(\%)} = \frac{\text{영업이익}}{\text{매출액}} \times 100$$

※ 매출액 대비 영업이익이 얼마나 나오고 있는지를 보여준다.

판매비와관리비비율은 매출원가율이나 매출총이익률과 마찬가지로 업종의 특성에 따라 다양하게 나타난다. 의류업계처럼 광고비가 많이 지출되거나 백화점업종처럼 감가상각비가 많이 지출되는 경우에는 판매비와관리비가 상대적으로 높게 나타난다. 다만, 재미있는 사실은 매출원가율이 높은 업종은 상대적으로 판매비와관리비비율이 낮고, 매출원가율이 낮은 업종은 상대적으로 판매비와관리비비율이 높다는 것이다. 왜 그럴까? 둘 다 높으면 기업들이 그 업종을 영위하지 않을 것이기 때문이다. 예를 들어 제약 및 식음료 업체는 원가율은 낮지만 판매비와관리비 부담이 높으며 자동차부품 제조업체는 판매비와관리비 부담은 낮지만, 원가율이 상대적으로 높다.

따라서 매출총이익률은 산업구조에 따라 업종별로 그 비율의 편차가 매우 크지만, 판매비와관리비까지 고려한 영업이익률은 상대적으로 업종별 편차가 크지 않으며 기업의 수익구조를 분석하기 위해서는 제조원가 및 판매비와관리비 등 주요 비용항목 간의 유기적인 분석을 통해 수익성변동의 원인 및 영향을 분석하고 앞으로 그 원인이 계속될 경우의 영향 등을 비교해봐야 한다.

우리나라 기업들의 영업이익률은 업종별로 큰 편차를 보이지 않고, 약 5% 정도를 달성하면 평균치를 달성하였다고 본다.

영업외비용과 법인세비용

영업외비용

영업외비용은 영업외수익과 마찬가지로 본래의 영업활동 이외의 활동, 즉 재무활동이나 여유자금의 활용을 통해서 나타나는 비용이다. 대부분 기업은 이 영업외비용에 이자비용이나 외화 관련 환손실 등이 나타나게 되는데, 때로는 주의 깊게 보아야 하는 비용이 발생하기도 한다.

영업외비용에는 계속 발생하는 이자비용 같은 항목도 있지만, 투자자산처분손실이나 유형자산폐기손실, 자산손상 등 일시적인 비용이 대부분이다. 이러한 항목들이 발생하면 기업에 타격이 큰 사건이 발생했다고 볼 수 있다. 특히 자산손상이 발생한 경우에는 그 자산손상이 무엇으로부터 기인한 것인지 또 재무제표에 미치는 영향은 어떠한지 반드시 살펴보아야 한다.

법인세비용

법인세비용은 기업의 소득세이다. 기업의 소득은 이익을 뜻하고, 여기에 법인세율을 곱해서 법인세를 낸다. 결국, 이익이 많이 날수록 많은 세금을 내고, 이익이 많이 날수록 법인세비용 역시 올라간다.

다만, 회계기준과 세법의 차이 때문에 손익계산서상 이익과 세금부과의 기준이 되는 과세소득(세법상 이익)이 다른데, 이는 기본적으로 기업이 이익을 부풀리려 한다고 보는 회계기준과 이익을 적게 계상해서 세금을 적게 내려 한다고 보는 세법의 시각차에서 비롯되었다고 할 수 있다.

기업의 최종 성과물 – 당기순이익

당기순이익은 법인세비용까지 고려한 기업의 최종성과물이면서, 출자자들에게 귀속되는 이익이다. 당기순이익은 재무상태표의 자본을 증가시켜주며, 출자자들이 배당으로 가져갈 수 있는 이익이 된다.

$$\text{당기 순이익률(\%)} = \frac{\text{당기순이익}}{\text{매출액}} \times 100$$

※ 매출액 대비 당기순이익이 얼마나 나오고 있는지를 보여준다.

당기순이익률(매출액순이익률)은 매출에서 시작해서 산출된 기업의 최종 이익인 당기순이익이 과연 매출액 대비 얼마나 되는지를 평가해 보는 지표이며, 우리나라 기업들의 당기순이익률은 보통 1~3% 정도로 나타난다.

04

가장 중요한 투자 대비 수익률

매출 대비 수익률 투자 대비 수익률

필자의 친구 중에는 항상 사업하는 주변 친구들을 부러운 눈으로 바라보는 친구가 한 명 있다. 'A네 가게는 순익률이 무려 50%래. 천만원 팔아서 오백만원 남는다더라' 등 본인이 직접 사업을 하지는 않을 것이면서 사업하는 친구들을 부러워한다. 하지만 A의 회계와 세무 상담을 하는 필자는 사업하는 이 친구가 생각보다는 많이 남기지 못하고 있는 것을 잘 알고 있다. 수익률이 무려 50%에 달하는 필자의 친구는 무엇이 문제일까?

A는 사업하기 위해 본인의 자금 10억원을 투자했다. 1년에 벌어들이는 이익이 6천만원이라고 한다면, 투자수익률은 6% 정도인 것이다. 비록 매출액 대비 수익률이 50%에 달해 매우 높기는 하지만 A의 입장에서는 별로 남지 않는다고 생각할 것이다. 더구나 A는 기업체에서 일할 때 연봉이 5천만원 정도였다. 차라리 기업체에서 계속 일했다면 연봉 5천만원에 은행이자 4천만원(이자율 4% 가정)을 합쳐서

거의 1억원에 가까운 돈을 벌 수 있었을 것이다.

우리는 본인이 직접 투자할 때는 투자금액 대비 수익률을 더 중요하게 보면서도 기업이나 남들이 투자한 것을 볼 때는 투자금액을 보지 않고 그저 매출 대비 수익률만 보는 경향이 있다. 하지만 모든 사업은 투자금액 대비 수익률을 높이는 것이 최종목표이다. 매출 대비 수익률을 높여야 하긴 하지만, 매출 대비 수익률을 높이는 것은 최종적으로 투자 대비 수익률을 높이기 위한 중간 단계일 뿐이다.

총자산순이익률

기업의 총투자금액 대비 이익은 얼마일까? 기업의 활동과 재무제표와의 관계에서 그 정보를 쉽게 찾아볼 수 있다.

〈자금조달과 당기순이익〉

기업의 활동을 자금조달 → 투자 → 이익이라고 하면 그에 해당하는 자금조달 내용은 부채와 자본에, 투자내용은 자산에 나타나고, 이익은 손익계산서에 나타난다. 기업의 입장에서는 현재 투자하고 있는 총금액은 총자산금액이라고 할 수 있다. 따라서 기업의 총투자금액 대비 수익률은 총자산과 당기순이익을 비교해서 구할 수 있는데, 이를 총자산순이익률이라고 하며, 실무에서는 ROA (Return On Assets)라는 용어를 더 많이 사용하고 있다.

$$\text{총자산순이익률(\%)} = \frac{\text{당기순이익}}{\text{총자산(총투자금액)}} \times 100$$

※ ROA는 기업의 총투자금액 대비 당기순이익이 어느 정도인지를 보여준다.

이러한 ROA는 경영자가 조달된 자본으로 어느 정도의 이익을 만들어 내고 있는지를 나타내는 비율이다. ROA가 경쟁사나 산업평균보다 높으면 총자산을 활용한 이익창출능력이 좋은 것으로 판단할 수 있다.

반대로 이익창출능력의 저하와 같은 기업 내부적인 요인이나 시장경기의 둔화, 시장개방에 따른 업계 전체의 수익성 약화 등의 기업 외적인 요인이 나타나면 전년도보다 ROA가 하락할 수 있다.

자기자본순이익률

기업은 출자자들의 부를 높이기 위해 존재한다. 경영자는 출자자들로부터 경영권을 위임받아 출자자들의 부를 높이기 위해 노력하는데 경영자가 출자자들에게 충분한 이익을 돌려주지 못한다면, 출자자들로부터 해고당할 수도 있다. 기업의 최종 이익은 결국 투자자들에게 귀속될 것이며, 앞서 언급한 대로 사업의 최종 목표가 투자금액 대비 이익을 높이는 것이라고 한다면, 결국 기업의 최종 목표는 출자자들의 수익률을 높이는 것이 될 것이다.

그렇다면 출자자들의 투자금액은 어떻게 확인할 수 있을까?

부채와 자본은 기업이 조달한 자금의 크기를 나타낸다. 반대로 보면 부채는 채권자들의 투자금액이고 자본은 출자자들의 투자금액이다. 따라서 출자자들의 투자금액인 자본총액과 출자자들의 부의 증가분인 당기순이익을 비교해 보면 출자자들의 투자금액 대비 수익률을 측정해 볼 수 있다.

〈자금조달과 당기순이익〉

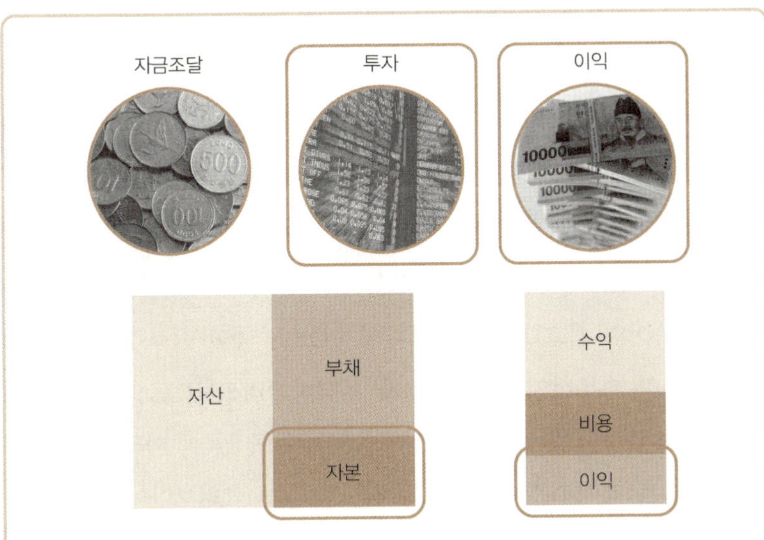

이를 자기자본순이익률이라고 하며, ROA와 마찬가지로 ROE (Return On Equity)라는 용어를 실무에서 더 많이 사용하고 있다.

$$\text{자기자본 순이익률 ROE(\%)} = \frac{\text{당기순이익}}{\text{자본(출자자들의 투자금액)}} \times 100$$

※ ROE는 출자자들의 투자금액 대비 수익률을 보여준다.

ROA가 경영자 입장에서의 수익성을 나타내는 데 반해 ROE는 출자자지분인 자본의 이익창출능력을 나타낸다. ROE가 높다는 것은 자기자본이 매우 효율적으로 운용되고 있음을 의미하며, ROE가 출자자들의 기대에 미치지 못하는 경우 출자자들이 더는 기업에 투자할 이유가 없어지기 때문에 기업의 경영활동이 위축되어 주식가치를 떨어뜨리는 원인으로 작용한다.

하지만 여기에서 반드시 고려해야 할 점이 있다. ROA가 그대로인 상태에서 ROE를 높이는 방법이 존재한다는 점이다. 바로 부채의 레버리지효과를 이용하는 방법이다. 경영자가 재무위험을 크게 부담하고, 출자자들로부터 자금을 조달하는 자본 대신 채권자들로부터 부채로 조달한다면, 자산규모는 같지만, 부채금액이 커지고 자본금액은 작아진다. 이익이 그대로라고 한다면 ROE가 높아지는 것이다. 경영자는 차라리 재무적인 위험을 크게 부담하더라도 ROE를 높이기 위해 부채로만 자금을 조달하는 전략을 쓸 수도 있다. 따라서 ROE가 높은 기업은 부채수준이 너무 높지는 않은지 살펴보아야만 한다.

출자자들이 원하는 수익률

한 기업의 재무상태와 경영성과가 다음과 같은 기업이 있다고 해보자. 이 기업에 투자한 출자자들의 수익률인 ROE는 10%(순이익 1억원/자본 10억원)이다. 그렇다면 출자자들은 이 기업의 경영자가 달성한 이익에 대해 과연 만족하고 있을까?

앞서도 언급했지만, 수익률에 대해 판단을 할 때에는 비교 대상이 필요하다. 이 사례에서는 어떤 수익률이 비교 대상이 될까? 정기예금 이자율? 주식수익률? 하지만 지금 그런 정보는 없다. 여기에서 확인할 수 있는 수익률은 채권자들의 수익률인 이자율 10% 밖에 없다. 바로 이 채권자들의 수익률이 비교 대상이 된다. 그렇다면 과연 채권자들의 수익률과 같은 10%의 ROE가 나온 이 기업의 출자자들은 수익률에 대해서 만족하고 있을까?

〈자금조달방법과 위험도〉

자금을 투자하는 입장에서 부채로 투자하는 것과 자본으로 투자하는 것 중 무엇이 위험한 것인지는 앞서 언급한 바와 같다. 당연히 만기나 일정한 수익이 보장되지 않는 자본으로 투자하는 것이 더 위험한 투자방법이다. 투자자의 위험은 재무상태표의 오른쪽에서 위로 올라갈수록 줄어들고 아래쪽으로 내려갈수록 증가한다. 그렇다면 위험을 더 많이 부담하는 투자자들은 상대적으로 위험을 적게 부담하는 투자자들보다는 더 높은 수익률을 원할 것이다. 만약 ROE가 채권자들의 수익률보다 낮은 수준이라면 출자자들의 입장에서는 경영자의 성과에 대해 만족할 수 없을 것이다.

추가로 유동부채와 비유동부채의 위험도를 비교해보면 투자자의 입장에서는 비유동부채로 투자하는 것이 조금 더 위험부담이 크다. 따라서 같은 조건일 경우 만기가 길수록 채권자들이 원하는 수익률, 이자율은 당연히 올라가야 한다. 만약 상식적으로 만기가 짧은 부채가 이자율이 더 높다고 생각하는 독자가 있다면, 그것은 그 기업의 신용도가 낮아 만기가 짧은 자금만을 조달할 수밖에 없는 상황이라고 말해 주고 싶다.

주주들의 요구수익률

회계정보를 나타낼 때 많이 사용하는 용어 중에 자본비용이 있다. 자본비용은 기업이 자금을 조달하기 위해서는 비용이 든다는 전제하에 자금조달에 대한 대가로 지출하는 비용을 의미하며, 채권자들로부터 조달한 자금에 대한 비용과 출자자들로부터 조달한 자금에 대한 비용을 모두 포괄하는 개념이다.

손익계산서에는 채권자들에게 조달한 자금에 대한 대가인 이자비용은 고려되지만, 출자자들로부터 조달한 자금에 대한 비용은 고려되지 않는다. 이자비용은 명시적으로 결정되어 있지만, 출자자들에 대한 비용은 경영성과가 모두 나타난 다음에만 알 수 있기 때문이다. 따라서 출자자들이 원하는 수준의 수익률을 측정해서 그 수익률을 맞춰주기 위해 기업은 노력하게 된다.

이렇게 출자자들의 원하는 수익률을 출자자들이 제공한 자금에 대한 자본비용으로 보고 채권자들에 대한 자본비용을 타인자본비용, 출자자들에 대한 자본비용을 자기자본비용이라고 한다. 즉 자기자본비용은 출자자들의 기회비용이 되며, 궁극적으로 기업의 ROE가 자기자본비용보다 높게 나와야 기업의 입장에서는 출자자들의 기대를 충족시켰다고 할 수 있다.

〈자금조달방법과 자본비용〉

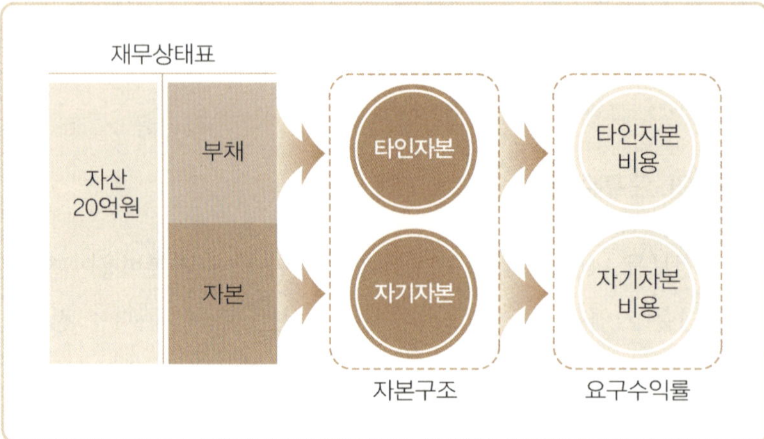

기업은 채권자들이 원하는 수익률인 타인자본비용뿐만 아니라 출자자들이 원하는 수익률인 자기자본비용까지 극복할 수 있는 수준의 이익을 얻어야만 제대로 된 이익을 얻었다고 할 수 있다.

이렇게 생각하자. 기업은 부채를 조달할 때만 비용이 드는 것이 아니라 자본을 조달할 때도 비용이 든다.

05

기업의 목적은 결국 현금

흑자부도

15일 기업회생절차(법정관리)를 신청한 동양건설산업은 지난해 기준시공능력평가 35위의 중견건설업체다. '파라곤'이라는 브랜드의 아파트와 주상복합으로 잘 알려진 기업이다. 1968년 동양고속운수로 출발한 동양건설산업은 다음 해 건설업 면허를 취득하면서 도로, 항만, 철도, 환경 등의 토목사업과 건축 및 주택사업 등을 펼쳐왔다. 2000년대부터 본격적으로 주택 사업에 뛰어들었으며 2005년 운수사업을 동양고속운수로 분사시켜 지금의 체제를 갖췄다.

특히 지난해 동양건설산업은 1조366억원의 매출을 올려 창사 이래 처음으로 1조원 매출을 돌파하는 성과를 거뒀다. 영업이익도 637억원으로 17년 연속 흑자를 달성하는 등 안정적인 성장을 일궜다. (중략) 하지만 인허가 지연 등으로 사업이 늦어져 대주단과 PF 만기 연장을 협의해 왔지만, 삼부토건의 갑작스러운 법정관리로 결국 부담을 이기지 못하고 법정관리를 신청하게 됐다.

[2011.4.15. 뉴시스]

㈜동양건설산업이 2011년 3월 31일에 발표한 실적은 3년 만에 매

출액을 2배 증가시키고, 17년 연속 영업이익으로 아주 좋은 실적이었다. 문제는 이 실적을 발표한 지 보름만인 2011년 4월 15일에 법정관리를 신청했다는 점이다. 무엇이 문제였을까?

〈㈜동양건설산업의 4개년도 요약 손익계산서〉

(단위 : 억원)

항목	2007년	2008년	2009년	2010년
매출액	5,204	7,603	9,957	10,366
영업이익	304	191	109	638
당기순이익	139	56	144	69

기업은 부채 만기에 그 부채를 상환할 현금이 부족하면 부도에 이른다. 손익계산서의 수익과 비용은 현금흐름과 100% 일치하지 않으며, 시차를 두고 나타나는 점을 생각해 보면, 동양건설산업은 비록 매출과 이익은 크게 늘었지만, 현금사정은 좋지 않았을 것이다.

실제로 재무제표 작성의 기본원칙인 발생주의에 따라 손익계산서상 이익이 나더라도 현금은 줄어들 수 있고, 손익계산서상 손실이 나더라도 현금은 늘어날 수 있다. 따라서 재무상태표와 손익계산서와 함께 현금흐름표를 같이 살펴서 기업의 자금 사정에 대해 확인해야만 한다.

기업활동은 세 가지, 현금흐름도 세 가지

기업의 활동은 경영 관리적인 측면에서 자금의 조달, 투자, 이익의 관점에서 나눈다고 하였다. 자금을 조달하는 과정을 재무활동, 투자하는 과정을 투자활동, 이익을 창출하는 과정을 영업활동이라고 할 수 있으며, 현금흐름표 역시 이 개념에 맞추어서 작성된다.

〈기업활동과 현금흐름표〉

영업활동으로 인한 현금흐름

급여를 받거나 사업을 하는 개인은 일반적으로 급여나 사업에서 매출을 일으켜 생활비를 지출한다. 여기서 남는 금액은 고스란히 잉여현금이 된다. 이것을 영업활동이라고 할 수 있다. 이것을 기업의 활동과 비교하면 영업활동이란 상품이나 제품의 제조나 구매, 그리고 경영활동을 하기 위한 일상적인 판매, 관리활동을 뜻할 것이다. 이런 영업활동을 통해 발생하는 현금의 유입과 유출을 영업활동으로 인한 현금흐름이라고 한다. 또, 영업활동으로 인한 현금흐름은 기업의 입장에서는 항상 (+)를 유지하는 것이 좋다. 일해서는 돈을 벌어야 하지 않겠는가? 영업활동으로 인한 현금흐름이 크게 나타나야만 기업의 현금창출능력이 좋다고 할 수 있다. 또 우리가 반드시 기억해야만 할 점은 영업활동으로 인한 현금흐름은 손익계산서상의 영업이익과 일치하지는 않는다는 점이다.

〈삼화페인트공업㈜의 2011년 요약 현금흐름표〉

영업활동으로 인한 현금흐름	324억원(손익계산서상 영업이익 197억원)
투자활동으로 인한 현금흐름	(−)83억원
재무활동으로 인한 현금흐름	(−)151억원
현금의 증가	90억원

앞에 표시된 삼화페인트공업㈜의 현금흐름표를 보면 영업이익은 197억원이지만, 영업활동을 통해 벌어들인 현금은 324억원에 이른다. 무엇 때문에 이런 차이가 나타났을까? 첫 번째 원인은 손익계산서상의 비용에 현금이 지출되지 않는 비용이 포함되어 있기 때문이다. 대표적으로 감가상각비(총 42억원) 같은 비용이다. 두 번째는 이 기업이 기업경영의 효율화를 위해 많은 노력을 기울였는데, 그중 하나가 매출채권과 재고자산, 매입채무의 효율적인 관리를 통해 현금의 회전을 높이는 것이었다. 그 결과 현금이 회수되는 시점이 과거보다 빨라졌고, 이에 따라 영업이익보다 현금유입이 더 커지는 효과가 나타났다.

투자활동으로 인한 현금흐름

급여를 받아서 생활비를 쓰고 돈이 남았다면, 남은 현금을 가지고 예금을 하거나 주식을 하는 등 투자를 할 것이다. 또, 사업을 계획하고 있다면 사업용 자산을 살 수도 있다. 이처럼 투자활동으로 인한 현금흐름은 자산운용자산이나 영업자산을 사거나 팔 때 발생한다. 기업의 투자활동으로 인한 현금흐름은 결국 투자자산이나 유무형자산을 사고팔 때 발생하는 현금흐름이라고 할 수 있다.

영업활동으로 인한 현금흐름은 항상 (+)를 유지하는 것이 좋지만, 투자활동으로 인한 현금흐름은 다르게 접근해야 한다. 만약 지금 투자가 필요한 시기라면 현금을 지출해서 현금흐름이 (-)가 될 테고, 투자했던 자산들을 현금화시키기 위해 판매했다면 현금흐름이 (+)가 될 수도 있다. 따라서 투자활동으로 인한 현금흐름은 상황에 맞게 해석해야 한다.

〈삼화페인트공업㈜의 2011년 투자활동으로 인한 현금흐름 내용〉

(단위 : 원)

Ⅱ. 투자활동으로 인한 현금흐름		(8,251,866,096)
1. 투자활동으로 인한 현금 유출액	(16,266,884,592)	
장·단기금융상품의 증가	7,215,115,469	
매도가능금융자산의 취득	-	
만기보유금융자산의 취득	11,235,000	
종속기업투자주식의 취득	481,297,700	
공동지배기업투자의 취득	231,987,154	
유형자산의 취득	6,856,330,816	
무형자산의 취득	1,370,958,453	
2. 투자활동으로 인한 현금 유입액	8,015,018,496	
장·단기금융상품의 감소	7,216,730,941	

만기보유금융자산의 상환	294,890,000	
매도가능금융자산의 처분	5,000,000	
종속기업투자주식의 처분	-	
유형자산의 처분	57,943,010	
투자부동산의 처분	105,000,000	
무형자산의 처분	335,454,545	

현금흐름표를 보면 투자한 내용이 그대로 나타난다. 삼화페인트공업㈜의 현금흐름표를 살펴보면 장단기금융상품의 증감액이 비슷한 상황(만기가 된 금융상품의 재예치로 인해 발생하였을 것이다)에서 유무형자산에 대한 투자금액(82억원)이 발생했음을 확인할 수 있다.

재무활동으로 인한 현금흐름

만약 투자해야 하는데 돈이 없다면, 또 생활비가 급여보다도 많이 지출된다면, 그 돈은 어떻게 충당해야 할까? 은행에서 빌려야 할 것이다. 또 차입금이 있는데, 소득이 높아져서 여유 자금이 생기면 은행 차입금을 상환하기도 할 것이다. 이처럼 자금의 조달과 상환과 관련되어 나타나는 현금흐름을 재무활동으로 인한 현금흐름이라고 한다. 기업의 재무활동으로 인한 현금흐름은 자금을 조달하거나 상환하는 활동에서 나타나는 현금의 유입과 유출을 뜻하는데, 유상증자하거나 차입을 하면 기업의 입장에서는 현금흐름이 (+)가 될 것이고, 감자하거나 차입금을 상환하면 현금흐름이 (−)가 될 것이다. 따라서 재무활동으로 인한 현금흐름 역시 (+)가 나타날 수도 있고, (−)가 나타날 수도 있다.

〈삼화페인트공업㈜의 2011년 재무활동으로 인한 현금흐름 내용〉

(단위 : 원)

Ⅲ. 재무활동으로 인한 현금흐름		(15,111,247,087)
1. 재무활동으로 인한 현금 유출액	(41,044,404,457)	
자기주식의 취득	1,673,356,810	
단기차입금의 감소	27,244,786,901	
유동성장기부채의 상환	7,273,060,000	
국고보조금의 환급	3,293,006	
장기차입금의 상환	1,199,940,000	
배당금의 지급	3,649,967,740	
2. 재무활동으로 인한 현금 유입액	25,933,157,370	
단기차입금의 증가	18,125,254,200	
장기차입금의 차입	7,608,668,170	
사채의 차입	-	
국고보조금의 증가	83,000,000	
자기주식의 처분	116,235,000	

현금흐름표에 표시되는 재무활동으로 인한 현금흐름 내용을 보면 자금조달과 상환에 대한 정보를 확인할 수 있다. 삼화페인트공업㈜의 2011년 재무활동으로 인한 현금흐름의 내용을 통해 현금유출액 대부분이 단기차입금의 상환에 따른 것이라는 점을 확인할 수 있다.

즉 삼화페인트공업㈜의 현금흐름표를 살펴보면 영업활동으로 벌어들인 현금 324억원으로 82억원의 투자를 수행하고, 151억원 정도를 차입금 상환에 사용하여 90억원의 현금이 늘어난 것을 확인할 수 있다.

〈현금흐름표의 구조〉

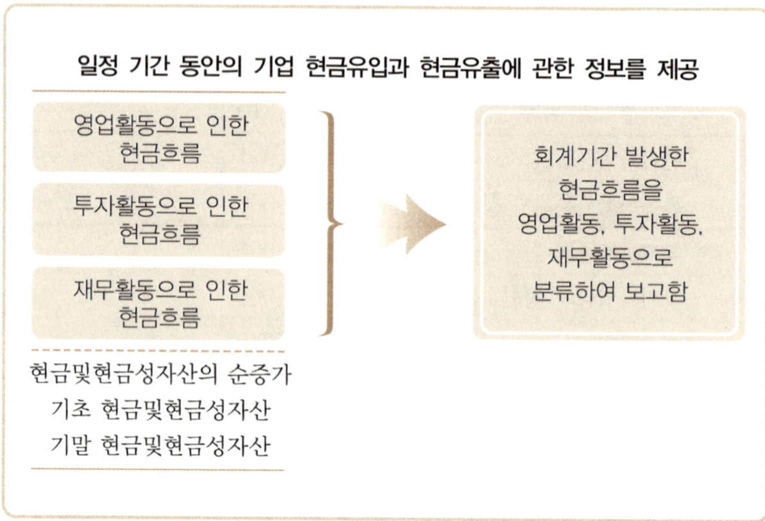

쉽지만 강력한 현금흐름분석

최근 발생주의에 따라 손익과 현금흐름이 일치하지 않는 사례가 많아지면서 현금흐름표에 나타나는 정보가 훨씬 더 중요해지고 있다. 이에 따라 현금흐름표를 읽는 방법도 다양해지고 있는데, 사실 회계정보를 처음 접하는 발생주의를 사람들에게 이 현금흐름표를 설명하면 어려워하는 경우가 많다. 하지만 현금흐름표를 아주 쉽게 읽을 수 있으면서도 기업에 대해 많은 부분을 파악하는 방법이 있으니 바로 앞서 나온 세 가지의 현금흐름을 (+) (−)로 구분하여 기업의 상태를 추측해 보는 방법이다. 세개의 현금흐름×두 개의 상황(+ 또는 −)

이니 경우의 수는 총 8가지가 나온다. 이러한 8가지의 현금흐름을 한 번 따라가 보자.

첫 번째 경우

영업활동(+) | 투자활동(+) | 재무활동(+)

이 경우를 천천히 살펴보면, 영업활동으로 현금을 벌어들이고 있으며, 기존 자산들을 매각하고 있다. 또한, 재무활동을 통해 자금을 끌어모으고 있다. 이 기업은 현재 투자를 하는 상태도 아니면서 자금을 계속 끌어모으고 있다. 왜 그런 것일까? 아마도 새로운 투자를 위해 목표한 자금을 모으고 있을 것이다.

두 번째 경우

영업활동(+) | 투자활동(−) | 재무활동(+)

투자를 진행하고 있는 기업에서 가장 일반적으로 나타나는 현금흐름의 패턴이다. 사실 영업활동에서 벌어들인 돈으로 투자금액을 모두 충당할 수 있으면 좋겠지만, 대규모 투자가 필요한 업종들의 경우에는 영업활동으로 벌어들이는 돈으로 대규모 투자를 감당할 여력이 되지 않는 경우가 일반적이다. 어떻게 해야 할까? 자금을 조달해야 할 것이다. 영업에서 벌어들이는 현금과 재무활동을 통해 조달한 자금을 이용하여 투자를 진행하고 있는 기업들에게서 나타나는 현금흐름의 패턴이라고 할 수 있을 것이다.

세 번째 경우

영업활동(+) | 투자활동(−) | 재무활동(−)

정보이용자들이 가장 좋아하는 현금흐름이다. 필자 역시 기업에 대한 투자를 고려할 때 이런 현금흐름을 가진 기업들에 투자하는 편이다. 이런 기업들은 영업에서 충분한 현금이 확보되어 그 자금으로 투자도 이루어지고, 차입금의 상환도 이루어지고 있다. 우량기업들에게서 보이는 현금흐름의 패턴이라고 할 수 있다.

네 번째 경우

영업활동(+) | 투자활동(+) | 재무활동(−)

부채를 상환해야 하지만 영업에서 벌어들이는 현금이 충분하지 않은 경우이다. 이런 경우에는 결국 상환자금을 마련하기 위해 기존에 가지고 있던 자산을 매각하여야만 할 것이다.

다섯 번째 경우

영업활동(−) | 투자활동(+) | 재무활동(+)

영업실적이 좋지 상태이다. 그 영업활동의 현금 부족분을 자산매각과 추가적인 자금조달을 통해 해결하고 있는 부실기업이라고 할 수 있다.

여섯 번째 경우

영업활동(−)	투자활동(−)	재무활동(+)

초기 기업들에게서 나타나는 현금흐름이다. 자금을 조달해서 투자가 이루어지고 있지만 아직은 영업에서 자금을 회수하지는 못하고 있다. 만약 사업경력이 좀 있는 기업에서 이런 현금흐름이 나타난다면 기업실적이 좋지 않은 상태에서(영업현금흐름이 −) 자금을 조달하여(재무활동현금흐름 +), 어딘가로 자금이 새고 있을(투자활동현금흐름 −) 가능성이 있다. 횡령이나 배임이 일어난 기업들의 현금흐름을 보면 이런 경우가 많다.

일곱 번째 경우

영업활동(−)	투자활동(+)	재무활동(−)

영업실적이 좋지 않은 상태에서 차입금 만기가 도래해서 기존에 보유하고 있던 자산을 매각하여 그 자금으로 차입금을 상환하고 있다. 부실한 기업이 재무구조개선을 위해 자산을 매각할 때 주로 나타나는 현금흐름의 패턴이다.

여덟 번째 경우

영업활동(−) | 투자활동(−) | 재무활동(−)

영업을 통해서는 현금을 벌어들이지 못하고, 그동안 모아놓은 현금을 가지고 신규투자와 차입금의 상환을 해결하고 있는 기업들의 현금흐름 패턴이다.

〈현금흐름 패턴분석〉

구분	영업활동	투자활동	재무활동	분석
1	+	+	+	영업활동에서 현금창출, 자산매각 및 재무활동에서 조달한 현금을 비축하여 타회사를 인수합병하거나 신사업분야에 진출을 모색하고 있는 유동성이 매우 풍부한 회사
2	+	−	−	영업활동에서 창출한 현금으로 고정자산을 구입하고 있으며, 또한 부채를 상환하거나 배당금을 지급하고 있는 회사
3	+	+	−	영업활동에서 창출한 현금과 자산을 매각한 자금으로 부채를 상환하는 회사
4	+	−	+	영업활동에서 창출한 현금과 차입금 혹은 증자대금으로 회사의 확장에 필요한 투자를 하고 있는 회사임
5	−	+	+	급격히 성장하고 있는 회사로서 영업활동에서의 부족자금과 고정자산의 구입에 필요한 자금을 장기차입 혹은 증자를 통해서 보전하고 있는 회사
6	−	−	+	급격히 성장하고 있는 회사로서 영업활동에서의 부족자금과 고정자산의 구입에 필요한

				자금을 장기차입 혹은 증자를 통해서 조달하고 있는 회사
7	−	+	−	영업활동에서의 부족자금과 채권자에 대한 차입금상환액을 고정자산의 매각을 통해서 조달하고 있는 회사
8	−	−	−	영업활동의 부족현금과 시설투자 및 차입금 상환을 모두 기존의 현금비축액에서 사용하고 있는 회사

그렇다면 앞서 나온 ㈜동양건설산업의 현금흐름표를 살펴보자.

(단위 : 억원)

항목	2007년	2008년	2009년	2010년
영업활동 현금흐름	(−)16	(−)585	(−)935	(−)991
투자활동 현금흐름	(−)308	(−)116	(−)419	(−)320
재무활동 현금흐름	342	717	1,310	1,231
총 현금흐름	18	16	(−)44	(−)79

2008년에서 2010년 3개 연도 간 총 매출액은 2.8조원, 영업이익은 938억원에 달했음에도 불구하고, 영업활동으로 인한 현금흐름이 무려 (−)2,511억원에 달했다. 발생주의에 따른 이익은 발생했지만, 현금이 회수되지 않은 것이다. 하지만 대규모 투자가 필요한 건설업이면서 활발하게 사업을 확장하고 있던 이 기업은 3개년에 걸쳐 855억원을 투자했고, 영업활동과 투자활동에 필요한 자금은 모두 차입이나 증자를 통해 조달하여 기업의 안정성이 크게 떨어지고 있었다. 현금흐름 패턴분석에 따르면, 상당히 위험한 현금흐름인 (−)(−)(+)의 현금흐름이 장기간 유지되고 있었던 것이다.

이 상황에서 부동산시장 침체로 PF 시장의 경기가 가라앉으면서 현금회수나 추가 차입이 어려워졌고 결국 법정관리를 신청하게 되었다.

PART 06.

회계정보를 보는 올바른 방법

Business Insight
회계마인드

01

회계정보, 어디에 있나?

회계정보는 우리의 삶 어디에나 있다

필자는 야구를 매우 좋아한다. 관람도 많이 하고 직접 사회인 야구선수로 활동하고 있다. 모든 스포츠가 그렇듯이 야구도 인생을 함축적으로 보여 주는 스포츠라고 생각하기 때문이다. 또한, 야구는 특히 기록의 스포츠라고 불리는데, 실제 운동경기를 보거나 하는 것도 재미있지만, 경기나 선수의 결과를 분석하는 것도 꽤 좋은 재미를 선사한다. 야구처럼 다양한 기록을 팀 간, 선수 간 순위표를 만들어 보여 주는 스포츠도 드물다. 이처럼 스포츠경기를 통해 만들어지는 기록은 회계정보와 비슷한 측면이 있는데, 모든 정보를 수치화시켜 정보이용자들에게 제공하고, 정보이용자들은 그 정보를 의사결정에 활용한다는 점에서 회계정보와 비슷한 부분이 있다고 할 수 있다.

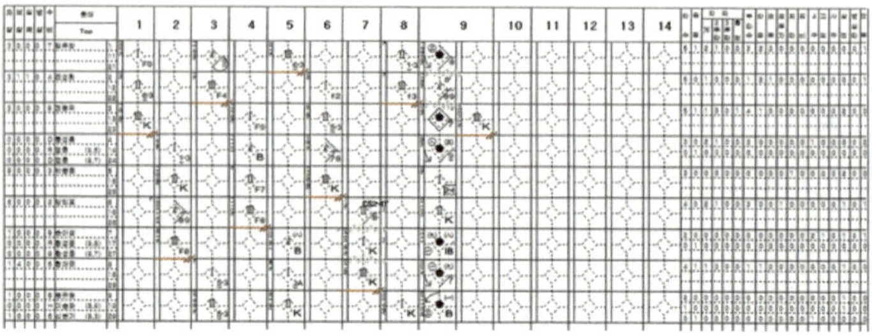

야구의 기록지는 위와 같이 작성한다. 기록지에 대해 공부해 본 사람만 알 수 있는 형태이다. 하지만 그다지 걱정할 것은 없다. 우리가 원하는 정보를 누군가가 따로 가공해서 보여주기 때문이다. 회계정보 역시 마찬가지이다. 기업의 활동을 기록(측정)하여 가공(재무제표)하는 과정을 거쳐서 회계정보를 이용하는 사람들에게 전달된다.

포지션별 보기 전체

순위	선수 (팀/포지션)	경기	타수	득점	안타	2타	3타	홈런	타점	도루	볼넷	삼진	타율	장타율	출루율	OPS
	손아섭 (롯데 우익수)	**49**	**188**	**29**	**67**	**8**	**1**	**1**	**19**	**17**	**25**	**37**	**0.356**	**0.426**	**0.433**	**0.858**
	최정 (SK 3루수)	**44**	**161**	**34**	**55**	**11**	**0**	**13**	**42**	**7**	**23**	**45**	**0.342**	**0.652**	**0.456**	**1.109**
	민병헌 (두산 우익수)	**44**	**133**	**33**	**45**	**7**	**2**	**4**	**20**	**12**	**22**	**28**	**0.338**	**0.511**	**0.430**	**0.942**
4	조영훈 (NC 1루수)	46	151	20	50	14	1	3	22	4	11	18	0.331	0.497	0.377	0.873
4	김민성 (넥센 3루수)	48	154	24	51	11	2	1	23	2	20	28	0.331	0.448	0.425	0.873
6	김선빈 (KIA 유격수)	46	167	35	55	5	0	1	18	19	22	12	0.329	0.377	0.404	0.781
7	나지완 (KIA 좌익수)	47	164	21	53	13	0	5	35	1	24	37	0.323	0.494	0.437	0.931
8	김태균 (한화 1루수)	48	153	21	49	13	0	3	23	0	42	29	0.320	0.464	0.473	0.937
9	박용택 (LG 중견수)	48	177	25	56	6	0	3	25	4	20	30	0.316	0.401	0.381	0.782
10	정의윤 (LG 우익수)	46	147	15	46	6	5	2	20	2	9	18	0.313	0.463	0.352	0.815

(출처 : 한국야구위원회)

※ 선수들의 기록에 대한 정보는 정보이용자들이 이용하기 편하게 체계적으로 정리되어 전달된다.

그리고 이렇게 전달된 정보는 다양한 방법으로 의사결정에 활용되는데, 공식적으로는 한국야구위원회에서 일반 야구팬들에게 선수별 기록을 순위로 산출해 보여주기도 하며(재무회계 정보), 각 구단에서는 선수별로 팀별 공헌도를 측정(성과평가)하여 연봉협상(보상)에 반영하기도 한다(관리회계 정보). 이처럼 회계정보는 우리 주변 어디에서나 쉽게 발견할 수 있고, 우리가 항상 활용하고 있는 어떠한 정보이든지 회계정보가 될 수 있다.

전자공시시스템

그렇다면 우리가 원하는 기업의 회계정보는 어디에서 찾을 수 있을까? 회계정보가 기업의 재무팀 구성원이나 공인회계사 같은 특정한 사람들에게만 공유된다고 생각하기 쉬운데, 실제로 회계정보는 어느 정도 공공재적인 성격을 가지고 있다. 따라서 기업의 회계정보는 어느 정도 정보이용자들과 공유해야 하며, 이렇게 공유되는 재무회계 정보는 누구나 쉽게 입수할 수 있어야 한다. 이렇게 공공재적인 회계정보를 외부에 공개하는 것을 '공시'라고 한다.

우리나라에서는 2000년도부터 금융감독원에서 전자공시시스템(dart.fss.or.kr)이라는 홈페이지를 운영하여 정보이용자들에게 필요한 정보를 공시하도록 하고 있다.

(출처 : 금융감독위원회 전자공시시스템)

※ 전자공시시스템은 누구나 제한 없이 기업의 재무정보를 찾아볼 수 있다.

이 전자공시시스템에는 금융당국에서 기업들에게 공개하기를 요구하는 정보들이 총 망라되어 있는데, 이곳에서 기업들의 재무제표뿐만 아니라 사업보고서에서부터 주요 경영상황에 대한 공시(대주주의 변동이나 중요한 계약체결 등) 같은 중요한 정보를 찾아볼 수 있다. 관심 있는 기업이나 경쟁사를 검색해서 어떠한 정보들이 있는지 찾아보는 것도 좋은 재무제표 공부 방법이 된다.

특히 주식회사의 외부감사에 관한 법률에 따라 외부 회계감사를 받는 기업(직전 사업연도 말 자산총액 120억원 이상인 주식회사)들의 재무제표는 감사보고서의 첨부서류로 모두 전자공시시스템에서 제한 없이 누구나 찾아볼 수 있다.

이렇게 추가로 공개되는 정보들은 각 기업의 홈페이지, 신용분석이나 기업평가를 하는 기관(은행, 신용평가사, 증권사 등)에서도 제공하고 있는데, 이러한 기관들에서는 재무회계 정보뿐만 아니라 기업에 대한 추가적인 분석자료까지 얻을 수 있어 기업에 대한 의사결정을 하는 데 필요한 많은 정보를 찾아볼 수 있다.

내가 몸담은 기업이나 관심 있는 기업에 대한 공시사항을 주기적으로 확인하는 습관을 들이면 회계정보에 대한 이해도가 빠른 속도로 올라가리라 확신한다. 아는 것이 힘이라는 말도 있지 않은가.

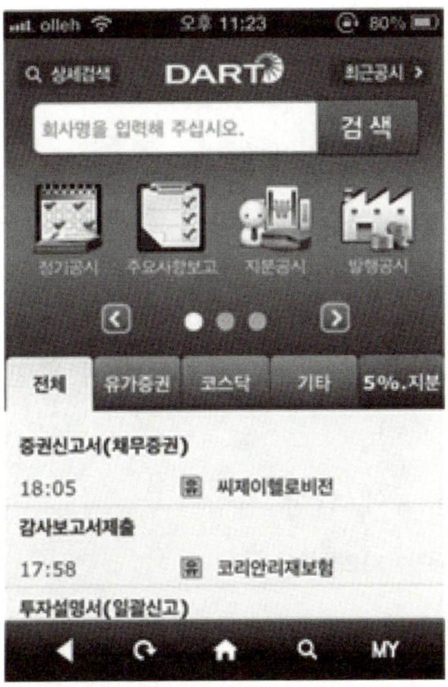

※ 전자공시시스템은 스마트폰 어플리케이션으로도 개발되어 있다.

사업보고서

가장 손쉽게 얻을 수 있는 회계정보 중 하나는 한국거래소에 주식을 상장(KOSPI 또는 KOSDAQ)한 기업들이 분기별로 발행하는 사업보고서이다. 사업보고서는 세부적으로 분기에 발행하는 분기보고서, 반기에 발행하는 반기보고서, 연차 결산을 통해 발행하는 사업보고서가 있으며, 회계정보를 처음 접하는 독자들은 이 사업보고서를 한번 읽어보기 바란다. 사업보고서에는 주로 다음과 같은 내용이 담겨 있다.

1. 기업의 개요
2. 사업의 내용
3. 재무에 관한 사항
4. 감사인의 감사의견 등
5. 이사의 경영진단 및 분석의견
6. 이사회 등 기업의 기관 및 계열기업에 관한 사항
7. 주주에 관한 사항
8. 임원 및 직원 등에 관한 사항
9. 이해관계자와의 거래내용
10. 그 밖에 투자자보호를 위해 필요한 사항
11. 재무제표와 부속명세서

번호	공시대상회사	보고서명	제출인
16	(유)삼성전자	임원-주요주주특정증권등소유상황보고서	홍원표
17	(유)삼성전자	최대주주등소유주식변동신고서	삼성전자
18	(유)삼성전자	임원-주요주주특정증권등소유상황보고서	최승하

19	(유)삼성전자	지배회사의주요종속회사편입	삼성전자
20	(유)삼성전자	사업보고서	삼성전자
21	(유)삼성전자	임원-주요주주특정증권등소유상황보고서	이효건
22	(유)삼성전자	연결감사보고서	삼일회계법인
23	(유)삼성전자	감사보고서	삼일회계법인
24	(유)삼성전자	임원-주요주주특정증권등소유상황보고서	강봉구
25	(유)삼성전자	임원-주요주주특정증권등소유상황보고서	최영준
⋮	⋮	⋮	⋮

한편, 비상장법인들은 사업보고서의 공시의무가 없는데, 이런 경우에는 외부회계감사인이 공시한 감사보고서를 검색하면 감사보고서의 첨부서류로 재무제표가 포함된 것을 확인할 수 있다.

번호	공시대상회사	보고서명	제출인
1	(기)삼성에버랜드	증권발행실적보고서	삼성에버랜드
2	(기)삼성에버랜드	투자설명서	삼성에버랜드
3	(기)삼성에버랜드	**[발행조건확정]**증권신고서(채무증권)	삼성에버랜드
4	(기)삼성에버랜드	특수관계인에대한채권매도	삼성에버랜드
5	(기)삼성에버랜드	임원의변동	삼성에버랜드
6	(기)삼성에버랜드	연결감사보고서	안진회계법인
7	(기)삼성에버랜드	감사보고서	안진회계법인
8	(기)삼성에버랜드	최대주주등의주식보유변동	삼성에버랜드
9	(기)삼성에버랜드	**[기재정정]**대규모기업집단현황공시[분기별공시(개별회사용))	삼성에버랜드

추가로 해외의 모든 나라도 회계정보를 공시하는 사이트를 운영하고 있다. 만약 다른 나라에 있는 기업들의 회계정보를 얻고 싶다면,

각 나라에서 운영하는 공시시스템을 이용하면 회계정보를 빠르고 간편하게 입수할 수 있을 것이다.

분식회계(粉飾會計)

> 올 들어 코스닥시장의 활황세가 지속되면서 출범 이후 사상 최대 수준의 시가총액을 형성하고 있다. 하지만 일부 한계기업들은 파산, 자본잠식 등의 사유로 이 같은 상승장세에서 뒷전으로 밀려난 지 오래다. 특히 일부 기업들은 분식회계, 횡령 등을 통해 증시 퇴출 위기에 몰린 상황이다. 이들 대부분은 개인투자자들의 비중이 높은 기업들이어서 공중분해 시 개미들의 손해가 막심할 것이란 우려가 높아지고 있다.
>
> [파이낸셜뉴스 김기덕 기자, 2013.11.16.]

매년 사업보고서를 제출하는 시즌이 다가오면 항상 분식회계 때문에 상장 폐지되거나 물의를 일으킨 기업들이 신문의 경제면을 장식한다. 대체 분식회계는 무슨 뜻일까? 분식회계를 말 그대로 해석하면 장부(飾)에 분칠(粉)한다는 의미이다. 회계정보를 만드는 역할을 기업이 하고, 그 정보를 외부에 있는 사람들과 공유하기 때문에, 회계정보를 만드는 사람과 이 정보를 이용하는 사람이 다를 수 있고, 이 둘 사이에 이익이 일치하리라는 보장이 없다.

이럴 때 기업들은 장부를 조작하여 수익은 크게, 비용은 적게 보이게 하여 이익을 크게 만들거나 자산을 크게 부채를 작게 보이게 하여 자본을 크게 만드는 회계부정을 저지르는 등 자신에게 유리한 방향으로 회계정보를 조작하는 경우가 있는데, 이를 분식회계라고 한다.

기업의 회계정보를 이해관계자들에게 전달하기 위한 수단으로 재무제표가 작성되고, 이러한 재무제표는 통일된 규정인 기업회계기준을 따라 작성되어야 하는데, 그러지 않고 기업이 자신에게 유리한 방향으로 회계정보를 조작했다는 의미이다. 이렇게 분식회계가 발생한 회계정보를 이용하면 정보이용자들이 잘못된 의사결정을 할 가능성이 매우 높아지고, 이 때문에 사회적으로 많은 문제점이 발생할 수 있다.

기업이 분식회계는 하는 이유는 여러 가지가 있는데, 주가를 부양하거나 대외신용도를 유지하고, 차입이나 상거래 조건을 좋게 하기 위함일 수도 있고, 경영자가 자신의 경영실패를 은폐하기 위함일 수도 있을 것이다.

실적 부풀리기

- 신주발행 등 직접 금융편익
- 대외 신용도 유지
- 차입조건개선
- 유리한 상거래
- 유리한 조건의 M&A
- 주가조작
- 인허가조건 충족
- 경영실패은폐
- 성과급상승, 임기연장

실적 줄이기

- 조세회피
- 회사재산의 개인적 유용
- 비자금 조성
- 제품가격 인상 여건의 조성
- 이익배당 요구의 억제
- 종업원 임금인상 요구 억제
- 특정이익에 대한 사회적 비난 예방
- 법정관리 기간 연장

그리고 많은 사람이 분식회계라고 하면, 실적을 부풀리는 것만 분식이라고 생각을 하는 경우가 많은데, 실적을 부풀리는 것뿐만 아니라 줄이는 것도 분식회계에 해당한다. 세금을 줄이거나 비자금을 만들려는 목적으로 일부러 수익을 빠뜨리거나 비용을 과다하게 인식하여 실적을 줄이는 방법이 꽤 많이 사용되는 분식회계 방법의 하나다.

회계감사제도

분식회계는 사회경제적으로 큰 파장을 미칠 수 있기 때문에 당연히 금융당국에서 엄격하게 관리해야 한다. 분식회계를 막기 위해 외부회계감사제도를 두고 있는데, 이 제도는 정보이용자들의 재무제표에 대한 신뢰성 문제를 하기 위해 독립된 외부감사인(회계법인)이 그 기업의 재무제표가 기업회계기준을 따라서 만들어졌는지 확인하는 제도로 이런 검증을 통해 재무제표에 대한 신뢰성을 높이고 분식회계를 미리 방지하고자 하고 있다. 「주식회사의 외부감사에 관한 법률」에서는 직전 사업연도 말의 자산총액이 120억원 이상인 주식회사는 의무적으로 외부감사를 받도록 규정하고 있다

회계감사제도에 따라 12월 말 결산법인인 경우 해당 연도 4월까지 회계감사를 수행할 회계법인을 기업이 직접 선택해서 회계감사계약을 체결하고, 금융감독당국에 감사계약체결일로부터 15일 이내에 그 계약에 관한 내용을 보고하여야 하며, 그 이듬해에 결산이 완료되면 감사계약을 체결한 회계법인과 일정을 협의하여 회계감사를 수행한 후 사업연도 종료일 후 3개월이 되는 시점까지 회계감사의 결과를 공시하여야 한다.

20×1년 4월 30일	5월 15일	20×2년 1월~3월
감사계약체결	감사계약체결보고 마감	회계감사 수행 및 감사보고서 발행

감사의견

회계감사계약에 따라 회계감사업무를 수행한 회계법인은 재무제표에 대해 감사의견을 제출하게 되는데, 이 감사의견은 다음과 같이 네 가지로 구분한다.

〈감사의견의 종류〉

적정의견은 기업의 재무제표가 기업회계기준에 따라 적정하게 작성되어서 정보이용자들이 의사결정을 하는 데 문제없이 사용해도 된다는 외부감사인의 의견이며 재무제표의 신뢰성이 높다는 의미이다.

부적정의견은 기업의 재무제표가 기업회계기준에 따라 작성되지 않아 재무제표가 기업의 재무상태나 경영성과를 잘 표현하지 못하고 있다는 감사인의 판단이다.

의견거절은 감사인이 감사를 제대로 수행하지 못하거나 기업이 계속기업가정(기업의 생존 가능성이 높다는 가정)에 어긋난다고 판단했을 때 내리는 의견으로 감사인이 재무제표의 신뢰성에 대해 확인을 하지 못했거나, 기업의 생존이 불투명할 때 제공되는 의견이다.

한정의견은 부적정의견의 사유(회계기준 불일치)나 의견거절의 사유(감사를 수행하지 못함)가 있지만 해당하는 부분이 아주 일부에 국한되어 있을 때, 그 부분을 제외한 다른 재무제표 항목은 기업회계기준과 일치한다고 감사인이 판단했을 때 표명하는 의견이다.

그렇다면 어떤 감사의견까지 기업들의 재무제표를 신뢰할 수 있다고 볼 수 있을까? 필자는 개인적인 의견으로 적정의견을 받은 재무제표만이 재무제표의 신뢰성이 담보된다고 생각한다. 심지어 상장기업들은 적정의견이 아닐 경우 상장폐지사유에 해당하므로 해당 기업의 감사의견이 어떤지 꼭 확인해 보는 것이 중요하다.

회계감사에 대해 오해하지 말자

다음 신문기사는 잊을 만하면 종종 나오는 기사이다.

감사의견 '적정' 석 달 만에 '상장폐지'

부실상장사에 대한 일부 회계법인의 부실 회계처리가 도마 위에 올랐다. 특히 회계법인들의 도덕적 해이로 인한 피해는 개인투자자들이 고스란히 보고 있어 더 근본적인 대책 마련이 시급하다는 지적이다.

14일 한국거래소가 국회에 제출한 국정감사 자료에 따르면 지난 200×년부터 올해 9월 말까지 회계감사 뒤 '적정'의견을 받아 경영상태가 양호한 것으로 평가받은 상장사 가운데 반년도 지나지 않아 상장 폐지된 곳이 총 23개사에 달한 것으로 나타났다. 이 중 코스피상장사가 1개사, 코스닥 상장사가 22개사였다.

이에 대해 국회에서는 "감사의견 '적정' 받은 멀쩡한 기업이 몇 달 만에 부도가 나는 것은 회계법인의 도덕적 해이와 감독기관인 한국거래소의 관리체계에 문제가 있는 것"이라며 "더욱 철저한 관리 및 심사기준을 마련하거나

> 퇴출제도 등을 더욱 강화해 투자자들의 손실을 막아야 한다"고 강조했다.
>
> [파이낸셜 뉴스 김호연, 2010.10.14.]

상기 신문기사는 잘못된 정보가 포함되어 있다 어떤 부분일까? 다시 한 번 읽어보자. 문장 중에 "회계감사 뒤 '적정'의견을 받아 경영상태가 양호한 것으로 평가받은 상장사"라는 말이 있다. 이 문구가 올바르지 않은 정보이다.

회계감사제도는 재무제표의 적정성을 검증하는 절차이다. 회계감사를 수행하는 감사인은 경영상태가 좋은지 안 좋은지 판단하지 않는다. 그럼 기업이 경영상태에 대한 판단은 누가 할까?

바로 이 회계정보를 이용하는 정보이용자가 판단한다. 정보이용자는 적정의견을 받은 신뢰성 있는 재무제표를 가지고 이 기업의 경영상태를 각자 판단한다. 또 이 판단은 각자가 처한 상황과 태도에 따라 이 기업의 경영상태에 대해 달리 판단할 수 있다. 결론적으로 감사의견이 적정하다는 것과 기업의 실적이 좋다는 것은 전혀 다른 이야기이다.

이번에는 다른 질문을 하나 생각해보자.

필자의 지인인 한 재무설계사가 재무설계에 대해 강연을 할 때 항상 처음에 물어보는 질문이다.

'당신은 본인 예금계좌에 얼마가 있는지 정확히 알고 있습니까?'

아마 이 질문에 정확하게 답변할 수 있는 사람은 통장 잔액이 0인

사람 외에는 없을 것이다. 왜냐하면, 우리는 우리 통장에 정확하게 얼마가 들어있는지 원 단위까지 기억하고 살지는 않기 때문이다. 그럼 우리가 원 단위까지 기억하지 않는 이유는 무엇일까? 그렇게 자세하게 기억하지 않아도 사는데 큰 지장이 없기 때문이다. 물론 사람에 따라서 어떤 사람들은 십만원 단위까지 기억할 수도 있고 더 돈이 많은 사람은 자기 통장의 잔액에 대해 백만원 단위나 천만원 단위까지만 기억하면서 살 수도 있다.

회계정보도 마찬가지이다. 감사인이 회계감사를 수행하면서 정보이용자들이 굳이 신경 쓰지 않는 금액은 정확하지 않아도 그냥 넘어가는 경우가 많다. 자산금액이 200조원이 넘는 삼성전자의 자산이 100만원 정도 과대 계상되었다고 해도 투자자들은 아무런 관심도 보이지 않을 것이다. 따라서 회계감사를 수행하는 감사인도 그다지 신경 쓰지 않게 된다.

02

회계정보의 제작방법, 회계기준

필자가 활동하는 사회인 야구리그에는 그 리그만의 규칙이 있다. 대부분의 경우에는 프로야구 경기규칙을 적용하지만, 직업으로 경기를 뛰면서 승부를 내야 하는 프로선수들처럼 빡빡하게 모든 규칙을 다 적용한다면 야구경기가 너무 어렵고, 재미없어질 것이다. 사회인 야구는 승부도 중요하지만 다치지 않고 즐기면서 하는 것이 더 중요하기 때문이다.

우리나라의 기업회계기준도 기업들의 능력에 따라 이원화되어 있다. 상장법인이나 금융기관들처럼 회계정보를 이용하는 사람들이 많고, 규모가 큰 기업들이 적용해야 하는 한국채택국제회계기준(K-IFRS)과 상대적으로 정보이용자들이 적고 규모가 작은 기업들이 적용하는 일반기업회계기준으로 나누어진다. 한국채택국제회계기준은 재무제표 작성에 상대적으로 일반기업회계기준보다 시간과 노력이 많이 들어가지만, 그만큼 경제적 실질에 맞는 회계정보를 산출하는 회계기준이라고 할 수 있다.

한국채택국제회계기준(K-IFRS)

한국채택국제회계기준은 전 세계에서 통용되고 있는 공통적인 회계기준(국제회계기준, IFRS : International Financial Reporting Standards)을 우리말로 번역한 회계기준이다. 국제회계기준과 한국채택국제회계기준은 같은 것으로 생각하면 된다.

우리나라에서는 2011년도부터 상장법인과 금융기관, 그리고 비상장 기업 중에 국제회계기준을 적용하기 원하는 기업들에게 한국채택국제회계기준을 적용하여 재무제표를 작성하도록 하고 있다.

우리나라는 왜 국제회계기준을 도입했을까? 요즘처럼 기업들이 국제적으로 자금의 조달과 투자, 그리고 경영활동을 수행하고 있는 상황에서, 만약 우리나라만의 회계기준을 적용하여 재무제표를 만들게 되면, 그 기업은 해외에 진출할 때마다 번거롭게 재무제표를 그 나라의 회계기준에 맞게 바꾸어 주어야 하는 불편함이 있을 수 있을 것이다. 국제회계기준은 이런 단점을 보완하기 위해 만들어졌고, 우리나라도 국제회계기준의 혜택을 보기 위해 도입하게 되었다. 예를 들어 NYSE에 상장된 ㈜KT가 우리나라의 회계기준을 가지고 작성된 재무제표를 미국의 투자자들에게 제공하면, 미국의 투자자들은 그 재무제표에 대해서 잘 이해하지 못할 것이다. 만들어지는 방법이 틀리기 때문이다. 따라서 재무제표를 그 투자자들이 이해할 수 있는 회계기준에 따라서 다시 만들어야 하는 불편함이 생기게 된다. 하지만 ㈜KT가 국제적으로 통용되는 국제회계기준에 따라서 재무제표를 만든다면, 다른 나라의 투자자들도 ㈜KT의 재무제표를 쉽게 읽을 수 있게 되어 이중으로 재무제표를 만드는 시간과 노력을 절감할 수 있을 것이다.

〈국제회계기준을 도입함으로써 얻을 수 있는 효익〉

- 세계적으로 공통된 기준을 사용함으로써 소재 국가와 관계없이 회계정보를 읽을 수 있다.
- 공통된 기준을 통해 세계적 기업들의 재무제표 작성 부담과 자금조달비용을 줄여줄 수 있다.
- 우리나라 기업의 회계투명성과 회계정보의 신뢰성을 높일 수 있다.
- 원칙중심의 회계정보를 산출하게 되어 실제 경영성과를 더 잘 반영할 수 있는 회계정보를 얻을 수 있다.
- 우리나라에서 직접 제정하지 않기 때문에 국내 기업들의 정치적인 압력과 관계없이 회계기준이 만들어진다.

한국채택국제회계기준(K-IFRS)의 주요 특징

한국채택국제회계기준은 일반기업회계기준보다 경제적 실질을 더욱 강조하여 재무제표를 만들도록 하고 있다. 이에 따라 다음과 같은 두 가지의 큰 차이점이 있다.

- 실제 가치(공정 가치)를 계속 업데이트해서 재무제표에 반영하도록 한다.
- 개별재무제표가 아닌 연결재무제표를 중시한다.

모든 자산과 부채를 공정가치로 표시하여 재무제표를 작성하는 것이 기업의 경제적 실질을 가장 잘 나타내 주는 방법일 것이다. 하지만 실제로는 이런 가치를 산출하기 어려운 경우가 많다. 따라서 회계기준에서는 실제 가치를 측정하지 않고, 최초 발생가격(역사적 원가)으로 자산과 부채를 기록하는 경우들이 많은데, 한국채택국제회계기준에서는 최대한 경제적 실질을 잘 나타내기 위해 일반기업회계기준보다 실제 가치(공정 가치) 산정을 많이 요구하고 있다. 이처럼 실제 가치를 산출하면 노력과 비용이 많이 들어가지만, 그만큼 정보이용자들이 양질의 정보를 받아 볼 수 있다.

연결재무제표는 말 그대로 자회사들을 모두 하나의 기업인 것처럼 연결해서 재무제표를 작성한다는 의미이다. 자회사들이 법적으로는 각각 별도의 법인이지만 경제적 실질은 하나의 기업과 같으므로 마치 자회사를 하나의 사업부인 것처럼 재무제표를 작성하는 것이다. 실제로는 모회사가 자회사 주식을 가지고 있지만, 연결재무제표에서는 주식을 가지고 있는 것으로 보지 않고 자회사의 자산과 부채를 가지고 있는 것으로 본다. 손익계산서의 수익과 비용도 당연히 모두 합쳐서 보여주는데, 주의할 점은 모회사와 자회사 간의 수익, 비용 거래는 없는 것으로 본다는 점이다. 사업부 간 재화나 용역의 이동을 수익이나 비용으로 볼 수는 없는 것 아닐까?

모회사와 자회사를 하나의 기업으로 보는 것이 더 타당하다. 이에 따라 우리도 이제 별도재무제표만 보는 습관에서 벗어나 연결재무제표를 같이 보는 습관을 기를 때가 된 것 같다.

당기말 현재 회사의 연결대상 종속기업의 현황은 다음과 같다.

〈SK E&S㈜의 종속회사 현황〉

중소기업	업종	소재지	결산월	지분율
강원도시가스㈜	도시가스	한국	12월	100.0%
영남에너지서비스㈜	도시가스	한국	12월	100.0%
코원에너지서비스㈜	도시가스	한국	12월	99.5%
㈜부산도시가스	도시가스	한국	12월	40.0%
전북에너지서비스㈜	도시가스	한국	12월	100.0%
전남도시가스㈜	도시가스	한국	12월	100.0%
충청에너지서비스㈜	도시가스	한국	12월	100.0%
평택에너지서비스㈜	전력생산	한국	12월	100.0%
피엠피㈜	전력생산	한국	12월	100.0%
위례에너지서비스㈜	집단에너지	한국	12월	71.0%
하남에너지서비스㈜	집단에너지	한국	12월	100.0%
SK E&S Hong Kong Co., Ltd	도시가스	한국	12월	100.0%
SK LNG Trading Pte., Ltd.	LNG도매	싱가포르	12월	100.0%
SK E&S Australia Pty Ltd.	자원개발	호주	12월	100.0%

SK 가스에너지 사업부문의 지주기업인 SK E&S㈜는 상기 자회사들을 모두 하나의 사업부처럼 취급하여 연결재무제표를 작성한다.

재무제표에서는 이처럼 연결재무제표로 합쳐서 보여주는 자회사들을 '종속기업'이라는 용어를 사용하여 표시한다. 구체적으로는 지분율이 50%를 초과하면 종속기업으로 보는 경우가 일반적이다.

03
재무제표 작성의 기본원리

이번에는 우리가 지금까지 살펴본 재무제표를 작성하는 방법을 살펴보자. 처음 회계공부를 하는 사람들이 가장 먼저 배우는 내용이면서 회계공부를 그만두게 하는 회계처리와 복식부기이다. 그러나 재무상태표의 의미만 알고 있다면 회계처리와 복식부기를 통한 재무제표의 작성은 전혀 어렵지 않다.

기업의 경영활동에 대한 사건을 재무제표에 기록하는 것을 부기(簿記, Book-Keeping)라고 한다. 장부기재의 줄임말이며, 기업의 활동을 기록하여 재무제표를 만들기 위한 과정이다. 많은 사람이 부기와 회계를 혼동하고 있는데, 회계는 기업의 경영활동에 대한 정보를 의미하며, 부기는 회계정보를 만들기 위해 기록하는 것일 뿐이다.

단식과 복식

탁구나 테니스 등의 스포츠는 경기방법이 크게 두 가지로 나누어진다. 바로 단식경기와 복식경기이다. 알다시피 단식은 혼자 하는 경기방법이고, 복식은 두 명이 한편이 되어 상호 협동 하에 역할을 나누어서 경기 하는 방법이다.

회계정보를 기록하는 방법인 부기도 이처럼 두 가지로 나누어지는데, 바로 단식부기와 복식부기이다. 한 줄로 기록하는 방법이 단식부기, 두 줄로 기록하는 방법이 복식부기이다.

단식부기와 복식부기의 기록방법을 각각 살펴보자. 단식부기는 현금의 유입과 지출이 있을 때마다 장부에 기록하는 방식으로 자산, 부채, 자본, 수익, 비용의 증감을 별도로 표시하지 않기 때문에 단순히 현금의 수입과 지출 및 현금잔액에 관한 단순한 정보만 알 수 있다.

복식부기는 회사의 재무상태에 영향을 미치는 모든 거래를 파악하여 재무상태가 변화한 원인과 그로 인한 결과를 동시에 기록하는 방법이다. 즉, 자산, 부채, 자본의 증감이나 수익, 비용의 발생을 일정한 작성원리에 따라 차변과 대변으로 분리하여 이중으로 기록하며 재무제표는 복식부기의 원리로 작성된다.

복식부기의 기원

현재 재무제표작성의 기본원칙이 되는 복식부기는 1340년경 이탈리아 제노바의 중세상인들의 회계장부에 그 기록이 남아있다. 그리고 최초의 복식부기에 대한 저서는 1494년 회계학의 아버지로 불리는 루카 파치올리(1445~1510)에 의해 '산술, 기하, 비례 및 비율총람' 에서 정리되었다. 회계정보의 기록은 기원전부터 있었지만 이때 비로소 복식부기의 방법이 학문적으로 정리되었고, 장부를 기록하는 이 단순한 방법이 약 500년 이상이 흐른 현재까지도 그 원리가 크게 변하지 않은 채 사용되고 있다.

〈회계학의 아버지 루카 파치올리(1445~1510)〉

한편 우리나라에서도 오래전부터 복식부기 방법이 회계정보를 만드는 방법으로 사용되었는데, 고려시대 개성상인들이 사용했다고 전해지는 사개송도치부법은 고려청자, 금속활자에 더불어 고려시대의 위대한 유물로 역사책에 자주 등장한다. 사개송도치부법은 자산-부채-수익-비용에 해당하는 사개(현대의 계정에 해당하는 것)를 사용하여 회계장부를 만드는 방법이다. 이 방법은 현재 사용하는 이탈리아 상인들의 방식보다 무려 200여년이나 앞선 것이라 하니 예나 지금이나 우리 민족의 저력은 대단하지 않을 수 없다.

〈개성상인들이 사용한 사개송도치부법〉

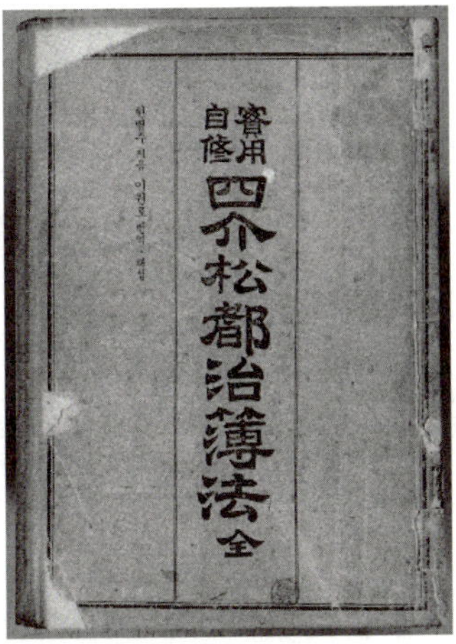

복식부기는 모든 거래를 원인과 결과로 이중으로 기록하는데, 이에 따라 다른 사람이 사건에 대해 기록한 것만 보고도 누구나 그 거래의 성격을 파악해 볼 수 있고, 또 오류를 검증하기에도 매우 효과적인 기록방법이 된다.

복식부기의 방법

복식부기를 간단하게 설명하면 하나의 거래를 차변(왼쪽)과 대변(오른쪽)으로 나누어서 양쪽에 기록하는 방법이다. 기록의 대상은 자산, 부채, 자본이다. 기록하는 방법은 차변항목인 자산이 증가하면 차변에 대변항목인 부채와 자본이 증가하면 대변에 기록하면 된다. 반대로 차변항목인 자산이 감소하면 대변에 대변항목이 부채와 자본이 감소하면 차변에 기록하면 된다. 중요한 점은 차변과 대변이 항상 같이 나타난다는 것이다. 그것도 같은 금액으로.

예를들어 기업의 자금을 조달하기 위해 출자자들로부터 2억원의 자금을 출자받았다고 가정해 보자. 이런 경우에는 기업의 자산(현금)이 2억원 증가하게 된다. 또 출자자들의 납입자본 역시 2억원 증가하게 된다. 기록은 다음과 같이 한다.

차변(자산의 증가)	대변(자본의 증가)
현금 2억원	자본(납입자본) 2억원

그리고 동시에 재무상태표는 이렇게 만들어진다.

현금 2억원	자본(납입자본) 2억원

다음으로 추가적인 자금조달을 위해 은행에서 1억원을 차입했다고 하면, 기업의 입장에서는 현금이 증가하고, 부채가 같이 1억원 증가하게 된다. 기록은 다음과 같이 한다.

차변(자산의 증가)	대변(부채의 증가)
현금 1억원	차입금 2억원

그리고 동시에 재무상태표는 이렇게 만들어진다.

현금 3억원	부채(차입금) 1억원
	자본(납입자본) 2억원

이번에는 이렇게 조달한 자금 3억원 중 2억원을 기계장치를 구매하는데, 사용했다고 해 보자. 이 거래를 통해서는 현금이 2억원 감소

하고, 기계장치 자산 2억원이 생긴다. 기록은 이렇게 한다.

차변(자산의 증가)	대변(자산의 감소)
기계장치 2억원	현금 2억원

재무상태표는 이렇게 만들어진다.

현금 1억원	부채(차입금) 1억원
기계장치 2억원	자본(납입자본) 2억원

만약 현금 1억원으로 차입금을 상환했다면,

차변(부채의 감소)	대변(자산의 감소)
차입금 1억원	현금 1억원

이렇게 기록하고
재무상태표는 이렇게 변화한다.

기계장치 2억원	자본(납입자본) 2억원

다른 측면에서 생각해보면, 자본이라는 것은 자산에서 부채를 차감해서 구하기 때문에, 차변의 자산금액과 대변의 부채와 자본금액은 항상 같을 수밖에 없다. 복식부기는 재무상태표의 변화를 기록하는 방법이기 때문에 복식부기상의 차변금액과 대변금액도 항상 같을 수밖에 없다. 이것을 회계용어로 대차평균의 원리라고 한다.

그럼 수익과 비용은 기록하지 않을까?

손익계산서를 작성하기 위해서는 수익과 비용도 당연히 기록해야 한다. 수익과 비용을 기록하는 방법은 각각의 역할을 생각해 보면 쉽게 알 수 있다. 수익이 발생하면 자산이 증가하거나 부채가 감소하여 자본(순자산)이 증가하고, 비용이 발생하면 자산이 감소하거나 부채가 증가하여 자본(순자산)이 감소한다. 결국, 수익은 순자산의 증가와 같고, 비용은 순자산의 감소와 같다. 따라서 수익이 발생하면 자본의 증가처럼 대변에, 비용이 발생하면 자본의 감소처럼 차변에 기록한다.

예를 들어 매출이 발생하면, 원래는

차변(자산의 증가)	대변(자본의 증가)
매출채권 1억원	이익잉여금 1억원

으로 기록되어야 하지만, 이렇게 되면 수익과 비용을 확인하기가 힘들다. 따라서 아래와 같이 기록한다.

차변(자산의 증가)	대변(수익의 발생)
매출채권 1억원	매출 1억원

그리고 결산시점에 손익계산서를 작성하고 나서 수익을 모두 제거함과 동시에 이익잉여금을 증가시켜준다.

차변(수익의 제거)	대변(자본의 증가)
매출 1억원	이익잉여금 1억원

거래의 8요소

앞에서 살펴본 바와 같이 복식부기는 자산의 증가와 감소, 부채의 증가와 감소, 자본의 증가와 감소 및 수익의 발생과 비용의 발생이라는 8가지 사실을 기록하는 형태로 구성되어 있는데, 이를 '거래의 8요소'라고 한다. 이들 거래의 8요소 간 결합으로 복식부기가 이루어지고, 그에 따라 재무제표가 작성된다.

〈거래의 8요소 결합관계도〉

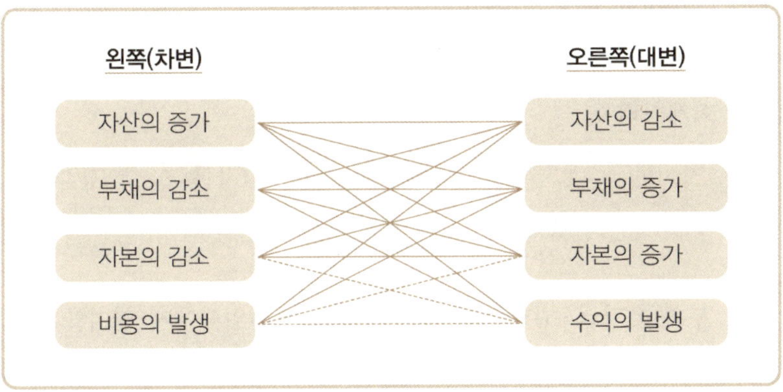

※ 위의 그림에서 점선으로 표시된 거래는 거의 발생하지 않는 거래이다.

그리고 모든 거래는 반드시 차변항목과 대변항목이 여러 가지 형태로 서로 결합되며, 같은 차변항목끼리나 대변항목끼리는 절대로 결합될 수 없다. 재무상태표는 항상 차변합계(자산합계)와 대변합계(부채와 자본합계)가 같아야 하기 때문이다. 그리고 이러한 결합 양상은 한 개의 요소끼리 결합할 때도 있지만 때로는 둘 이상의 복잡한 결합이 함께 나타나기도 한다.

다음 사례를 통해 복식부기에 의한 기록방법이 재무상태표와 손익계산서에 어떻게 기록되는지 그 원리를 살펴보자.

고려시대로의 여행

고려시대 무역의 중심지 벽란도 개성상인 아래에서 지배인으로 일하던 개성상인 문씨는 고려와 인도 간의 향신료와 고려청자의 무역을 통해 장사하기로 하고, 황씨 성을 가진 귀족으로부터 10억원의 자금을 출자받아 장사를 시작했다. 황씨의 조건은 이익금의 50%를 나누어 갖는 것이었다.

① 회계처리 :

(차) 현금	10억원	(대) 납입자본	10억원
자산의 증가		자본의 증가	

또, 부족한 자금 10억원을 개성에 있는 사채업자에게 연이율 10%로 빌려오기로 했다.

② 회계처리 :

(차) 현금	10억원	(대) 차입금	10억원
자산의 증가		부채의 증가	

문씨는 인도에 가서 팔 고려청자 20억원어치를 전라남도 강진에 있는 한 도공으로부터 구매하였다.

③ 회계처리 :

(차) 재고자산	20억원	(대) 현금	20억원
자산의 증가		자산의 감소	

문씨는 전에 일하던 상단으로부터 배를 한 척 빌리고, 선원 10명을 뽑아 인도로 출발했다.

④ 회계처리 : 없음－회계처리(복식부기에 의한 기록)는 기업의 자산, 부채, 자본에 영향을 주는 사건이 있어야 하지만, 배를 빌린 것과 직원을 뽑는 것은 지금 당장 기업의 재무상태에 영향을 주지 않기 때문에 기록하지 않는다. 하지만 정보이용자들은 재무제표에 기록되지 않는 이런 정보들도 주의 깊게 살펴보아야만 한다.

한 달 뒤, 인도에 도착한 문씨는 인도 왕실에 고려청자를 50억원에 판매하였다.

⑤ 회계처리 :

(차)		(대)	
(차) 현금	50억원	(대) 수익(매출)	50억원
자산의 증가		순자산의 증가(수익의 발생)	
(차) 비용(매출원가)	20억원	(대) 재고자산	20억원
순자산의 감소(비용의 발생)		자산의 감소	

문씨는 고려에 팔 향신료 30억원어치를 구매하여, 고려로 출발하였다.

⑥ 회계처리 :

(차)		(대)	
(차) 재고자산	30억원	(대) 현금	30억원
자산의 증가		자산의 감소	

고려에 돌아온 문씨는 고려황실에 향신료를 60억원에 판매하였다.

⑦ 회계처리 :

(차) 현금	60억원	(대) 수익(매출)	60억원
자산의 증가		순자산의 증가(수익의 발생)	
(차) 비용(매출원가)	30억원	(대) 재고자산	30억원
순자산의 감소(비용의 발생)		자산의 감소	

문씨는 선원들의 급여 2억원과 이자비용 1억원을 지급하였다.

⑧ 회계처리 :

(차) 비용(급여)	3억원	(대) 현금	4억원
비용(이자)	1억원		
순자산의 감소(비용의 발생)		자산의 감소	

이제 귀족 황씨가 이익을 분배해 가기 위해 얼마 남았는지 자기에게 이야기해 달라고 했다. 문씨는 먼저 손익계산서를 만들었다. 손익계산서는 회계처리로 기록한 내용 중에 수익(대변)과 비용(차변)의 차액을 의미하므로 앞서 나온 거래에서 대변의 수익과 차변의 비용을 쭉 정리하면 될 것이다.

〈손익계산서〉

⑤ 비용(매출원가)	20억원	⑤ 수익(매출)	50억원
⑦ 비용(매출원가)	30억원	⑥ 수익(매출)	60억원
⑧ 비용(급여)	3억원		
비용(이자)	1억원		
이익	56억원		

자, 이제 재무상태표를 한번 만들어 보자. 그전에 수익과 비용으로 회계처리 된 항목에 대해 이익잉여금(자본)으로 바꾸어주는 회계처리

가 필요하다. 그래야만 재무상태표에 이익잉여금을 기록할 수 있기 때문이다.

⑨ 회계처리 :

(차) 수익 110억원	(대) 비용 54억원
	이익잉여금 56억원
수익의 이익잉여금 대체	비용의 이익잉여금 대체

결국 문씨는 황씨에게 이익잉여금 56억원 중 반절인 28억원을 주어야 할 것이고, 문씨에게 순수하게 남는 돈은 28억원이 될 것이다.

⑩ 회계처리 :

(차) 이익잉여금 28억원	(대) 현금 28억원
이익잉여금 감소	현금배당금 지급

재무상태표는 앞서 나온 회계처리를 모두 집계하면 된다. 자산의 증가, 부채와 자본의 감소는 차변에 기록되어 있고, 자산의 감소, 부채와 자본의 증가는 대변에 기록되어 있을 것이다. 이것을 앞서 기록한 방법에 따라 쭉 정리하면, 다음과 같은 재무상태표가 만들어진다.

〈재무상태표〉

현금 48억원(①+②+③+⑤+⑥+⑦−⑧−⑩) 재고자산 0원(③−⑤+⑥−⑦)	부채(차입금) 10억원(②)
	자본(납입자본) 10억원(①) 이익잉여금 28억원(⑨−⑩)
자산합계 48억원	부채와 자본합계 48억원

이처럼 자산합계(차변금액)와 부채와 자본합계(부채금액)가 같은

문씨의 재무상태표가 만들어지게 된다.

실제 회계실무에서는 이보다 훨씬 복잡한 상황들이 발생하게 될 것이다. 하지만 결국 모든 경제적인 사건이 이러한 복식부기 원리에 따라 재무제표에 기록된다고 생각하면 된다

PART 07.

경영의 핵심, 원가마인드

Business Insight
회계마인드

01
성공하는 기업을 위한 원가마인드

원가정보란?

'원가'라는 말을 들으면 처음에 어떤 생각이 들까? 누군가 에게는 아주 쉽고 익숙한 개념일 수도 있지만, 대부분의 사람에게는 막연하고 어려운 개념이다. 누군가에게는 학문적인 개념이며, 또 원가절감을 계속 요구받는 누군가에게는 일할 때 받는 스트레스의 근원이기도 하다. 신문기사에도 있고, 회사의 벽에 붙어 있는 문구에도 있고, TV 속의 뉴스에서도 나오는 이 원가라는 개념은 많이 접하지만 친숙해지기는 쉽지 않은 개념이기도 하다. 사실 가장 우리가 쉽게 접하는 원가라는 단어는 책 첫머리에 나온 팥빙수 이야기처럼 TV에서처럼 보통 제품을 만드는데 들어간 원가(즉, 제조원가)이다.

그렇다면 이 원가는 왜 이렇게 많은 곳에서 다루어지고 있을까? 우리가 원가와 관련된 정보가 필요하기 때문이다. 그리고 그 정보가 필요한 이유는 우리가 의사결정을 하기 위해서이다. 예를 들어 기업의 목표가 이익을 극대화 시키는 것이라고 하면, 이를 위해 의사결정시 필요한 많은 정보가 필요한데, 이 중 가장 중요한 정보가 원가정보이기 때문이다.

기업이 필요로 하는 다양한 원가정보들

- 어떤 제품(또는 서비스)이 우리 기업에서 가장 많은 이익을 내는 제품(서비스)인가?
- 이익을 산출하기 위해 집계한 원가정보는 정확한가?
- 판매가격을 결정할 때 고려해야 하는 이 제품(서비스)의 원가는 얼마인가?
- 사업부 간 거래에서 판매가격을 얼마로 해야 하는가?
- 신문에서는 우리 기업이 폭리를 취한다고 하는데, 정말일까?
- 여러 사업안 중에 어떤 사업안을 선택해서 추진할 것인가?
- 부서별 성과는 어떻게 평가할 것인가? 등

원가는 의도하는 목표를 달성하기 위해 가지고 있는 자원을 소비할 경우 이 가치를 재무제표에 표시하기 위해 화폐로 측정한 것이다. 기업이 수익(매출)을 발생시키기 위해 가지고 있는 자원을 사용하는 것을 원가라고 부른다. 이런 원가정보를 회계정보의 관점에서 보면, 결국 회계정보의 큰 두 가지 범주(재무회계와 관리회계)에서 원가정보를 모두 활용하고 있다.

원가절감의 효과

1997년 외환위기와 2008년 세계금융위기를 거치면서 우리 정부와 기업들은 원가를 절감하기 위한 노력을 기울여 왔다. 이 원가절감은 경영 효율화를 위한 첫 번째 단계이다. 원가를 절감할 경우 가격을 낮출 수 있어서 판매량이 늘어나고, 이는 매출의 증대로 이어진다. 또 매출은 늘어나지만, 원가가 줄어들었기 때문에 단위당 비용으로 지출되는 금액은 줄어든다. 원가절감은 수익은 늘리고, 비용은 줄이는 방법으로 결국 이익을 늘리는 아주 좋은 방법의 하나다.

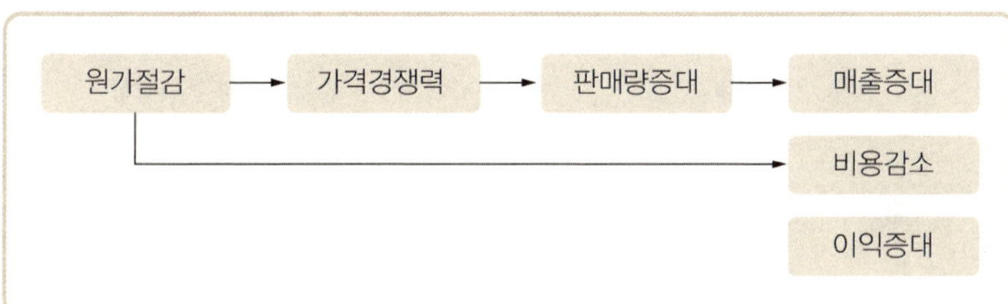

기업은 언제나 매출을 늘리고 원가를 줄이는 것을 고민한다. 물론 매출증대와 원가절감을 동시에 할 수 있으면 가장 좋다. 원가를 줄이면 가격을 낮출 수 있어서 매출이 늘어나기도 하고, 반대로 원가를 많이 투입해야만 매출이 늘어나는 경우도 있다.

기업들은 매출을 늘리기 위해 다양한 활동을 하지만 모든 활동이 매출로 100% 이어진다는 보장은 없다. 하지만 원가는 절감하면 절감한 만큼 그대로 이익을 늘려주게 된다. 또, 같은 원가를 지출하면서 매출을 늘리는 것과 매출은 그대로인 상태에서 원가를 줄이는 것 중 후자가 기업의 수익률에 더 큰 영향을 준다.

매출액이 100억원이고, 매출원가율이 80%, 매출액영업이익률이 10%인 기업에서 매출을 10억원 증대시킨 경우와 매출원가를 10억원 절감한 경우를 생각해 보자. 매출액이 10억원 늘어나면 110억원이 되고, 매출원가는 88억원(매출액 110억원 × 매출원가율 80%)이 되어 매출총이익이 22억원, 영업이익은 11억원(매출액 110억원 × 영업이익률 10%)이 된다. 결국, 매출총이익률 20%, 매출액영업이익률 10%로 이익률이 일정하게 유지되고 있음을 확인할 수 있다.

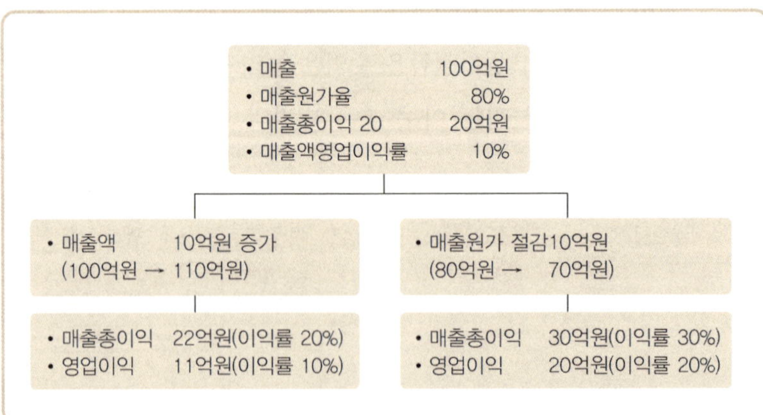

반대로 원가가 10억원이 감소했다고 하면, 매출액은 100억원으로 일정하지만, 매출원가가 70억원으로 감소해 매출총이익률이 30%가 되며, 영업이익 역시 20억원으로 증가해 이익률이 20%가 된다.

매출액이 늘어나면 원가도 같이 늘어나게 된다는 사실을 생각해 보면 앞의 사례가 그렇게 어렵지 않다는 것을 알 수 있다.

02
원가정보 이해를 위한 원가구분

원가정보를 의사결정에 활용하기 위한 전제조건은 기업의 상황을 그대로 담고 있는 정보이어야 한다는 것이다. 따라서 많은 기업은 원가정보를 정확하게, 그리고 의사결정하기 좋게 산출하기 위한 노력을 하고 있다. 그리고 좋은 원가정보의 시작은 제품의 제조원가(서비스의 서비스원가)를 정확하게 산출하는 것부터 시작한다.

이 제조원가를 정확하게 산출하기 위한 몇 가지 구분방법을 살펴보도록 하자.

제조원가의 3요소

손익계산서는 원가정보를 제조원가와 판매관리원가로 구분해서 보여주고, 제조원가는 다시 재료원가, 노무원가, 기타 제조원가(경비)로 구분된다.

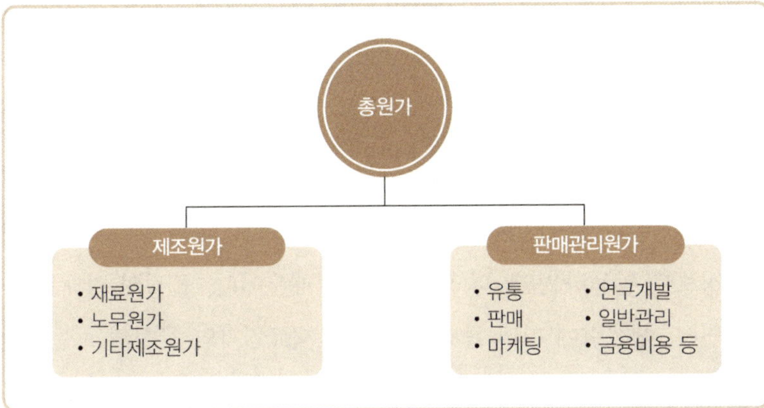

재료원가는 제품이나 서비스를 만들기 위해서 투입된 재료를 의미한다. 가방을 만드는 기업에서 가죽을 생산에 활용했다면, 재료원가는 가죽의 구매가격이 된다. 또 이 기업에서 가방을 만들기 위해 노동력을 구매해서 투입하면, 노동력을 구매한 가격이 노무원가가 되며, 가방공장을 유지하기 위해 들어가는 다른 원가들은 기타 제조원가가 된다.

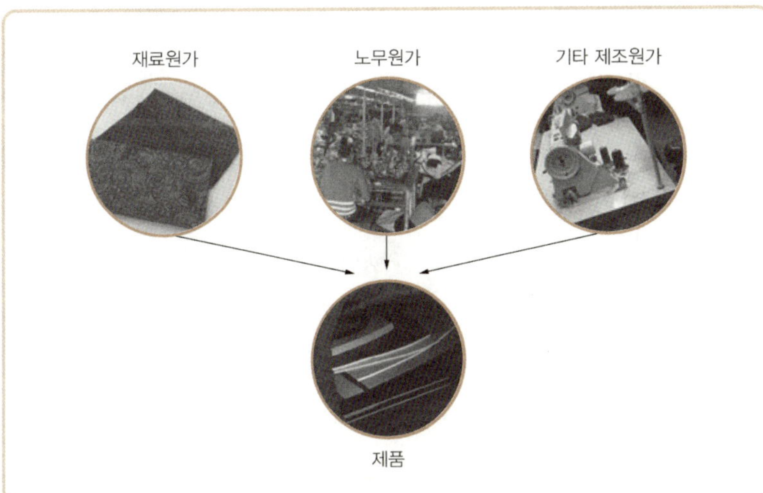

또, 서비스업을 제공하는 기업은 재료원가 없이 노무원가와 기타 제조원가만 가지고 생산을 하기도 한다.

제조원가를 이렇게 세 가지로 구분하는 이유는 재료원가와 노무원가의 비중이 다른 원가에 비해 크고 중요하므로 따로 보여주는 것이 원가정보를 활용하는 데 더 도움이 되기 때문이다. 물질의 형태로 들어가면서, 생산량에 따라 증감이 확실한 재료원가와 무형의 노동자원이면서 대부분 생산량과 관계없이 고정급여를 지급하는 노무원가, 그리고 기타 제조와 관련하여 부수적으로 소요되는 원가를 구분함으로써 의사결정을 더 효율적으로 할 수 있다.

직접원가와 간접원가

한 가지 제품만 생산하는 기업도 있지만, 대부분의 경우 한 기업에서 여러 가지 제품을 생산한다. 한 가지 제품을 생산할 때는 제품원가의 계산이 그리 어렵지 않지만 여러 가지 제품을 생산하는 경우는 제품원가의 계산이 어려울 수 있다. 하나의 원가가 여러 제품으로 동시에 투입될 수 있기 때문이다. 예를 들어 삼성전자가 같은 공장에서 A와 B 두 가지의 냉장고를 생산하고 있다면, 냉장고에 직접 소요되는 재료원가나 직접 조립업무를 수행하는 인원에 대한 노무원가는 각각 A 냉장고와 B 냉장고에 직접 대응되기 때문에 계산하기 어렵지 않지만, 두 제품에 동시에 사용되는 전기료, 수도료 같은 원가는 어느 쪽 원가로 봐야 할지 애매할 것이기 때문이다.

직접 한 제품에만 투입되는 원가를 직접원가라고 하고, 여러 제품에 공통으로 투입되는 원가는 간접원가라고 한다. 제품의 생산에 직접 영향을 주는 원가인지 간접적으로 영향을 주는 원가인지에 따라 구분된다고 생각하면 된다.

〈직접원가와 간접원가〉

구분	내용
직접원가	• 특정 대상(제품, 부문, 서비스, 프로젝트, 활동 등)에 대해 직접 추적할 수 있는 원가
간접원가	• 여러 원가대상과 관련하여 발생하기 때문에 특정원가대상에 개별적으로 추적이 어려운 제조간접원가

또, 직접원가와 간접원가는 제조원가의 3요소와 결합하여 다음과 같이 구분된다.

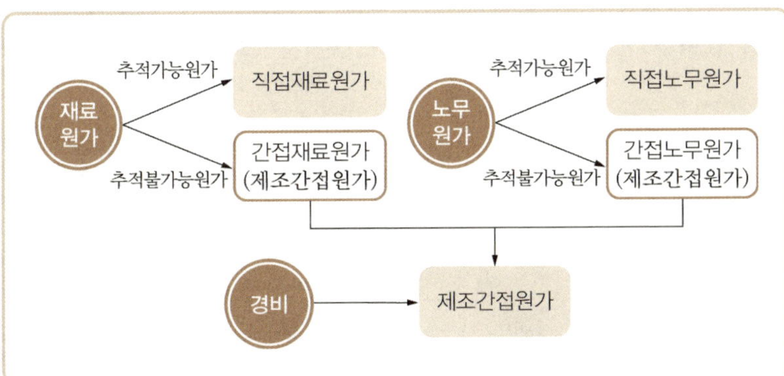

먼저 재료원가와 노무원가를 직접원가와 간접원가로 구분한 뒤, 직접재료원가, 직접노무원가, 제조간접원가(경비를 포함한 간접재료원가와 간접노무원가)로 구분하는데, 이 방법이 제품의 한 단위당 원가

를 계산할 때 가장 많이 사용된다.

다만, 직접원가와 간접원가는 기업의 원가계산방법에 따라 달라지는데, 예를 들어 공장의 전기요금 전체를 하나의 계량기로 측정하면 간접원가가 되지만, 제품라인 별로 측정기를 두면 직접원가가 된다. 중앙집중식 냉방을 하는 건물에서는 층별 냉방요금이 간접원가이지만 개별 냉방을 하는 건물에서는 층별 냉방요금이 각 층에 직접 대응할 수 있는 직접원가가 되다.

판매가격의 결정

기업이 판매가격을 결정할 때는 고려해야 할 요소가 많지만, 그중에서도 투입한 원가가 모두 회수할 수 있는지가 중요하다. 기업이 매출액으로 회수해야만 하는 원가는 제조원가와 더불어 판매활동과 관리활동, 기획, 연구개발, 자금 조달 등 모든 기업의 활동에 드는 모든 원가이다. 만약 제조원가만을 고려하여 판매가격을 설정하면 물건을 아무리 많이 팔아도 이익을 내지 못하는 상황이 될 수도 있다.

〈판매가격의 결정 구조〉

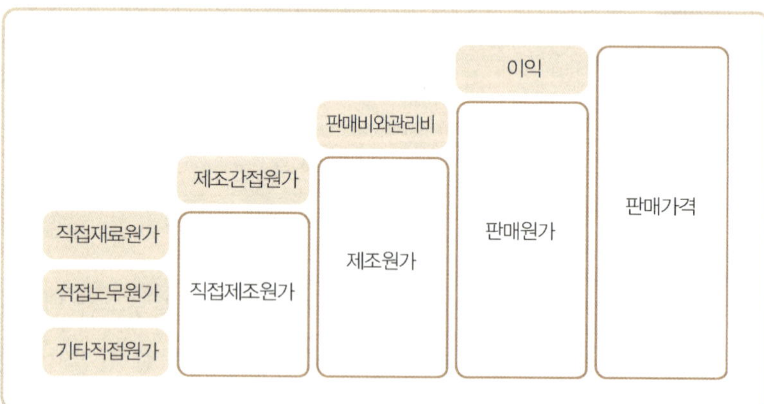

원가를 볼 때 생산에 든 제조원가를 중요하게 생각하는 이유는, 판매관리와 관련된 원가는 손익계산서에 바로 비용화되어 사라지는 소멸원가이지만, 제조원가는 재고자산으로 기재되었다가 판매 시점이 돼서야 매출원가로 비용화되는 미소멸원가이기 때문이다. 많은 사람이 이 제조원가만을 원가로 생각하고 판매관리와 관련된 원가를 고려하지 않는 경우가 많은데, 판매관리와 관련된 원가가 어떤 측면에서 보면 더 중요하게 다뤄야 할 원가가 되는 경우도 있다. 책 첫머리에 나왔던 팥빙수의 원가를 구성하는 항목 중 가장 큰 항목은 무엇일까? 재료원가나 노무원가 같은 제조원가일까? 아니면 임차료나 매장유지비 같은 판매관리와 관련된 원가일까?

판매비와 관리비

최근 많은 기업이 그동안 간과했던 판매관리비 분야에 높은 관심을 보이며 큰 비용 절감 노력을 기울이고 있다. 판매관리비란 제품이나 서비스의 제조와 직접 연결되지 않는 기업을 운영하고 제품이나 서비스를 판매하는데 들어가는 비용을 말한다. 디스플레이 장비 제조기업 D사는 경기도 화성에 본사를 두고 지방에 여러 곳의 공장을 보유하고 있는 매출액 2000억원, 직원 수 300명 규모의 중견 상장기업이다. 부품 국산화를 진행하고, 가격 경쟁력을 확보했다고 자부하지만, 연구 · 개발(R&D)과 설비투자 수요가 이어지면서 지속적인 원가절감의 노력을 수년째 지속해오고 있었다.

하지만 그동안은 제조원가의 절감만을 노력하면서 원가절감이 한계에 부딪혔고, 외부 회계법인에 원가절감 컨설팅을 의뢰한 결과 판매관리비 절감에 신경 쓰지 않아 매출총이익이 영업이익으로 연결되지 못하고 있는 사실을 발견했다. 비용절감 방안을 고민하던 D사는 회계법인의 컨설팅결과에 따라 복리후생비, 광고비, 임대료 등 판매관리비 사용내용을 철저히 분석해 연간 약 6억3000만원의 비용절감 효과를 거두었다.

[○○일보, ○○년 ◇◇월 △△일]

원가절감이나 생산효율을 이야기하면 우리는 무의식중에 실제 생산이 이루어지는 현장(대부분의 경우는 공장)의 원가절감만을 생각한다. 하지만 원가는 생산과정에서만 발생하는 것이 아니라 경영활동의 전 과정을 거쳐서 발생한다. 다만, 제조원가는 제품원가로 구체화 되고, 매출액과 직접 대응하기 때문에 매출원가율이라는 지표로 직관적으로 확인할 수 있으며, 따라서 원가의 절감 계획이나 절감목표를 설정하기가 쉽지만, 판매비와관리비는 그 지출과 매출액이 직접 대응되지 않는 경우가 많아 관심을 두지 않는 경우가 많다. 이는 자칫 잘못하면 엄청난 낭비를 발생시키기도 한다.

이런 판매비와 관리비를 절감하기 위한 노력을 많이 하고 있는데, 그 사례 중 하나로 가끔 관계기업들끼리 합병하는 경우를 예로 들 수 있다. 예를 들어 진로와 하이트맥주는 2005년 진로가 하이트맥주를 인수했지만, 별도 법인으로 운영되어 오다 2011년에 합병했는데, 소주와 맥주를 각각 주력으로 생산하던 두 주류업체가 유통망 통합과 마케팅 연계를 통한 광고비, 물류비 감소 및 지원부서 통합을 통한 관리비 감소를 위해 합병을 결정했다. 이를 통해 원가절감과 매출증대의 두 마리 토끼를 모두 잡으려고 한 것이다.

03

원가정보의 정확한 측정

측정되지 않으면 관리되지 않는다

▲ 피터 드러커(1909-2005)

세계적인 경영학자 피터 드러커는 '측정되지 않으면 관리되지 않는다.'는 말을 했다. 의사결정을 하기 위해서는 특정한 목표와 기준으로 정보를 만들어야 한다. 만약 선수들과 연봉협상을 하는 프로스포츠 구단이 제대로 된 선수평가 측정치를 가지고 있지 않다면, 경영진의 마음대로 부정확하게 연봉계약을 할 것이고, 이는 좋은 선수의 이탈, 팀워크의 해체 등 안 좋은 방향으로 그 결과가 나타나게 될 것이다.

피터 드러커의 이 말은 회계정보, 특히 원가정보의 경우에 더 의미있는 이야기가 된다. 기업이 이익을 내기 위해서는 판매가격이나 이익에 영향을 주는 원가정보가 정확하게 측정되어야 하기 때문이다. 다시 말해 원가를 정확하게 계산해야 한다는 것이다. 이것이 원가정보와 관련된 올바른 의사결정을 하기 위한 필수조건이다.

원가계산의 흐름

제조원가계산이란 단위당 원가를 계산하는 것이다. 단위는 제품 1단위가 될 수도 있고, 서비스나 프로젝트 1건이 될 수도 있다. 또 고객별로 원가계산을 할 수도 있고, 공정별로 원가계산을 할 수도 있다. 다양한 목적에 따라 다양하게 원가계산을 하지만, 중요한 것은 직접 대응되는 원가와 직접 대응되지 않는 원가가 있다는 사실이다.

원가계산의 첫 번째는 단위당 원가를 집계하는 대상을 결정하는 것이다. 이를 원가대상이라고 부른다. 제품별로 원가를 집계할 때는 제품이 원가대상이 되고, 서비스업의 경우에는 프로젝트별로 원가를 집계하므로 프로젝트가 원가대상이 된다. 또 특정한 목적을 위해 고객이나 공정별로 원가를 집계하는 경우도 있는데 이 경우에는 고객이나 공정이 원가대상이 된다.

두 번째는 발생한 원가를 직접원가와 간접원가로 구분하는 것이다. 원가 대상에 직접 대응되는 원가인지 아니면 여러 제품 혹은 여러 프로젝트에 공통으로 대응되는 원가인지에 따라서 나누어진다. 그리고 이렇게 구분한 직접원가는 직접대응(원가추적)시키고 간접원가는 일정한 기준에 따라서 나누어주는 원가배부를 한다. 마지막으로 집계된 총 원가를 원가대상의 수로 나누어 주면 원가대상 1단위당 원가가 산출된다.

〈원가계산의 흐름〉

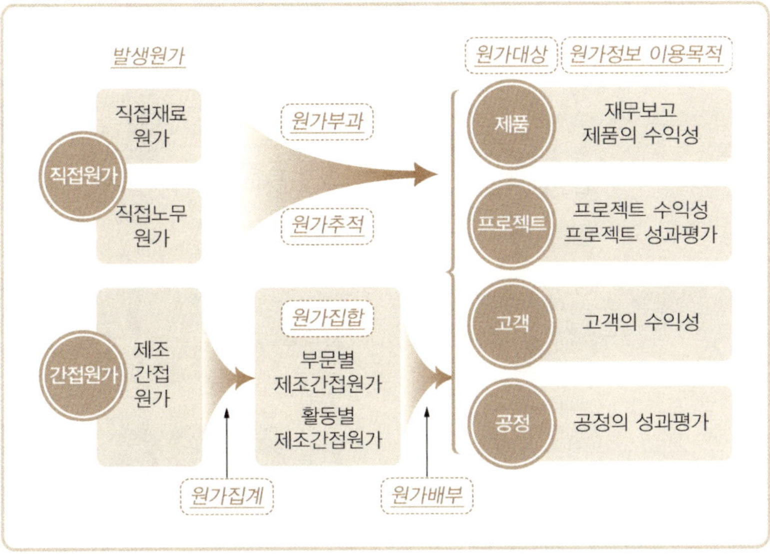

원가계산의 핵심 – 원가배부

그렇다면 어떻게 각 원가대상이 공통으로 사용한 원가를 나누어(배부)줄까? 가장 많이 사용되는 방법은 생산량을 기준으로 원가를 배부하는 것이다. 예를 들어 삼성전자가 냉장고 A와 B를 만드는데 총 1억원의 전기료를 냈고, A는 200개 B는 800개를 생산했다면, A제품에 총 2천만원, B제품에 총 8천만원의 전기료를 배부하는 것이다. 즉, 20%의 생산량을 보이는 냉장고 A가 2천만원의 전기를 쓴 것으로, 80%의 생산량을 보이는 냉장고 B가 8천만원의 전기를 쓴 것으로 가정하는 것이다. 가장 간단하면서도 가장 쉽게 사용하는 배부방법이다.

하지만 A 냉장고는 고가의 대용량 제품이고, B는 저가의 소용량 제품이어서 생산의 난이도나 생산시간이 차이가 난다면 이렇게 배부하는 것이 원가의 왜곡을 가져올 수 있다. 냉장고 B가 비록 생산량은 많지만, 생산의 난이도나 소요시간이 적어 전기소요는 적을 수도 있기 때문이다. 기업들은 이럴 때 어떤 방법으로 전기료를 배부해야 할지 고민하게 된다. 가장 좋은 방법은 각자 계량기를 달아서 전기사용량을 점검하면 되지만 그것이 현실적으로 불가능할 수도 있기 때문이다.

다음 사례를 한번 살펴보자.

자동차를 만들어서 판매하는 ㈜원미는 지난 한 달 동안 '스몰'과 '그랜트'를 각각 20대씩 생산했고, 그 생산하는데 총 6,000만원의 원가가 소요되었다. 두 제품에는 직접원가가 각각 1,000만원씩 투입되었고, 간접원가는 총 4,000만원이었다.

〈원가의 구성〉

- 생산량　20대
- 직접원가 1,000만원

- 생산량　20대
- 직접원가 1,000만원

- 간접원가 4,000만원

그랜트가 스몰보다 작업시간이 더 많이 들긴 하지만 계산의 편의를 위해 ㈜원미는 간접원가 4,000만원을 생산량을 기준으로 배부하여 대당 원가를 산정하였고, 판매가는 총 제조원가의 20%를 이익으로 가산하여 결정하였다.

〈단위당 원가 및 판매가 산정〉

	직접원가	간접원가	총제조원가	단위당 제품원가	판매가
스몰	1,000만원	2,000만원	3,000만원	150만원	180만원
그랜트	1,000만원	2,000만원	3,000만원	150만원	180만원

하지만 시장에 내놓았더니 스몰은 거의 팔리지 않고 그랜트만 불티나게 팔리기 시작했다. CEO는 스몰의 담당 부서에 많은 질책을 했지만, 스몰의 담당 부서는 자신들에게 할당된 간접원가가 너무 많아서 판매가가 너무 높게 책정되었다고 주장했다. 그래서 ㈜원미의 CEO는 원가분석을 다시 해보았다. 그랬더니 직접원가의 경우는 일대일로 대응되는 원가이기 때문에 큰 차이가 없었지만, 간접원가는 실제 기계를 사용한 시간에 비례해서 발생하는 것으로 확인되었는데, 제품별

로 기계 사용시간을 보니 스몰은 총 100시간, 그랜트는 총 300시간으로 집계되었다. 결국, 간접원가는 그랜트가 더 많이 소비한 것으로 분석된 것이다. 이 결과를 가지고 다시 원가를 분석해보니 다음과 같은 결과가 도출되었다.

〈다시 산정한 단위당 원가 및 판매가〉

	직접원가	간접원가	총제조원가	단위당 제품원가	판매가
스몰	1,000만원	1,000만원	2,000만원	100만원	120만원
그랜트	1,000만원	3,000만원	4,000만원	200만원	220만원

그랬더니 스몰의 단위당 원가는 100만원 적정판매가는 120만원으로, 그랜트의 원가는 200만원 적정판매가는 220만원으로 계산되었다. 결국 ㈜원미는 스몰을 100만원에 만들어서 180만원에 팔려고 하다 보니 팔리지 않는 것이었고, 그랜트는 200만원에 만들어서 180만원에 팔았으니 불티나게 팔리기는 하지만 기업은 팔면 팔수록 손해였던 것이다. 이처럼 원가계산이 잘못되면 의사결정이 잘못되고 기업의 성과에 잘못된 영향을 줄 수도 있으며, 성과평가까지 왜곡될 수 있다.

원가배부의 방법

첫 번째 고려 – 인과관계

가장 좋은 원가배부 방법은 간접원가에 대한 관점을 바꾸어 간접원가를 직접원가처럼 것이다. 앞의 사례에서 간접원가 4,000만원이 기계를 사용하는 시간과 비례하는 것을 발견했다면, 간접원가는 기계를 많이 사용할수록 더 많이 발생하므로 기계사용 시간대로 배부하면 된다. 이는 사실상 직접원가처럼 각 제품에 기계 시간을 기준으로 직접 대응시키는 것과 같은 효과이다. 이렇게 많이 사용한 원가대상으로 간접원가를 배부하는 기준을 인과관계기준이라고 부른다. 예를 들어 친구들 3명이서 피자를 먹는다고 할 때, 1만원짜리 피자 10조각을 먹고 피자값을 어떻게 나눌지 고민하고 있다면 가장 공평한 방법은 먹은 조각 수대로 나누는 방법일 것이다. 예를 들어 학기와 전수 그리고 현배가 피자를 먹는데, 학기가 2조각, 전수가 5조각, 현배가 3조각을 먹었다면 각각 2천원, 5천원, 3천원을 내는 것이다. 누구도 불만을 가지지 않을 것이다.

두 번째 고려－혜택(수혜기준)

하지만 모든 상황에서 이런 인과관계를 찾아내기는 쉽지 않다. 또 이런 인과관계를 찾는 것이 비효율적일 수도 있다. 예를 들어 한 과외 선생님으로부터 세 명의 학생이 그룹 과외를 들었다. 세 사람이 나누어서 과외비를 부담하기로 했는데 인과관계에 따르면 더 많이 선생님의 시간을 사용한 학생이 과외비를 더 내야 할 것이다. 하지만 누가 더 과외 선생님의 시간을 더 사용했는지 산출하기는 쉽지 않다.

이런 경우에는 가장 많은 경제적 효익을 얻은 쪽에서 많은 부담을 하는 방법이 있다. 그룹과외의 경우에는 성적이 많이 오른 학생이, 피자값은 포만감을 얻은 사람이 많이 부담하는 것이다.

세 번째 고려－부담능력

기업들은 수많은 이미지 광고를 한다. 이 이미지 광고는 기업의 특정제품을 위한 것이 아니고 기업 전체의 이미지를 높이기 위한 것이다. 이 경우 기업의 이미지 광고에 대한 비용은 어떻게 나누는 것이 좋을까? 예를 들어 삼성전자는 매년 잉글랜드 프리미어리그의 명문 구단인 첼시에 수백억원의 후원을 하고 있다. 유럽 및 전 세계에서 삼성의 브랜드가치를 높이기 위한 것이다. 이런 경우 사업부별로 이 후원금을 부담해야만 하는데, 이 후원금은 삼성전자 차원에서 진행하는 것으로 각 사업부별 인과관계를 찾을 수도 없고, 이 후원을 통해 어느 사업부가 효익을 얻는지도 산출할 수 없다. 이럴 때 고려하는 것이 부담능력기준이다. 부담능력으로 원가를 배부하는 가장 손쉬운 방법이 바로 매출액인데, 삼성전자의 경우 매출액을 기준으로 후원액을 사업부에 배부하고 있다.

▲ 이미지출처 : 첼시 풋볼클럽

삼성전자는 프리미어리그 명문구단 첼시에 대한 후원금을 매출액을 기준으로 사업부별로 배부하고 있다. 하지만 이 경우에도 불만을 가지는 사업부가 나올 수 있다. 예를 들어 소비재를 판매하는 사업부의 경우에는 기업의 이미지 광고가 많은 효익을 보겠지만, 반도체처럼 일반 소비자들을 대상으로 영업하는 사업부가 아니라면 기업의 이미지 광고가 큰 효과를 보지 않을 수도 있기 때문이다.

만약 피자값을 부담능력대로 배부한다면 돈 많은 친구가 많이 내도록 하면 된다. 현재 가지고 있는 돈이 학기 1만원, 전수 1만원, 현배 3만원이라면 각각 1 : 1 : 3의 비율로 2천원, 2천원, 6천원씩 내는 것이 부담능력대로 원가를 배부하는 것이 된다.

이도 저도 안 될 때

만약 수치로 배부기준을 산출하는 것이 어려울 경우에는 결국 의사결정권자가 어떻게든 결정하여야만 한다. 이런 경우에는 일반적으로 생산량을 가지고 배부하는 경우도 있고, 기업 내부의 사정을 고려하여 배부기준을 정하기도 한다. 이것을 공평성과 공정성 기준이라고 부르는데, 배부기준을 정하는 사람이 가장 결정하기 힘든 방법일 수도 있고, 가장 쉬운 방법일 수도 있다.

〈피자값을 나누는 방법〉

3명의 친구들이 피자(1만원)를 나누어 먹었을 경우

인과관계 기준 [먹은 양]

	먹은 양	지불
학기	2개	2,000원
전수	5개	5,000원
현배	3개	3,000원

수혜기준 [만족도(배부름)]

	배부름	지불
학기	30%	3,000원
전수	50%	5,000원
현배	20%	2,000원

부담능력기준 [경제력]

	가진 돈	지불
학기	1만원	2,000원
전수	1만원	2,000원
현배	3만원	6,000원

원가배부방법을 이용한 경영전략

히타치는 일본의 생활가전제품 전문 제조기업으로 과거 VCR이 일반화 돼 있던 1980년대에 세계에서 가장 큰 VCR 제조 공장을 운영했었다. 당시의 히타치는 생활가전제품 제조와 관련된 가장 선도적인 기업이면서 또 가장 자동화가 잘 되어 있는 공장시스템을 가지고 있는 기업이기도 했다. 이 기업은 재무보고목적의 원가배부기준 이외에 경영관리 목적의 원가배부기준을 따로 가지고 있었는데, 바로 모든 제조간접원가를 직접노무원가를 기준으로 배부하는 것이었다. 이렇게 한 이유는 각 사업부가 스스로 자동화를 위해 노력하는 것을 유도하기 위해서였는데, 당시 CEO는 직접노무원가를 감소시키고 공정을 자동화하는 것이 장기적으로 원가를 절감하고 경쟁력을 높일 수 있다고 판단하였다. 따라서 직접노무원가를 기준으로 제조간접원가를 배부하여 성과를 평가하였고, 본인들의 사용 여부와 관계없이 직접노무원가에 따라 제조간접원가가 배부되는 각 사업부의 책임자들은 직접노무원가를 줄여 제조간접원가가 많이 배부되는 것을 방지하게 하려고 인력을 줄이고 자동화된 생산시스템을 도입하려고 노력하게 되었다.

또 냉장 및 에어컨 장비를 제조하는 히타치의 다른 공장에서는 제품 설계 엔지니어들이 제품을 설계할 때 영향을 주려고 일부러 제조간접원가가 제품에 사용된 부품 수를 기준으로 배부되게 만들었다. 이 기업은 다수 부품, 특히 특수 부품과 연관된 복잡성이 제조간접원가를 증가시킨다고 보았기 때문에 다양한 제품을 조립하는 공장에서 부품 수를 줄이고 여러 제품라인에 걸쳐 표준 부품 사용을 장려함으로써 제조간접원가를 줄일 수 있고, 표준 부품의 대량 구매에 대한 가능성을 만들어 냄으로써 재료원가를 낮출 수도 있다고 보았다.

- T. Hiromoto, "Another Hidden Edge－Japanese Management Accounting,"
- Harvard Business Review, July August 1988, pp22－26

히타치의 이러한 방법은 실제 제품의 원가와는 차이가 나기 때문에 재무제표의 작성목적으로는 사용할 수 없는 원가이다. 외부정보이용자들에게 실제와 다른 정보를 보여주기 때문이다. 따라서 외부보고목적으로는 왜곡되지 않은 실제 회계 기준상의 원가정보를 보고하고, 내부관리목적으로 원가배부방법을 통해 성과평가기준을 조절함으로써 각 사업부가 경영진의 의도에 맞게 행동하는 유인을 만들어 낸 사례라고 할 수 있다.

인과관계를 최대한 끌어낸 배부방법

최근에는 많은 제조기업이 자동화된 설비를 도입하고 있다. 과거에는 노동력에 크게 의존하여 노무원가의 비중이 상당히 큰 편이었지만, 자동화가 많이 진행된 최근에는 노무원가보다는 오히려 감가상각비나 수선유지비 같은 제조간접원가의 비중이 더 큰 편이다. 직접원가의 비중이 높은 노무원가의 비중이 감소하고 간접원가의 비중이 높은 제조간접원가의 비중이 증가한다는 것은 바로 원가배부기준의 중요성이 점점 더 올라가고 있다는 의미이기도 하다.

제조간접원가의 배부기준으로는 전통적으로 생산량이나 작업시간처럼 생산량이나 조업도와 관련된 배부기준을 단일기준으로 하여 활용하였다. 하지만 최근 설계원가, 품질검사원가, 작업준비원가 같은 조업도와 크게 관련이 없는 제조간접원가의 비중이 점점 더 커져서 생산량이나 작업시간 같은 과거의 배부기준을 사용하게 되면 원가의 왜곡이 심해진다. 이는 잘못된 원가정보가 만들어질 가능성이 커지고 만든다. 이런 문제점을 해결하고 제조간접원가의 배부기준을 다양하게 만듦으로써 정확한 원가를 산출하려는 방법으로 활동기준원가계산(ABC: Activity Based Costing)이 사용되고 있다.

〈전통적 원가계산〉

• 최종산출물인 상품이나 서비스가 자원을 소비한다는 가정하에 소비된 자원을 원가대상인 최종산출물에 직접배부하여 원가계산

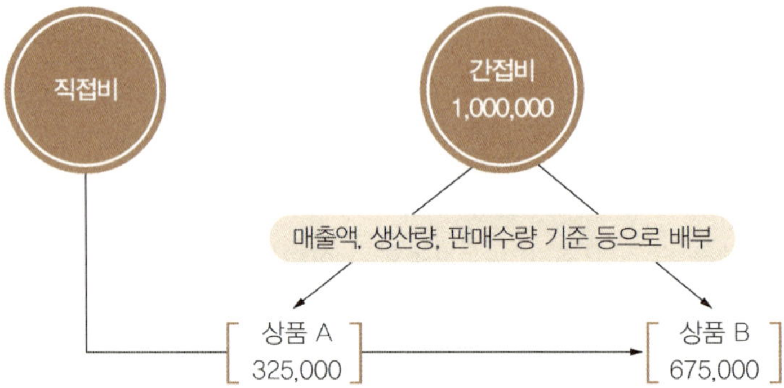

활동기준원가계산은 원가가 비록 생산량과 비례해서 발생하지는 않더라도 다른 어떤 원인에 의해서 발생하게 되는데, 그 원가를 발생시키는 원인(활동)을 찾아서 그 원인을 기준으로 원가를 배부하여 정확한 원가계산을 하는 방법이다.

〈ABC 원가계산〉

• 최종산출물인 상품이나 서비스를 위해 활동이 자원을 소비하므로 자원을 활동에 배부하고 원가대상에 해당 활동을 배부하여 원가계산

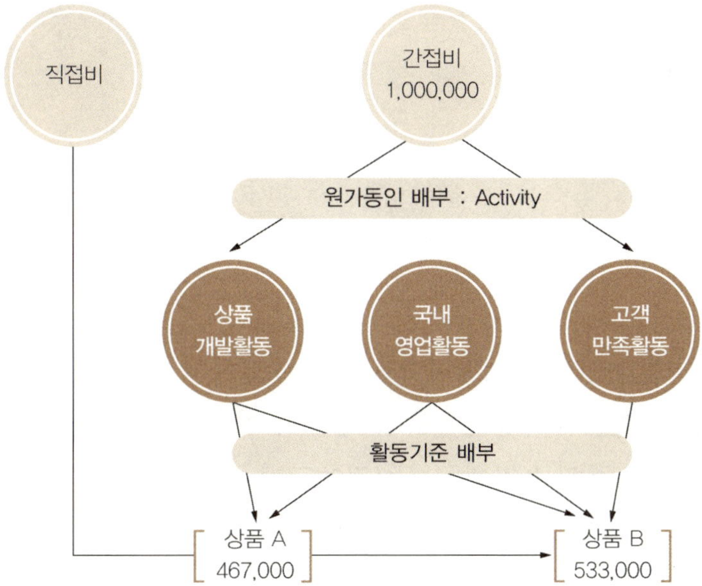

이런 활동기준원가계산의 목표는 원가배부기준을 최대한 자세하게 해서 모든 제조간접원가의 인과관계를 찾아내고, 이를 가지고 정확한 원가계산을 하자는 것이다. 하지만 이처럼 원가배부기준을 많이 가져가면 가져갈수록 시간과 비용이 많이 들 것이다. 최근에는 정확도를 조금 떨어뜨리더라도 적절한 수의 원가배부기준을 설정하고 그에 따라 원가를 배부하는 것이 일반적인 추세이다.

04
다양한 원가계산 방법

원가를 계산할 때 가장 중요한 점은 서로 다른 제품들에 공통으로 사용되는 원가를 어떻게 배부하느냐이다. 이 배부기준만 합리적으로 설정되면 단위당 원가를 구하는 것이 크게 어렵지 않게 이루어진다.

원가를 집계 및 배부한 이후에 단위당 원가를 산출하는 방법은 제품의 생산방식에 따라 크게 두 가지로 나누어지는데 하나는 개별원가계산이고 다른 하나는 종합원가계산이다. 개별원가계산은 항공기나 선박처럼 주문을 통해 생산하는 단위당 금액이 큰 제품에 사용하는 방법이고, 종합원가계산은 자동차나 TV, 컴퓨터처럼 규격화된 제품을 다량으로 생산할 때 사용하는 방법이다.

개별원가계산

개별원가계산방법은 여러 가지 제품을 주문으로 소량 생산하거나 제품의 종류 또는 규격이 다양한 제품을 생산할 때 적용하는 원가계산방법이다. 주문품마다 종류나 규격이 다르므로 주문품별로 원가를 집계하여야만 정확한 원가가 산출된다. 다음의 예를 살펴보자.

오렌지 트리는 고객의 주문에 따라 가구를 만들어 제작·판매하기도 하고, 때로는 규격화된 가구를 미리 제작해서 판매하기도 하는 가구회사이다.

오렌지 트리에 다음과 같은 주문이 들어왔다고 가정해보자.

1) 문사장 : 부모님을 위한 원목 침대 주문
2) 김사장 : 어린아이를 위한 옷장 주문
3) 조사장 : 사무실에서 활용할 책상 및 책장 주문

이 세 주문품은 각자가 원하는 규격과 재질이 모두 다를 것이다. 따라서 단일 기준으로 원가를 배부하기 어렵다. 이런 경우 재료원가는 각각의 주문품에 1 : 1로 대응이 될 것이고 직접원가로 구분할 수 있지만 가구 기술자 2명이 이 세 주문품을 모두 제작한다고 하면 가구 기술자에 대한 노무원가와 공장을 유지하기 위한 원가는 간접원가가 되어 배부가 필요하게 된다. 이 경우 원가계산은 다음과 같은 흐름에 따라 이루어진다.

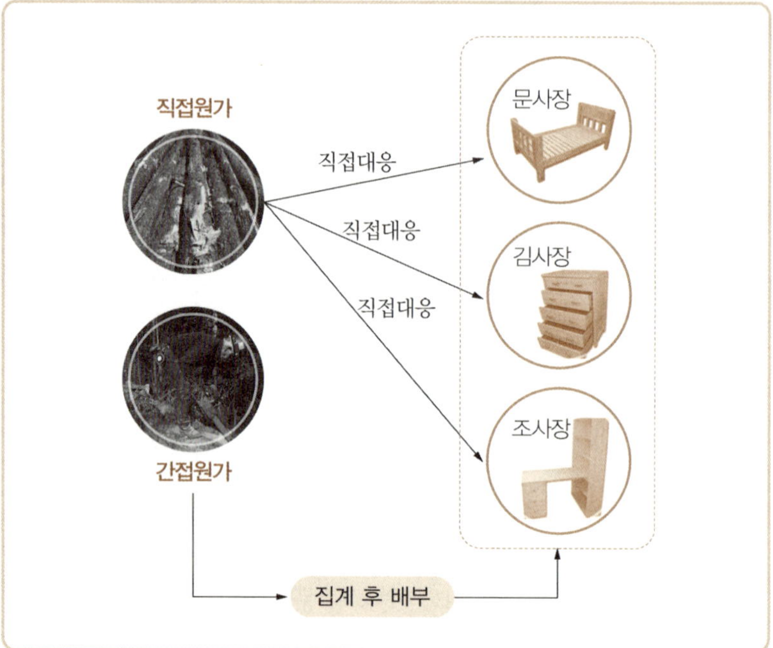

이렇게 계산된 원가는 판매가 완료된 경우에는 매출원가로 손익계산서에 나타나며, 판매가 완료되지 않은 경우에는 재고자산으로 재무상태표에 나타난다. 만약 배부가 올바르게 되지 않는다면 제품별 손익은 물론 기업의 당기 손익도 왜곡되어 나타나게 되는 것이다.

개별원가계산은 조선업, 기계제작업, 플랜트건설업같이 수요자의 주문에 기초해서 수요자의 요구에 따라 개별적으로 제품을 생산하는 업종에서 원가계산을 하기 위해 사용하는 방법이며, 제품별로 정확한 원가계산이 가능하고, 제품별로 이익금액이 명확하게 나타나는 데 반해 제품별로 원가가 계산되기 때문에 원가집계에 시간과 노력이 많이 든다는 단점이 있다.

종합원가계산

종합원가계산방법은 한 가지 제품(또는 비슷한 제품)을 연속적으로 대량으로 생산하는 경우에 활용되는 방법이다. 앞서 오렌지 트리에서 의자를 대량생산하여 일반판매를 한다고 생각해 보자. 이 의자는 규격화된 제품으로 연속적으로 생산되기 때문에, 일반적으로 단위당 원가를 계산할 때 일정 기간(보통 1개월) 발생한 총원가를 생산수량으로 나누어서 평균으로 계산한다. 이 경우 비록 재료원가나 노무원가가 일정 기간 동안 변동하더라도 일일이 언제 생산된 제품이냐에 따라 그 금액을 구분하지 않고, 일반적으로 평균을 내서 활용한다.

정해진 기간 동안 발생한 원가를 모두 집계한 후 생산량으로 나누어 주는데, 이런 원가계산방법은 당연히 제품의 원가구조가 비슷하다는 가정을 가지고 있기 때문에 결국 평균개념으로 제품의 원가를 계산한다고 볼 수 있다. 또 원가의 집계는 생산품 하나하나 별로 이루어지는 것이 아니라 공정별로 집계한 후 생산량으로 나누기 때문에 개별원가계산보다 단위당 원가의 계산이 좀 더 수월하다. 이렇게 계산된 원가에 따라 판매된 부분은 매출원가로 계산되어 손익계산서에, 판매되지 않은 부분은 재고자산으로 계산되어 재무상태표에 기록된다.

완성품환산량

필자가 원가에 대한 강의나 강연을 하면 꼭 이 완성품환산량에 대한 설명을 시작할 때 청중들의 집중도가 떨어지는 것을 느낄 수 있다. 필자의 능력부족일 수도 있지만, 필자는 이 완성품환산량이라는 용어가 딱 봐도 어렵게 생겼다는 느낌이 드는 것으로 핑계로 삼고는 한다.

사실 우리가 종합원가계산방법에 따라 원가를 계산할 때 계산의 대상이 되는 기간의 종료 시점에 원재료를 투입한 모든 제품이 완성된다는 보장은 없다. 때로는 결산 시점에 제품으로 완성되지 않고 재공품으로 남아있는 재고자산이 있는 것이 더 현실적이다. 이런 경우에는 공정별로 집계한 총제조원가를 재공품과 제품, 매출원가로 각각 배부해서 집계하여야 한다.

하지만 수량으로만 총 제조원가를 나눈다면 원가계산에 문제점이 발생한다. 재공품은 아직 가공이 완료되지 않아서 원가가 앞으로도 더 들어가야만 하기 때문이다. 그래서 종합원가계산을 할 때는 이 재공품이 완성된 제품 대비 몇 % 완성되었는지를 파악하여, 원가를 계산한다. 이때 과연 재공품은 완성된 제품 대비 몇 % 완성되었는지를 나타내는 수치를 완성품환산량이라고 부르는 것이다.

예를 들어 이번 달에 1,000개의 의자를 만들었고, 총 1억 2천만원의 원가가 발생했다고 하면, 의자 1개당 제조원가는 120,000원이 될 것이다.

120,000,000원	÷	1,000개	=	120,000원(의자 1개당)
총제조원가		생산량		단위당 제조원가

그런데 문제는 이달 말 현재 만들고 있는 의자가 약 400개가 남아 있는 경우이다. 이 경우 재공품에도 원가를 배부해야 하는데, 400개를 모두 배부할 수는 없다. 왜냐하면, 추가적인 노력이 들어가야만 이 재공품들이 완성된 제품으로 완성되고, 이달 기준으로 본다고 해도 재공품에 들인 노력(원가)이 제품에 들인 노력보다는 적을 것이기 때문이다. 이런 경우 재공품이 제품대비 약 50%가 가공이 진행되었다고 가정할 경우 완성품환산량은 200개(400개×50%)로 산출하여 단위당 제조원가를 다시 산출하게 된다.

120,000,000원	÷	1,200개	=	100,000원(의자 완성품 1개당)
총제조원가		생산량		단위당 제조원가

이럴 때 생산량이 200개 증가하여 단위당 제조원가는 100,000원으로 계산된다. 제품의 단위당 제조원가가 100,000원이므로 완성품 대비 50%만 가공된 재공품의 경우에는 1단위당 50,000원의 원가가 산출된다.

완성품환산량은 사실 원가의 3가지 요소(직접재료원가, 직접노무원가, 제조간접원가)에 따라 각각 설정하여야 하는데, 실무적으로는 제품 생산 초기에 투입되는 직접재료원가와 가공과정에 걸쳐 점차 발생하는 가공원가(직접노무원가+제조간접원가) 이 두 가지로 나누어서 완성품환산량을 각각 계산한 후 원가를 계산하는 것이 일반적이다.

05

목표관리를 위한 표준원가의 활용

가방을 사려고 여러 제품을 둘러보던 고객이 '이건 너무 비싸다.'라고 말했다. 그 고객은 무슨 기준으로 그 가방이 비싸다고 이야기했을까? 그 원가가 정확히 얼마인지 잘 알지도 못할 텐데 말이다.

아마 이 고객은 비슷한 종류의 가방을 샀던 적이 있거나, 이 가방의 원가가 어느 정도가 될 것으로 생각한 수준이 있었을 것이다. 이러한 자신의 과거 경험과 지식을 가지고 이 가방이 비싼지 아닌지 판단했을 것이다. 그리고 그 경험에 의한 정보가 정확하다면 올바른 의사결정을 할 것이고, 정확하지 않다면 의사결정은 잘못된 방향으로 흐를 것이다.

우리가 가격을 평가할 때는 이미 알고 있는 과거의 정보를 이용하는 경우들이 많은데, 원가정보 역시 과거의 경험으로 예측하는 경우가 많다. 사실 모든 의사결정을 위한 회계정보는 과거의 경험과 지식을 이용해서 평가하는 것이 일반적일 것이다.

표준원가계산

정확한 제품원가는 언제 확인할 수 있을까? 원가가 모두 투입되고, 생산이 모두 완료된 후 투입된 원가금액을 집계하고 나서 직접원가는 직접대응 간접원가는 배부과정을 거친 뒤, 생산형태별로 개별원가계산이나 종합원가계산의 방법을 통해 계산된다.

그렇다면 아직 결산 전이어서 실제 정확한 원가가 얼마나 되는지 모르는 상태에서 견적을 내야 하는 경우에는 어떻게 해야 할까? 당연히 정확한 원가가 계산되기 전에 원가에 대한 정보가 필요한 경우가 많다. 의사결정을 위해서는 때로 정확한 원가계산 전에 원가정보를 만들어야 할 필요가 있기 때문에 과거의 경험과 과학적/통계적인 지식을 이용해서 사전에 표준이 되는 원가를 설정하기 시작했는데, 이를 표준원가계산이라고 부른다.

물론, 과거의 자료를 그냥 그대로 사전원가로 사용할 수도 있지만, 이 경우는 비정상적인 조업도에 의한 원가율 감소나 과도한 원재료와 노동력의 사용으로 인한 비능률이 있을 가능성을 고려하면, 과거의 원가자료를 그대로 사전원가로 사용하는 것은 문제가 생길 수 있다. 따라서 정상적인 상황을 가정한 원가 정보가 필요하다.

이런 표준원가계산방법은 일반적으로 결산시기가 도래하기 전에 과거의 경험과 기업의 전략을 반영하여 산출한다. 이렇게 산출된 표준원가는 때로는 기업의 실제상황을 그대로 반영하기 위해 산정하기도 하고, 때로는 기업이 특정한 목적을 달성하기 위해 왜곡해서 산정하기도 한다. 그리고 이렇게 설정된 표준원가는 결산 후에 계산되는 실제 원가와 현실적으로 당연히 다를 수밖에 없고 기업은 왜 실제 원가가 표준원가와 다른지 파악하여 그 차이가 정상적인지 비능률로 인한 것인지를 분석할 수 있기 때문에, 원가관리 측면에서도 아주 좋은 원가계산방법이 된다.

〈실제원가계산방법과 표준원가계산방법의 차이점〉

구 분	실제원가계산	표준원가계산
원가계산주기	결산 후	결산 전
원가통제	사후통제	사전통제
차이분석 여부	불가능	가능
보고대상	외부보고 목적	내부관리 목적

표준원가의 설정기준

한 기업이 불량률 때문에 고민하고 있다. 이 기업의 불량률은 산업평균인 10%에 비해 너무 높은 20%를 기록하고 있고, 종업원들은 불량률에 별다른 관심이 없다. 이 기업의 CEO는 불량률을 낮춰 원가절감을 하기 위해 종업원들에게 불량률이 0%가 될 경우 아주 높은 수준의 성과급을 지급하겠다고 했지만, 결과적으로 종업원들은 아무도 그 성과급에 관심을 두지 않았다. 왜 그랬을까? 아무리 노력해도 불량률

0%가 나올 수 없다는 사실을 종업원들이 알고 있기 때문이다. 그래서 효과가 없자 CEO는 불량률을 달성할 수 있게 산업평균보다는 높지만 지금 현재보다는 낮은, 그리고 종업원들이 노력하면 달성할 수 있는 15%로 그 목표치를 수정했다. 그리고 이 목표치를 달성할 경우 성과급을 지급하기로 했다. 이러자 종업원들은 그 성과급을 받기 위해 불량률을 줄이려고 노력했고, 결과적으로 이 기업의 CEO는 목표로 했던 원가절감 효과를 얻을 수 있었다고 한다.

표준원가계산은 표준이 되는 원가를 설정하는 데서부터 시작한다. 하지만 표준이 되는 원가 역시 기업의 목적에 따라 설정되어야만 한다. 만약 재무보고가 가장 중요한 부분이라고 하면 실제 원가와 가장 유사한 형태로 표준이 설정되어야 하므로 경영활동을 수행하면서 실제로 산출될만한 원가가 표준으로 설정되어야 하며, 원가절감과 작업능률을 향상하기 위해서는 실제 노력하면 달성할 수 있는 원가가 표준으로 설정되어야 한다.

- 이상적 표준 : 정상적인 기계고장, 정상감손 및 근로자의 휴식시간 등을 고려하지 않고, 최선의 조건으로만 달성할 수 있는 이상적인 최저목표원가
- 정상적 표준 : 정상적인 조업수준이나 능률수준에 대하여 설정된 표준원가
- 현실적 표준 : 경영의 실제 활동에서 얻어질 것으로 기대되는 표준원가

일반적인 기업들은 기업의 구성원들이 노력하면 달성할 수 있는 정상적인 표준을 설정하여 원가절감에 대한 동기부여를 하는 편이며, 일부 기업들은 달성하기 힘든 이상적 표준을 설정하여 구성원들이 애초에 포기하게 하는 잘못을 하기도 한다.

또한, 표준원가는 절대불변의 원가가 아니라는 것을 기억하여야 한다. 필자가 원가컨설팅을 하다 보면 표준원가를 설정한 후에 이 표준에 따라서 모든 의사결정을 하려고 하는 기업들이 간혹 있는데, 경제적 여건이 변하거나 기업의 숙련도가 변하거나 하는 이유로 사전에 설정된 표준원가는 언제나 변할 가능성이 있다. 이를 잊어서는 안 될 것이다.

표준원가의 설정과 활용

표준원가는 제조원가의 3요소, 즉, 재료원가의 표준, 노무원가의 표준, 제조간접원가의 표준을 설정하는 것을 목표로 한다. 때로는 판매비와 관리비의 각 항목의 표준을 산출하는 경우도 있다. 다만 판매비와 관리비는 생산량에 과 관계없이 일정한 고정비의 비중이 높고, 고정비가 아니더라도 생산량과 관계없이 독특한 형태를 보이는 항목들이 많아 표준원가를 산출하는 경우가 그리 많지는 않다.

표준원가를 제조원가 측면에서 보면 제품 1단위당 투입될 것으로 기업이 예상하거나 목표하는 금액이다. 재료원가는 결국 제품 1단위를 만들 때 표준이 되는 원재료의 수량이 있고, 이 원재료의 표준 구매가격이 있다. 또, 노무원가는 제품 1단위를 만들 때 소요되는 표준적인 노동시간이 있고, 또 표준 임률도 있다. 이런 것들을 고려하여 표준원가를 설정한다.

- 표준재료원가 = 표준수량 × 표준가격
- 표준노무원가 = 표준시간 × 표준임률

제조간접원가는 그 표준이 되는 기준을 주의해서 살펴보아야 한다. 이는 배부기준을 정하는 것처럼 인과관계를 잘 살펴봐야만 하는 것과 그 이유가 같다. 간단하게 표준제조간접원가를 산출한다면 생산량 1단위당 제조간접원가 금액을 산출해서 표준원가를 산출하지만 제조간접원가 중에는 생산량과 관계없이 다른 요인에 의해서 금액이 변동하는 항목들이 많다. 실무적으로는 2~3개 정도 원가를 변화시키는 원인을 찾아서 그 원가를 변화시키는 요인과 그에 따른 원가를 가지고 제조간접원가를 산출한다. 많이 사용되는 기준은 생산량, 작업시간 등이다.

- 표준제조간접원가 = 제품 1단위당 표준가격

또는

- 표준제조간접원가 = 제품 1단위당 작업시간 × 작업시간당 제조간접원가

처럼 하나의 기준으로 구하기도 하며,

- 표준제조간접원가1 = 제품 1단위당 작업시간 × 작업시간당 제조간접원가1
- 표준제조간접원가2 = 제품 1단위당 공정횟수 × 공정횟수당 제조간접원가2

처럼 두 가지 기준으로 나누어서 구하기도 한다.

이렇게 설정된 표준원가는 견적을 낼 때, 재무보고목적의 회계처리를 수행할 때, 그리고 실제 원가와 비교작업을 통해 실제 기업이 달성한 원가수준 대한 평가를 수행할 때 활용한다.

표준원가는 사전에 설정한 원가이다. 이는 올바를 수도 있고, 실제 상황을 반영하지 못할 수도 있다. 따라서 이 표준원가는 당연히 실제 발생한 원가와 차이를 보일 수밖에 없는데, 표준원가를 활용하는 가장 중요한 절차 중의 하나가 사후에 실제로 발생한 원가와 비교해 보는 것이다. 표준원가와 실제 원가를 사후에 비교해 보는 작업을 표준원가차이분석이라고 부른다.

원가차이 = 실제원가 − 표준원가

각 표준원가의 항목별로 실제 원가와 표준원가의 차이분석을 통해 실제 원가의 적절성을 평가하고, 또 표준원가를 수정하기도 한다.

〈표준원가계산의 장점〉

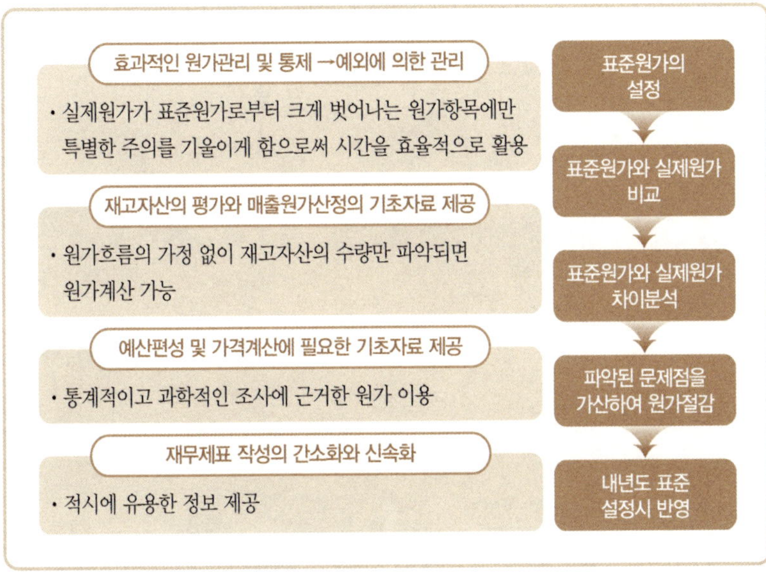

PART 08.

CEO처럼 원가정보 활용하기

01
변동원가와 고정원가

원가구조

기업들은 재무제표를 만들기 위해 원가정보를 활용한다. 이때 산출되는 원가정보는 기업회계기준에서 이미 정해 놓은 방법에 따라 만들어진 원가정보이다. 외부정보이용자들에게 보고되는 재무상태표의 재고자산금액과 손익계산서의 매출원가, 판매비와관리비 금액을 결정하기 위해서 원가정보를 활용한다. 이런 원가정보는 재무회계에 활용되는 원가정보이다.

반면에 경영의사결정을 위한 원가정보는 내부 경영관리 및 의사결정을 위해 활용하는 원가정보이다. 따라서 관리회계에 사용되는 원가정보는 기업회계기준처럼 원가정보의 정해진 규칙이 있는 것은 아니다. 기업 경영활동에서 빈번하게 일어나는 경영의사결정을 지원하기 위한 원가정보이기 때문에 그때그때 상황에 맞게 다양한 방법으로 원가정보를 만들어서 활용한다.

이러한 원가정보를 경영의사 결정에 활용하는 방법 중에 가장 기본이 되는 것은 원가구조를 활용하는 것이다. 다음의 사례를 살펴보자.

자동차 판매 대리점을 운영하고 있는 경덕이는 최근 국내에서 열리는 오토쇼에 판매부스를 만들어 자동차를 판매하려고 하고 있다. 오토쇼 개최위원회 측은 부스를 마련하고 판매를 하는 업체들에게 세 가지 조건 중 하나를 선택하여 참가비를 내도록 하고 있다. 개최위원회 측에서 제시한 참가비의 조건 세 가지는 다음과 같다.

〈참가비 조건〉

- 1안 : 참가비 2억원
- 2안 : 참가비 1억원 + 총매출액의 20% 수수료
- 3안 : 참가비 없이 총매출액의 40% 수수료

〈기타 판매가격 및 원가정보〉

- **자동차 한 대의 판매가격** : 5,000만원(자동차 구매가격 2,500만원)
- 다른 비용은 개최위원회 측에서 부담하여 발생하지 않음

1안은 추가수수료 없이 고정적으로 2억원만을 내고 부스를 이용하는 것이다. 반면 3안은 고정참가비 없이 총 매출액에 대해 40%의 수수료만 내는 조건이며, 2안은 그 둘을 절충하여 고정 참가비를 1억원으로 낮추는 대신 총 매출액의 20%를 추가로 수수료로 내는 조건이다.

과연 경덕이는 어떤 제안을 선택하는 것이 가장 좋을까? 고정적인 금액을 지출하는 것이 유리할까? 아니면 매출액에 따라서 수수료를

지출하는 것이 유리할까? 만약 이 질문에 답을 바로 한 독자가 있다면 이미 원가마인드가 어느 정도는 갖추어져 있는 사람이라고 할 수 있다.

원가구조를 활용한다고 하는 것은 보통 기업의 원가를 변동원가와 고정원가로 나누어 각각이 어떤 비중을 가졌는지 살펴보고, 그 원가 정보를 의사결정 하는 데 활용하는 것을 말한다.

변동원가와 공헌이익

변동원가는 생산량이나 작업량 또는 판매량(조업도라고 부르기로 하자)이 늘어나거나 줄어들 때 같이 변동하는 원가를 의미하고, 고정원가는 조업도가 늘거나 줄거나 관계없이 일정한(고정적인) 원가를 의미한다. 바꿔 이야기하면 변동원가는 조업도에 비례해서 늘어나거나 줄어드는 원가를 의미하며, 고정원가는 조업도와 관계없이 원가가 일정하게 유지되는 원가를 의미한다. 변동원가의 대표적인 예로는 재료원가가 있으며, 고정원가의 대표적인 예로는 급여를 받아가는 직원의 노무원가가 있다.

〈변동원가의 모습〉

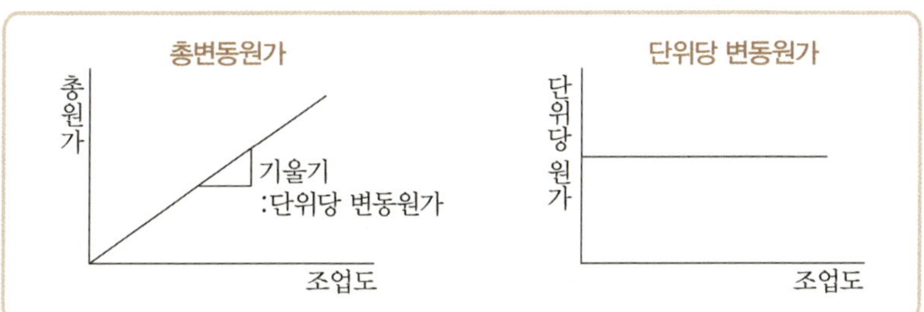

변동원가는 조업도와 비례해서 늘어나기 때문에, 당연히 1단위당 변동원가는 일정하게 유지된다. 앞서 나온 사례에서 변동원가를 찾아보면, 자동차의 구매원가가 변동원가가 될 것이고, 추가로 2안이나 3안처럼 매출액에 따라 수수료를 부담하게 된다면, 그 매출액에 따라 부담하는 수수료 역시 변동원가가 된다.

- 경덕이의 변동원가 분석
- 조업도 : 차량 판매량
- 자동차 구매가격 2,500만원/1대
- 수수료 1안 : 변동원가 없음
  2안 : 1,000만원/1대(자동차 판매가격 5,000만원×20%)
  3안 : 2,000만원/1대(자동차 판매가격 5,000만원×40%)
- 총 변동원가 1안 : 2,500만원/1대
  2안 : 3,500만원/1대
  3안 : 4,500만원/1대

차량 1대당 판매가격이 5,000만원이므로, 차량 1대를 팔 때마다 대안별로 각각 2,500만원, 1,500만원, 500만원씩 이익이 증가하게 된다. 이 때 차량 1대를 팔 때 추가로 늘어나는 이익을 단위당 공헌이익(Contribution Margin)이라고 하며, 원가를 분석할 때 자주 사용하는 개념이므로 꼭 기억하자.

- 단위당 공헌이익 1안 : 2,500만원/1대
  2안 : 1,500만원/1대
  3안 : 500만원/1대

전체 매출액에서 변동원가를 차감한 금액이 공헌이익이다. 공헌이익의 원래 의미는 고정원가를 회수하고 이익을 내는데 공헌하는 이익이라는 뜻이며, 한계이익이라고 하기도 한다.

공헌이익 = 매출액 − 변동원가

단위당 공헌이익 = 단위당 판매가격 − 단위당 변동원가

고정원가

고정원가는 조업도와 관계없이 일정한 금액으로 지출되는 원가이다. 잘 생각해보면 이 고정원가 때문에 생산량이 늘어날 때 단위당 원가가 감소하는 것을 알 수 있다. 앞의 사례에서는 차를 몇 대를 팔든 상관없이 같은 금액을 지출하는 인건비와 참가비가 고정원가에 해당한다.

〈고정원가의 모습〉

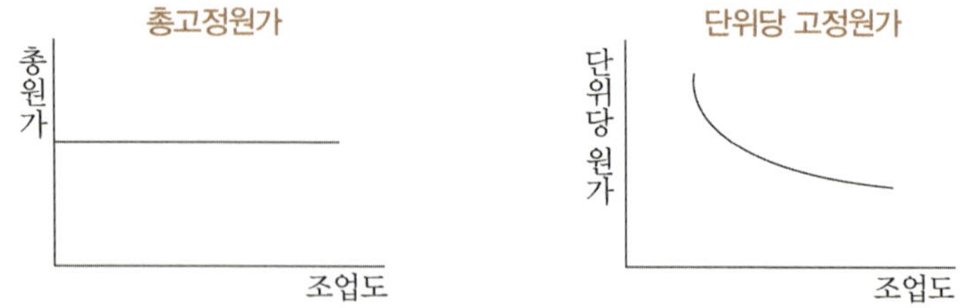

〈고정원가 분석〉

• 총 고정원가 1안 : 2억원
2안 : 1억원
3안 : 없음

단위당 변동원가가 상대적으로 적은 1안이 총 고정원가는 상대적으로 가장 많고, 단위당 변동원가가 가장 많은 3안이 상대적으로 총 고정원가는 가장 적은 수준이다. 원가를 어떻게 구성할 것이냐는 질문은 대부분의 경우 변동원가를 선택할 것인가 아니면 고정원가를 선택할 것인가에 대한 질문이다. 예를 들어 일부 제품공정을 아웃소싱한다면 생산에 필요한 만큼만 협력업체를 통해 제조를 진행할 것이기 때문에 그 공정원가는 생산량에 따라 비례하는 변동원가가 되지만, 그 생산설비를 직접 운영한다고 하면 감가상각비나 인건비 등 고정적으로 지출하는 금액이 발생해 공정원가가 고정원가가 된다.

변동원가 vs 고정원가

그렇다면 변동원가와 고정원가 중 어느 쪽의 비중을 더 높게 가져가는 것이 좋을까? 그 해답은 앞으로 매출수준이 어느 정도인가에 따라 달라진다. 판매량이 올라갈수록 고정원가를 사용하는 것이 더 유리하고, 판매량이 줄어들수록 변동원가를 사용하는 것이 유리하다. 이는 앞서 자금조달과 관련된 의사결정에서 한번 고민해봤던 고정이자를 지급할 것이냐 아니면 이익수준에 따라 배당을 지급할 것이냐의 의사결정과도 연관되어 살펴볼 수 있다.

앞서 나온 사례에서 매출액은 다음과 같은 식으로 표현해 볼 수 있다.

매출액 = 판매대수 × 5,000만원

또한, 대안별 비용은 다음과 같은 식으로 표현해 볼 수 있다.

- 대안 1의 비용 = 판매대수 × 2,500만원 + 2억원
- 대안 2의 비용 = 판매대수 × 3,500만원 + 1억원
- 대안 3의 비용 = 판매대수 × 4,500만원

만약 10대를 팔았다고 가정하면 대안별 이익은 아래와 같이 나타난다.

	대안 1	대안 2	대안 3
매출액	500,000,000	500,000,000	500,000,000
변동비	250,000,000	350,000,000	450,000,000
고정비	200,000,000	100,000,000	–
이 익	50,000,000	50,000,000	50,000,000

10대를 팔았을 때는 모든 대안의 이익이 5천만원으로 나타난다. 하지만 만약 판매대수가 20대로 늘어나게 되면, 고정비가 상대적으로 많은 대안 1의 경우에는 총비용이 많이 증가하지 않지만, 변동비가 큰 대안 3의 경우에는 총비용이 많이 증가하게 되고, 이는 이익에 그대로 반영된다.

	대안 1	대안 2	대안 3
매출액	1,000,000,000	1,000,000,000	1,000,000,000
변동비	500,000,000	700,000,000	900,000,000
고정비	200,000,000	100,000,000	–
이익	300,000,000	200,000,000	100,000,000

하지만 반대로 판매대수가 5대에 그치게 되면, 변동비만 있는 대안 3의 총비용이 가장 많이 감소하게 되어 이익이 가장 많이 나타나고 고정비가 상대적으로 많아 총비용이 많이 줄지 않는 대안 1의 이익은 반대로 가장 작게 나타나게 된다.

	대안 1	대안 2	대안 3
매출액	250,000,000	250,000,000	250,000,000
변동비	125,000,000	175,000,000	225,000,000
고정비	200,000,000	100,000,000	–
이 익	(75,000,000)	(25,000,000)	25,000,000

원가구조와 레버리지효과

고정원가가 많을수록 매출액 변동에 따른 이익의 변동 폭이 커지는데, 이를 고정원가의 레버리지효과(지렛대효과)라고 부른다. 앞서 자금을 조달할 때 고정이자를 지급하는 차입금을 사용할 것인지 아니면 이익에 비례해서 배당을 지급하는 자본을 사용할 것인지에 대한 이야기를 한 적이 있다. 그리고 이익이 커질 경우에는 차입이 유리하고, 이익이 줄어들 경우에는 자본이 유리한 것도 확인했었다. 같은 원리로 앞으로 매출수준을 긍정적으로 보고 고정원가 투자를 통해 큰 재미를 볼 것인지, 아니면 이익을 일정 부분 포기하더라도 이익의 변동성을 낮추기 위해 변동원가를 사용할 것인지는 기업의 경영의사결정 중에 아주 중요한 부분을 차지하고 있다고 할 수 있다.

우리나라도 경제성장률이 높았던 1997년 외환위기 전까지는 기업들이 대부분 고정원가를 활용하여 레버리지효과를 통해 많은 이익을 얻었지만, 외환위기 이후 성장률이 둔화된 뒤에는 될 수 있으면 고정원가보다는 변동원가의 비중을 높여 경기변동에 탄력적으로 대응하는 쪽에 초점을 맞추기 시작했다.

〈고정비와 레버리지 효과〉

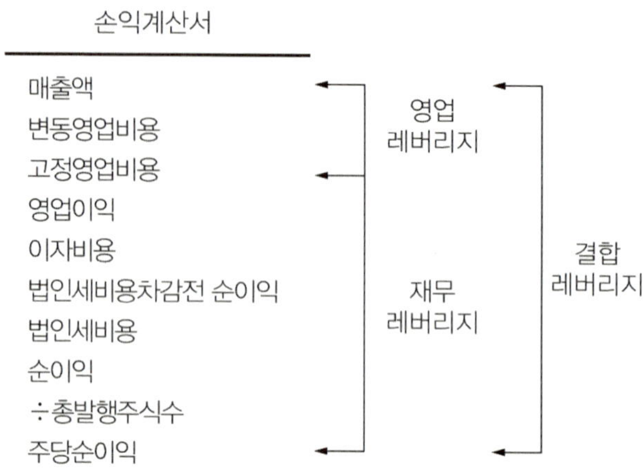

$$\text{영업레버리지} = \frac{\text{영업 이익의 변화율}}{\text{매출액의 변화율}} \times \frac{\text{공헌이익}}{\text{영업이익}}$$

$$\text{재무레버리지} = \frac{\text{순이익의 변화율}}{\text{영업이익의 변화율}} \times \frac{\text{영업이익}}{\text{영업이익} - \text{이자비용}}$$

02
원가구조를 활용한 의사결정

항공권 싸게 사기

필자는 직업의 특성상 해외출장이 잦은 편이다. 사실 항공권의 가격이 만만치 않기 때문에 최대한 저렴하게 항공권을 사기 위해 노력한다. 특히 급하게 출장을 가야 하는데 출국이 임박해서 남은 좌석을 저렴하게 판매하는 땡처리 항공권이 있으면 아주 기분 좋게 항공권을 사곤 한다.

대체 항공사들은 대체 그 비싼 항공권을 왜 그렇게 저렴하게 판매하는 것일까? 땡처리 항공권이 나올 수 있는 것은 항공노선의 원가구조에서 그 이유를 찾아볼 수 있다.

사실 항공기를 띄우기로 했다면, 항공기를 운행하는데 들어가는 원가는 대부분 고정원가이다. 항공기의 유류비, 승무원의 인건비, 항공기의 감가상각비와 수선비 등 발생하는 대부분의 원가가 승객 수와 관계없이 일정하게 발생하는 고정원가이다. 변동원가로 생각할 수 있는 원가는 아마 기내식이나 일부 소모품비 정도가 될 것이다. 따라서 승객이 아무리 늘어난다고 해도 총 원가는 그다지 증가하지 않는다. 다시 말해 단위당 공헌이익이 높으므로 항공권을 저렴하게 팔더라도 그 판매하는 만큼이 대부분 항공사의 이익으로 돌아올 것이기에 항공사는 저렴하게라도 승객을 항공기에 더 태우는 것이 이익을 증대시키는 방법이 된다. 땡처리 항공권은 조금의 이익이라도 높이기 위한 항공사의 전략적인 선택이다.

〈땡처리 항공권 전략〉

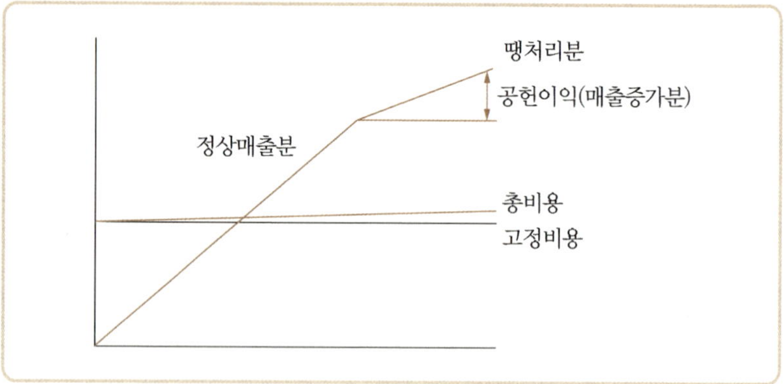

항공권을 저렴하게 사는 경우는 땡처리 항공권만 있는 것은 아니다. Early Bird라고 해서 일찍 항공권을 사면 승객들이 저렴하게 살 수 있게 해주는 제도도 있다. 이는 고정원가의 회수 측면에서 사용하는 가격전력인데, 항공노선의 고정원가를 회수하지 못하면 항공사는 손해를 볼 수밖에 없다. 따라서 사전에 고정원가를 어느 정도 보상할 수 있는 매출수준을 확보하기 위해 조금 일찍 항공권을 저렴하게 판매하고, 그다음에는 일정 기간 정상가로 판매하다가 항공기 운행 직전에는 빈자리를 없애기 위해 땡처리로 판매하는 것이다. 결국, 항공권의 가격이 시시때때로 변하는 것은 고정원가가 많은 항공사의 원가 구조를 활용한 판매전략이라고 할 수 있다.

〈고정비 확보를 위한 저가판매 전략〉

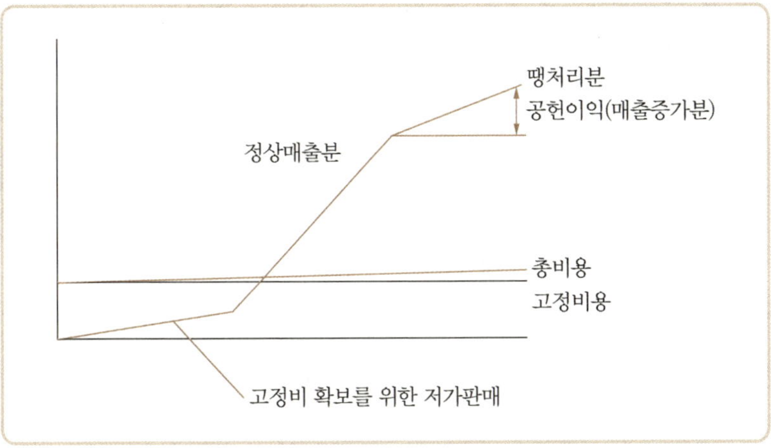

이처럼 원가구조(고정원가와 변동원가)를 활용한 Early Bird 제도는 항공사만 가지고 있는 것은 아니고, 고정원가가 많은 KTX나 여행사 호텔 등에서도 많이 이용하고 있는 판매 전략이다.

손익분기분석

손익분기점은 이익이 0이 되는 지점을 말한다. 손익분기분석은 이 손익분기점을 찾아보는 것을 뜻한다. 예를 들어 손익분기점의 매출수량, 판매량, 판매가격을 분석한다든지, 아니면 손익분기점을 맞출 수 있는 단위당 변동원가금액이나 총 고정원가 금액을 분석하는 것을 손익분기분석이라고 부른다.

앞서 나온 자동차 판매점의 사례에서 경덕이가 손익분기를 맞출 수 있는 판매수량은 몇 개일까? 누구나 그렇게 어렵지 않게 앞서 나온 자동차의 판매가격과 구매원가, 그리고 고정원가의 금액을 이용해 각 대안의 손익분기점을 구해 볼 수 있다. 단위당 공헌이익이 고정비를 모두 보상할 수 있는 판매수량을 찾으면 되는 것이다.

원가정보를 가지고 의사 결정을 하는 기법 중에 원가－조업도－이익분석(cost－volume－profit : CVP 분석)이라는 것이 있다. 뭐 거창한 이름을 가지고 있지만, 원가와 조업도, 그리고 이익의 상관관계를 가지고, 이들이 어떻게 돌아가는지를 분석하는 기법이다. 고정원가와 변동원가에 대한 내용을 가지고 매출수량이 변동하면 이익이 어떻게 변하는지를 분석을 하는 것을 의미하며, 손익분기점을 계산한다고 하는 것은 이 원가와 조업도, 이익 간의 관계를 찾을 때 이익을 0으로 놓고 원가와 조업도의 관계를 찾는 것을 의미한다. 예를 들어 단위당 판매가격과 변동원가, 고정원가가 주어졌을 때 몇 개를 팔아야 손익분기점을 맞출 수 있는지를 분석하는 것이다.

기업의 손익계산서상 이익은 아래와 같이 계산된다.

이익 = 매출액 − 매출원가 − 판매비와 관리비

하지만 다른 관점에서 이익을 변동원가와 고정원가를 고려하여 표현하면 아래와 같은 수식을 만들 수 있다. 매출원가에도 변동원가와 고정원가가 있을 것이고, 판매비와 관리비에도 변동원가와 고정원가가 있다.

이익 = 매출액 − 변동원가 − 고정원가

이 수식은 다음과 같이 세분화해서 나타낼 수 있다.

- 이익 = 공헌이익 − 고정원가
- 이익 = 판매수량 × 판매단가 − 판매수량 × 단위당 변동원가 − 고정원가
- 이익 = 판매수량(판매단가 − 단위당 변동원가) − 고정원가
- 이익 = 판매수량 × 단위당 공헌이익 − 고정원가

위에 표시된 모든 수식은 같은 내용을 나타낸다. 그저 묶어 놓았느냐 쪼개 놓았느냐의 차이일 뿐이다. 사실 저 위의 수식들은 그저 당연한 수식들이다. 정말 위에 있는 수식을 보기가 어렵거나 귀찮다면, 맨 위에 있는 이익 = 매출액 − 변동원가 − 고정원가라는 사실만 기억해도 큰 상관은 없다.

자 이제 경덕이의 대안별 손익분기 판매수량을 계산해 보자. 대안별로 이익을 수식으로 표현하면 다음과 같이 표시된다.

- 대안 1의 이익 = 판매대수 × 2,500만원 − 2억원
- 대안 2의 이익 = 판매대수 × 1,500만원 − 1억원
- 대안 3의 이익 = 판매대수 × 500만원

위 수식은 결국 공헌이익에서 고정비를 차감한 금액이다. 이 상황에서 이익이 0이 되는 판매수량을 구하면 대안별 손익분기수량은 각각 8대, 7대, 0대가 될 것이다. 사실 대안 3은 고정비가 들지 않기 때문에 하나도 못 팔면 그냥 이익이 0이 된다.

그렇다면 손익분기점이 가장 낮은 대안 3이 가장 좋은 대안이고, 손익분기점이 가장 높은 대안 1이 가장 안 좋은 대안일까? 당연히 그렇지 않다. 대안 1은 손익분기점이 높은 대신 단위당 공헌이익이 높아 한대를 더 판매할 때 늘어나는 이익 폭이 크고, 대안 3은 그 반대이기 때문이다.

〈대안별 이익구조〉

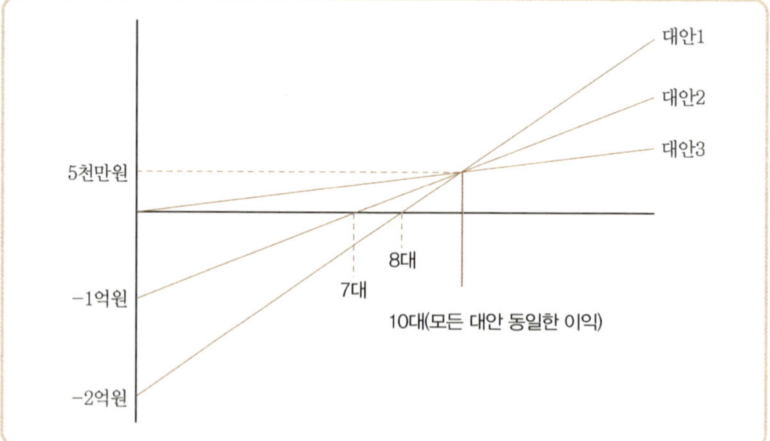

결국, 10대를 판매할 수 있다면 각 대안 간 이익금액은 아무런 차이가 없지만, 판매대수가 10대를 넘어가게 되면 단위당 공헌이익이 가장 큰 대안 1이 가장 유리해지며, 10대 미만으로 팔 경우에는 대안 3이 가장 유리해진다고 할 수 있다. 반대로 고정비가 지출되는 대안 1과 대안 2는 손익분기점 판매수량을 맞추지 못할 경우 손해를 보게 된다.

최근 기업들은 경영위험을 줄이고 경기변동에 민감하게 대응하기 위해 고정원가의 비중을 줄이고 변동원가의 비중을 늘리는 경영전략을 채택하고 있다. 고정원가를 변동원가로 바꾸는 가장 대표적인 경영전략 중의 하나가 바로 아웃소싱이다.

03

다양한 관점으로 보는 원가정보

목적에 맞게 다양하게 가공되는 원가정보들

원가정보는 먼저 재무회계 정보를 산출하기 위해서 사용된다. 앞서 언급한 것처럼 먼저 제품원가와 기간원가(판매관리원가)를 구분하는 데 사용된다. 이렇게 구분하여 손익계산서상의 기간이익을 산출하는 데 활용된다.

수익과의 대응관계에 따른 원가정보 : 제품원가 vs 기간원가

또, 다른 방법으로 추정 가능성에 따라 직접원가와 간접원가로 구분한다. 이렇게 직접원가와 간접원가로 구분하는 이유는 여러 제품이 있을 때 원가계산을 좀 더 수월하게 하기 위함이다.

추적 가능성에 따른 원가정보 : 직접원가 vs 간접원가

이 두 가지를 모두 고려하여 제품의 제조원가의 세부내용을 다시 직접재료원가, 직접노무원가, 제조간접원가로 구분하기도 한다. 만들어진 제품의 제조원가를 제대로 계산하기 위함이다. 제품의 제조원가를 계산할 때 직접재료원가와 직접노무원가는 직접 대응시키고 제조간접원가는 일정한 기준에 따라 배부하여 원가를 산출한다.

제조활동과의 관련성에 따른 원가정보 : 직접재료원가 vs 직접노무원가 vs 제조간접원가

이렇게 계산된 제조원가는 최종적으로 판매되어 소멸하였는지 아니면, 소멸하지 않고, 기업의 자산으로 남아있는지에 따라 소멸원가와 미소멸원가로 구분한다. 역시 손익계산서상의 기간이익과 재무상태표에 남아 있을 재고자산의 원가를 계산하기 위해 구분하는 기준이다.

자산과의 관련성에 따른 원가정보 : 소멸원가 vs 미소멸원가

재무회계의 관점에서 좀 더 확장해서 관리회계 정보로서의 원가정보를 활용할 때는 가장 기본이 되는 것이 조업도가 증가하면 같이 증가하는지 아니면, 조업도와 관계없이 일정하게 발생하는지에 따라 변동원가와 고정원가로 구분한다. 고정원가와 변동원가로 구분하는 이유는 기업의 원가구조와 그에 따른 위험도(레버리지)를 측정하고, 손익분기점이나 이익분석을 수행한 후 이를 의사결정에 활용하기 위함이다.

원가행태에 따른 원가정보 : 변동원가 vs 고정원가

다른 한편으로는 의사결정을 할 때 정말 고려해야만 하는 원가정보인지 아니면 고려하지 않아야만 하는 원가정보인지에 따라 관련 원가와 비관련 원가로 구분한다. 기회원가는 무언가를 선택할 때 반드시 참고해야 하는 관련 원가에 속하고, 매몰원가는 고려하면 안 되는 비관련 원가에 속한다.

의사결정과의 관련성에 따른 원가정보 : 관련 원가(기회원가 포함) vs 비관련 원가(매몰원가 포함)

마지막으로 성과평가를 할 때 원가정보를 취사선택하는 방법인데, 통제 가능성에 따라 원가를 구분하는 방법이다.

통제 가능성에 따른 원가정보 : 통제가능원가 vs 통제불능원가

사실 가장 억울한 것이 내가 한 일도 아닌데, 내가 책임을 져야만 하는 경우이다. 그래서 많은 기업이 성과평가를 할 때, 권한을 주고 그 권한 내에서 행하는 부분에 대해서만 성과에 대해 평가한다. 통제가능원가라는 것은 결국 개인이 그 원가를 발생시킬 수 있는 결정권을 가졌는지를 보겠다는 것이다. 결국, 성과를 평가할 때는 그 사람이 권한을 행사할 수 있는 통제가능원가는 성과평가 시 반드시 고려해야 하는 관련 원가가 되고, 그 사람이 권한을 행사할 수 없는 통제불능원가는 고려해서는 안 되는 비관련 원가가 된다.

일반적으로 원가정보를 만들어 내는 7가지 구분방법을 살펴보았다. 이처럼 원가정보를 활용한다는 것은 그때 상황에 맞는 정보를 만들어서 의사결정에 사용한다는 의미이다. 정보를 이용하는 사람들이 다양하고, 또 그 정보를 원하는 목적도 다양하므로 원가정보는 아주 다양한 형태로 산출되는 것이 당연하다. 이는 각 기업에서 또는 각 개인이 그 상황에 사용할 수 있는 가장 적절한 원가정보를 산출해 낼 수 있어야 한다는 의미이면서, 원가정보를 산출하는데 단 하나의 정답은 없다는 의미이다.

매몰원가

얼마 전에 투자목적으로 아파트를 구매한 A씨는 최근 집값이 많이 내려가서 고민이 이만저만이 아니다. 앞으로도 아파트 가격은 더 내려갈 것 같지만, 손해 보고 팔기는 싫어 이러지도 저러지도 못하고 있는 처지이다. 때마침 A씨의 친구 B씨는 A를 향해 아파트를 팔고 자신의 사업에 투자하라고 이야기하고 있다. B씨의 사업에 투자하면 일정금액을 A씨에게 주겠다면서 말이다. A씨는 과연 어떤 의사결정을 하는 것이 좋을까?

많은 사람이 과거의 정보 때문에 잘못된 의사결정을 하곤 한다. 사실 앞의 사례에서 A씨가 집을 팔지 말지 고민할 때는 과거에 A씨가 구매한 집값은 의사결정에 고려해서는 안 되는 정보이다. 그저 구매금액과 관계없이 앞으로 이 아파트가 오를 것인지 떨어질 것인지만 보고, 오를 것 같으면 더 보유하고, 떨어질 것 같으면 지금 당장에라도 팔아야만 손실의 폭을 줄일 수 있기 때문이다. 주식투자의 경우도 마찬가지이다. 주식을 사들이면 이미 산 값은 중요한 포인트가 아니다. 현재 주가가 산 값보다 올랐든 떨어졌든 앞으로 더 오를 것 같으면 가지고 있으면서 추가적인 이익을 기대하는 것이고, 떨어질 것 같으면 지금 당장은 손해를 보더라도 바로 파는 것이 추가적인 손실을 줄이는 현명한 투자방법이다.

하지만 웬만한 정신력을 가지고 있는 사람이 아니라면 내가 지출한 금액을 무시하고 의사결정을 내리기 어렵다. 그래서 우리들의 의사결정이 잘못되는 경우가 많은 것이다. 이렇게 글을 쓰고 있는 필자도 사실 지출한 금액을 무시하고 현재의 의사결정을 과감하게 내리는 것은 잘 못하는 편이다. 먼저 발생한 정보를 머릿속에서 지우고, 앞으로 펼쳐질 미래만 고려해서 의사결정을 하는 사람들을 보면 정말 대단하다는 생각이 든다.

이처럼 과거에 이미 지출되어서 내가 어떻게 해 볼 수 없는 원가로 앞으로의 의사결정에 영향을 주어서는 안 되는 과거의 원가를 매몰원가(Sunk Cost)라고 한다. 신문이나 뉴스에도 많이 나오는 용어이니 잘 기억해 두도록 하자.

2013. XX월 ㅁㅁ일 OO일보

서울시가 무분별하게 뉴타운 사업을 추진한 결과 줄줄이 사업이 무산되면서 앞으로 주민들이 부담해야 할 매몰비용이 1조원을 훌쩍 넘을 것으로 예상된다. 감사원은 8일 '서민주거안정시책 추진실태' 감사결과를 발표하며 무분별한 뉴타운 지정, 과도한 주택공급 계획, 재정을 고려하지 않은 보금자리주택 추진 등의 문제점을 지적했다.

(중략)

특히, 사업이 지연으로 사업구역을 해제할 경우 주민들로 구성된 조합 등 사업시행주체가 부담해야 할 매몰비용이 1조 4천억원에서 1조 7천원에 달할 것으로 예상된다.

최근 쟁점이 되고 있는 뉴타운 재개발의 매몰원가 역시 마찬가지이다. 지금까지의 재개발 사업은 사업을 추진하기 위해 들어간 원가를 우선 시공사가 조합에 빌려주고, 개발이 진행되면서 재개발을 추진한 조합원들이 그들의 부동산 시세차익을 통해 그 원가를 처리해 왔다. 하지만 최근 부동산 경기 침체로 인해 재개발로 인한 시세차익을 보기 어려워지면서 재개발이 계속 지연되고, 이에 따라 이 매몰원가를 시세차익을 통해 해결하지 못하면서 사회적으로 큰 문제가 되어 버렸다. 사업이 진행되지 않으니 시공사는 그동안 제공한 자금을 조합원들이 지급하기를 원했고, 자금이 없는 조합원들은 대금 지급을 하지 못하고 있기 때문이다. 이 때 재개발을 계속 추진할 것인지 아니면 포기할 것인지에 대한 의사결정에도 앞서 지출한 매몰원가(시공 전 추진원가)는 의사결정에 고려대상이 되어서는 안 된다.

왜냐하면, 앞으로 나올 사업성과 관계없이 추진원가는 이미 지출된 금액이기 때문이다. 이 금액이 아까워서 계속 사업을 추진하다가 오히려 손실 폭이 더 커지는 잘못된 결정을 할 수도 있다. 지금은 사업을 추진할 경우 더 큰 손실이 발생할 것으로 생각하는 사람들이 많으므로 재개발이 계속 지연되고 있는 것은 아닐까? 만약, 지금까지 들어간 매몰원가 때문에라도 재개발을 끝까지 성공시켜야 한다는 주장을 한다면, 매몰원가가 아까우니 앞으로 손해를 더 보더라도 사업은 계속되어야 한다고 이야기 하는 것과 같다.

기회원가

월 500만원의 급여를 받으면서 회사생활을 하고 있던 병진이는 어느 날 좋은 사업아이템이 생겨 직접 사업을 해보기로 하고, 10억원을 투자해서 사업을 시작했다. 밤낮없이 일하고 노력해서 어느 정도 자리를 잡고 난 후, 그동안의 이익을 정산해 보니 1년간 약 7천만원을 남긴 것으로 나타났다. 주변에서는 병진이에게 회사 다닐 때보다 낫다며 부러운 눈치이지만, 병진이는 회사에 다닐 때보다 손해라고 생각하고 있다.

대체 연 6천만원을 받던 병진이는 왜 7천만원을 벌고도 손해를 보았다고 생각했을까? 눈치가 빠른 독자라면 이미 왜 그런지 파악했을 것이다. 만약 병진이가 사업을 시작하지 않고 회사에 다녔다면, 회사에서 받는 돈 6천만원에 더해서 10억원을 다른 곳에 투자해서 추가적인 투자이익을 얻을 수 있을 것이기 때문이다. 단적으로 그 10억원을 정기예금에 넣어두기만 하더라도 약 4천만원(연 4% 이자율 가정하면)의 이자를 받을 수 있기 때문이다. 당연히 병진이는 사업에 투자함으로 인해 포기해야 했던 정기예금이자가 아까울 수밖에 없을 것이다.

이처럼 의사결정을 할 때 한 대안을 선택함으로 인해서 포기하게 된 다른 이익을 기회원가라고 한다. 기회원가는 앞서 나온 매몰원가와는 반대로 의사결정을 할 때 반드시 고려하여야만 하는 정보이다. 잘못하면 병진이 주변 사람들처럼 병진이의 속도 모르고 축하해 주는 불상사가 발생할 수도 있다.

어쩌면 우리는 항상 무언가를 선택하고 있기 때문에, 반대로 항상 무언가를 포기하고 있다고 볼 수 있다. 경제적 의사결정에 꼭 국한하지 않더라도 살아가면서 항상 선택의 연속에 있다. 비록 기회원가 중에는 숫자로 환산하기 힘든 경우가 더 많겠지만, 잘 고려해서 좋은 선택을 하는 것이 참 중요할 것 같다.

관련원가와 비관련원가

의사결정을 할 때 매몰원가와 기회원가는 각각 고려하면 안 되는 원가, 반드시 고려해야 하는 원가이다. 의사결정을 할 때 고려하는 원가를 관련 원가라고 하고, 의사결정을 할 때 고려하면 안 되는 원가를 비관련원가라고 한다.

우리 주변에 널려 있는 수많은 정보 중에 어떤 정보가 정말 필요한 정보인지(관련 원가) 아니면 어떤 정보는 고려하면 안되는 정보인지(비관련 원가) 파악하는 것이 중요하다는 것은 누구나 아는 사실이다. 사실 비관련 원가는 정보를 가지고 있는 상태에서 의사결정을 할 때 제외하기만 하면 되지만, 기회원가는 깜빡하면 발견하지 못하고 넘어가는 경우가 많으므로 주의해서 살펴봐야만 한다.

㈜종선은 작은 건물을 소유하고 있으며, 이 건물에 한식당과 중식당을 운영하고 있는 음식업체이다. 그런데 중식당의 경우에는 항상 이익이 나고 있는데, 한식당은 조리과정이 어렵고, 한식 요리사들의 인건비도 비싸며, 고객들의 회전율도 낮아 항상 적자를 면치 못하고 있다. ㈜종선의 경영진들은 이 한식당을 어떻게 처리할지 지금도 고민하고 있다. ㈜종선의 관리회계 목적상 공헌이익손익계산서는 다음과 같다. 중식당은 110억원의 이익이 나고 한식당은 10억원의 손실이 발생해 총이익은 100억원이 발생하고 있다.

〈㈜종선의 부문별 손익계산서〉

(단위 : 억원)

	중식당	한식당	합계
매출액	500	100	600
(변동원가)	250	75	325
공헌이익	250	25	275
(고정원가)	140	35	175

		중식당	한식당	합계
	직접고정원가	90	10	100
	간접고정원가	50	25	75
이익		110	(10)	100

공헌이익 손익계산서에 기재된 원가 중 직접고정원가는 각각의 식당에서 고정적으로 지출하는 비용으로 각 식당을 폐업하면 더는 발생하지 않는 원가이고, 간접원가는 ㈜종선이 소유하고 있는 건물의 감가상각비를 중식당과 한식당에 2 : 1의 비율로 배부한 금액이다. 당신이 ㈜종선의 경영자라면 한식당을 폐업할 것인가? 아니면 그래도 한식당을 운영할 것인가?

사실 주어진 정보만을 놓고 보면, 한식당은 폐업했을 때 다른 대안이 없다면 한식당을 유지하는 것이 더 낫다. 왜냐하면, 한식당의 간접고정원가 25억원은 어차피 ㈜종선이 보유한 건물의 감가상각비이기 때문에 한식당이 있으나 없으나 발생하는 원가이기 때문이다. 만약 한식당이 없어진다면 한식당의 이익은 0이 되겠지만, 대신 한식당으로 배부되던 간접고정원가 25억원이 모두 중식당에서만 발생하게 되어 중식당의 이익이 85억원으로 감소하게 된다. 결국, 한식당을 폐업하게 되면 ㈜종선의 총이익이 100억원에서 85억원으로 감소하게 되는 것이다.

〈㈜종선의 부문별 이익변화〉

(단위 : 억원)

중식당(총손익)		기존총손익		합계
매출액		500		600
(변동원가)		250		325
공헌이익		250		275
(고정원가)		165		175
	직접고정원가	90		100
	간접고정원가	75		75
이익		85	← 감소	100

다만, 이 사례는 기회원가가 고려되지 않은 경우이다. 만약 ㈜종선이 한식당을 폐업한다면, 그 공간에 중식당을 확장할 수도 있고, 다른 식당을 열수도 있으며, 아예 다른 사업을 진행할 수도 있다. 또 그 공간을 다른 곳에 빌려주고 임대료를 받을 수도 있다. 한식당을 폐업함으로 인해서 감소하는 이익 15억원을 보상할 정도의 다른 대안이 있다면, 한식당을 폐업하는 것이 기업 이익의 관점에서만 본다면 옳은 결정이 된다.

제품의 수명주기에 따른 원가정보

주로 많이 쓰이는 원가의 개념들 이외에도, 최근 다른 시각에서 원가정보를 바라보는 방법들이 많이 쓰이고 있다. 또 원가를 바라보는 새로운 시각도 계속 생겨나고 있다. 그중 몇 가지를 원가 개념들을 살펴보자.

필자는 몇 년 전 집에서 사용할 가정용 복합기를 30만원 정도를 주고 구매했다. 7~8만원짜리 저렴한 복합기를 2~3년만 사용하고 바꾸는 것이 나을지 비싼 복합기를 구매해서 길게 사용할지 고민한 결과 복합기 제조업체의 브랜드파워와 사후서비스를 믿고 결국 30만원짜리 복합기를 구매했다.

그러고 나서 약 3년 정도를 사용했다. 사실 사용했다기보다는 거의 서재에 놔두었다고 보는 것이 맞을 정도로 사용빈도가 낮았다. 그런데 어느 날부터 출력하면 종이에 두 줄이 그어져서 출력되고 있는 것이다. A/S 센터로 들고 가서 고쳐달라고 요구했고, 수리기사는 이런저런 어려운 이야기를 하면서 부품을 갈아야 하는데, 총 20만원 정도가 들 것이라고 했다. 그 순간 필자는 무슨 생각을 했을까? 그냥 7~8만원짜리 복합기를 사서 1년에 한 번씩 최신형 제품으로 사는 것이 비용 측면에서 더 나았다고 생각하지 않았을까? 결국, 복합기는 그대로 서재 한구석에 쳐박혀 있고, 필자는 바로 가서 7만원짜리 저렴한 복합기를 사 만족스럽게 2년째 사용하고 있다. 필자는 사후에 들어갈 원가를 잘못 예측하는 바람에 불필요한 지출이 늘어나게 된 셈이다.

우리 주변에서 원가를 관리하는 것을 살펴보면, 대부분 생산과정에서 발생하는 원가에 초점을 맞추고 있는 경우가 많다. 조금 더 나아가서 판매나 관리활동에서 발생하는 원가를 관리하려고 노력하는 기업들도 있다. 하지만 제품에 대한 원가지출은 제품의 연구개발단계에서부터 생산, 판매, 사후관리, 제품의 폐기까지 긴 기간에 걸쳐서 나타난다. 그래서 최근에는 제품에 대한 원가관리를 ① 제품의 개발단계 ② 생산단계 ③ 생산 후 단계 ④ 폐기단계에 걸쳐 분석하여 총체적으로 관리하는 움직임이 나타나고 있다. 이를 제품의 수명주기별로 원가를 구분하여 관리한다는 의미로 수명주기원가계산(Life Cycle Costing)이라고 부른다.

수명주기원가계산을 통한 원가관리에서는 비록 원가가 가장 많이 지출되는 것은 생산단계이지만, 가장 신경을 많이 써야만 하는 기간은 제품을 개발하는 단계라고 한다. 이는 제품을 개발하고 설계하는 과정에서 그 제품을 얼마나 효율적으로 설계하느냐에 따라 앞으로 지출될 원가가 결정되기 때문이다.

〈수명주기원가계산〉

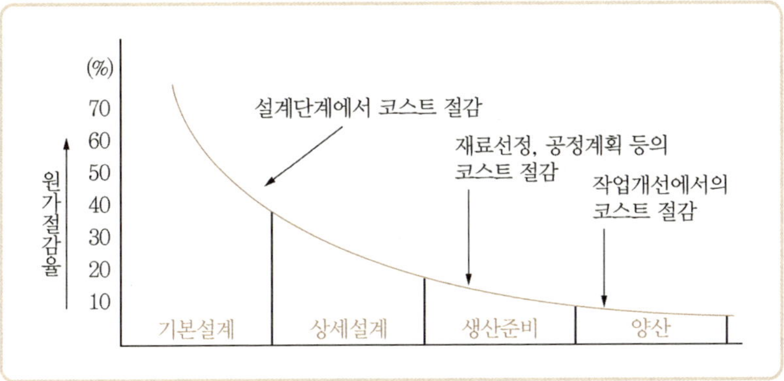

※ 설계단계에서 이미 앞으로 지출될 금액의 90%~95%가 결정된다고 한다.

아무리 생산과정이나 판매관리과정에서 원가를 줄이려고 노력해도 애초에 설계가 비효율적으로 되어있다면, 들이는 노력에 비해서 원가절감의 효과는 크지 않다. 처음부터 제대로 만들어야 불필요한 원가를 줄일 수 있다는 어떻게 보면 아주 당연한 관점의 원가관리 방법이라고 할 수 있다.

품질과 원가

경쟁사보다 좋은 품질의 제품을 적은 원가를 들여서 만든다면, 그 품질과 가격경쟁력을 이용해 시장점유율을 금세 올릴 수 있다. 하지만 고품질의 제품을 만들려면 당연히 어느 정도 원가가 높아져야 한다. 반대로 적은 원가를 들이려고 한다면 어느 정도의 품질하락은 각오해야 한다.

품질수준을 높이기 위해 발생하는 원가를 보통 두 가지로 구분하는데, 불량이 발생하지 않도록 공정을 설계하고, 직원들을 교육하는 데 들어가는 원가를 예방원가라고 하고, 생산된 제품을 검사해서 고객들에게 불량품이 전달되지 않도록 검수, 측정, 평가하는 데 들어가는 원가를 평가원가라고 한다. 이 두 가지 원가를 더 많이 지출할수록 아무래도 불량품이 고객에게 전달되는 확률을 낮출 수 있다.

그렇다면 고객에게 불량품이 전달됨으로 인해 발생하는 원가는 어떤 것들이 있을까? 이를 실패원가라고 보통 부르는데, 사후처리(A/S)비용은 실패원가의 가장 대표적인 사례이다. 하지만 이 사후처리 비용보다 더 많은 비중을 차지하는 실패원가가 있다. 바로 고객에 대한 신용도가 낮아짐으로 인해 매출 손실로 인한 기회원가이다. 제품결함으로 인해 기업의 신뢰도가 낮아지면서 매출이 급감하고 부도가 나는 기업들을 주변에서 어렵지 않게 찾아볼 수 있다. 이 품질관리 실패로 인한 기회원가는 기업의 운명을 좌우할 수도 있다는 의미이다.

많은 기업이 최근에는 매출손실로 인한 기회원가발생이 너무 크기 때문에 예방원가를 더 투입하고 있다. 예방원가를 중요하게 관리함으로써 평가원가와 실패원가를 잘 관리할 수 있기 때문이다. 앞서 나온 제품주기수명원가의 개념과도 생산 이전 단계가 더 중요하다는 측면에서 보면 일맥상통하는 부분이 있다.

결국, 품질관리와 관련해서 소요되는 총원가는 다음과 같이 나타낼 수 있다.

품질원가 = 예방원가 + 평가원가 + 실패원가

가장 이상적인 품질수준이야 고객들의 불만이 아예 없게 최고의 품질을 만드는 것이지만, 현실적으로 이상적인 품질수준을 유지하기 위해 들어가는 예방원가나 평가원가가 너무 높다라면, 어느 정도의 실패원가를 감수하고라도 현실적인 품질수준을 목표로 하는 것이 가장 좋을 것이다.

환경문제로 인해 발생하는 원가에 대한 관심

최근에는 각 나라가 환경보호에 많은 관심을 두고 정책을 운용하는 것이 전 세계적인 추세이다. 사실 기업 활동을 하다 보면, 생산과정이나 운반과정에서 환경에 좋지 않은 영향을 주는 오염물질을 배출하게 되는 경우가 많다. 이는 각 나라가 추진하고 있는 환경보호 정책과 기업들의 이해관계가 서로 상충할 수 있다는 점을 의미한다. 예전보다 기업들이 부담해야 하는 환경보호와 관련된 원가들이 점차 늘어나는 추세인데, 이런 환경보호와 관련된 원가의 대표적인 예는 환경에 좋지 않은 영향을 주는 물질이 나왔을 때 그것을 처리하는데 들어가는 원가이다. 폐기물처리비용이나 오염물질배출부담금 등이 이에 해당한다.

이런 환경오염물질 처리에 들어가는 원가를 줄이는데 가장 좋은 방법은 아예 오염물질이 배출되지 않는 공정을 만들어 버리는 것이다. 또 환경폐기물이 목표한 수준으로 유지되고 있는지 계속 모니터링 하는 방법도 있다.

하지만 이런 공정설계나 계속된 모니터링은 기업의 입장에서는 어차피 또 다른 원가가 지출되는 것이다. 그렇다고 하면 결국 환경원가 역시 앞서 나왔던 품질원가처럼 사전적인 환경원가와 사후적인 환경원가의 합이 최소가 되도록 경영전략을 수립해 가야 할 것이다.

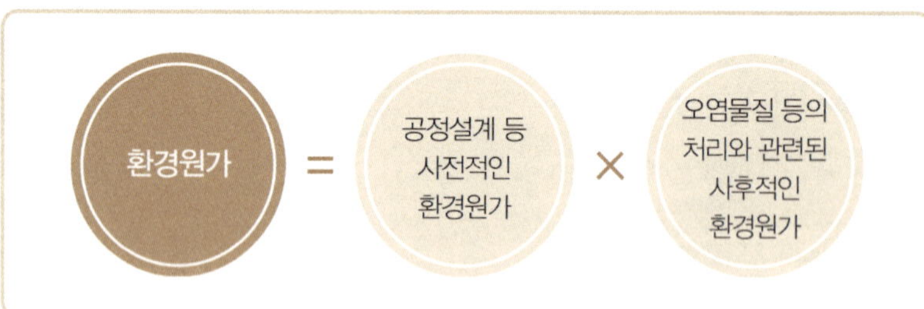